赵明名师工作室课题成果汇编

幼儿园教育科研
质量提升路径

吉林出版集团股份有限公司
全国百佳图书出版单位

图书在版编目（ＣＩＰ）数据

幼儿园教育科研质量提升路径 / 赵明主编. -- 长春:吉林出版集团股份有限公司, 2021.4（2023.1重印）
ISBN 978-7-5581-9976-9

Ⅰ.①幼… Ⅱ.①赵… Ⅲ.①学前教育-教学研究 Ⅳ.①G612

中国版本图书馆CIP数据核字（2021）第077801号

YOUERYUAN JIAOYU KEYAN ZHILIANG TISHENG LUJING
幼儿园教育科研质量提升路径

主　　编　赵　明
责任编辑　宫志伟

出　　版	吉林出版集团股份有限公司
发　　行	吉林出版集团社科图书有限公司
地　　址	吉林省长春市南关区福祉大路5788号　邮编：130118
印　　刷	长春市昌信电脑图文制作有限公司
电　　话	0431-81629712（总编办）　0431-81629729（营销中心）
抖 音 号	吉林出版集团社科图书有限公司　37009026326
开　　本	710 mm×1000 mm　1 / 16
印　　张	19.5
字　　数	300千
版　　次	2021年4月第1版
印　　次	2023年1月第2次印刷
书　　号	ISBN 978-7-5581-9976-9
定　　价	68.00元

如有印装质量问题，请与市场营销中心联系调换。0431-81629729

《幼儿园教育科研质量提升路径》编委会

主 编

赵 明

副主编

刘 聃 白 晶

编 委

(按姓氏笔画排序)

左 林 张 啸 张广荣 张莹楠

姚雪娇 袁 颖 赵艳波 韩 露

颜 喆

序

认识东北师范大学净月实验校幼儿园的赵明园长已有很多年，她爱读书、勤总结、善表达的特点让我印象深刻。在幼儿园课程建设和科研管理方面，每每听她那些付诸行动的经验介绍时，总是能够感受到她清晰的思路和深入的见解。这应当得益于她长期坚持阅读和思考的学习状态。2020年疫情期间，她把半年里读过的三十几本书拍照发给我看，内容关涉教育学、心理学、文学、历史、艺术等许多领域，这着实让我感到有些惊讶。很希望在幼教领域能有更多这样博览群书的园长，以宽厚的视野和学养来思考儿童的发展与教育。

赵明园长曾多次在教育部园长培训中心为全国优秀园长们分享其组织园内教师开展教研工作的经验。在此过程中，我注意到园长们非常积极地对其讲座内容进行反馈，或许是因为那不是高高在上的理论说教，也不是脱离实际的主观设想，而是基于幼儿园保教实践中所面临的实际问题，是切实在探寻解决有效路径与操作方法，是踏踏实实地以教研促进教师发展，以教研促进幼儿园工作落实。很多园长不满足于半天的讲座内容，希望能深入地跟进幼儿园教研活动的组织进程。本书所分享的长春市赵明名师工作室成员的15项研究成果，在很大程度上能够满足园长们的这一愿望。

作为幼儿园教育教学研究的成果汇编，本书在内容编排上尽可能全面地呈现相关研究选题的立项论证、结题报告、研究论文，乃至研究中所采用的调研问卷、所收集的活动案例等多样的成果形式，以为园长和教师提供可参照的研究规范和书面格式。这一系列成果的研究选题，有指向亲子阅读、童谣教学、语言游戏、建构游戏、音乐教学、绘本教学、种植课程等不同内容的活动指导，有聚焦幼儿精细动作、自我服务、社会交往、自我控制等不同能力培养的方法探究，有关涉园本建设和特色探索的课程创新，也有关注家园共育、"小学化"观念转变，乃至幼小衔接等热点问题的策略探索，广泛涉及幼儿园课程与教学的不同实践维度与问题。这些选题及其成果，都根植于教育教学的实际与需求，并致力于教育教学的优化与改进。各项研究的相关结论和所提出的策略建议，在理念上对于幼儿园课程建设具有普适的借鉴意义，在方法上具有直接应用于教学的推广价值。这些研究未必能尽然达到学院派的学术严谨和话语精确，但作为来自实践一线的集体智慧与切实探索，因为"接地气"地立足于幼儿园教学实际，以幼儿教师能够运用的教研方式而展开，充满着以行动研究而解决问题的务实与质朴，足可成为幼教实践者参与教育科研的积极引领和示范。

期待着赵明名师工作室研究成果的出版，相信本书能够有利于实现幼教科研成果和资源的共享与交流，能够激发更多园长和教师参与教育科研的自觉意识，以教育教学的研究促进教师队伍专业成长和办园水平的提升，推动幼儿园的课程建设和教学改革。

丁海东
2021年3月18日

丁海东，山东临沭人，教育学博士，福建师范大学教育学院教授，硕士生导师，学前教育学硕士点学科带头人。中国学前教育研究会理事会理事，中国学前教育研究会学术委员会学术委员，全国儿童游戏与玩具专业委员会专业委员，《学前教育研究》编委，《幼儿教育》编委，《教育导刊（下）》编委。

目 录

亲子阅读的有效策略研究
东北师范大学附属实验学校　刘　聃 /001

幼儿园语言游戏活动的指导策略研究
东北师范大学附属实验学校　姚雪娇 /051

将绘本融入幼儿园五大领域活动中的有效策略研究
长春市实验幼儿园　张广荣 /075

幼儿园种植课程园本化建设的实践研究
长春市实验幼儿园　张广荣 /091

幼儿为本理念下幼儿园特色活动课程策略与实践研究
东师附小中信幼儿园　张莹楠 /105

奥尔夫音乐教学法对幼儿多元化能力培养的实践研究
东师附小中信幼儿园　张莹楠 /115

家长参教在家园共育教育模式中的实践研究
东北师范大学附属实验学校　张　啸 /127

幼小衔接的策略与实践研究
长春市九台区苇子沟中心小学　袁　颖 /155

转变幼儿家长"小学化"育儿观念的策略研究
长春市农安县三盛玉镇中心小学幼儿园　赵艳波 /163

促进托班幼儿自我服务能力的行动研究
东北师范大学附属实验学校　白　晶 /177

促进托班幼儿精细动作发展的策略研究
东北师范大学附属实验学校　韩　露 /191

童谣在小班体育游戏中运用的策略研究
东北师范大学附属实验学校　张　啸 /225

中班建构区幼儿自主游戏的实践与研究
东北师范大学附属实验学校　白　晶 /243

提升大班幼儿自我控制能力的行动研究
东北师范大学附属实验学校　颜　喆 /269

基于幼小衔接有效过渡中大班幼儿活动研究
长春市实验幼儿园　左　林 /289

亲子阅读的有效策略研究

东北师范大学附属实验学校

刘 聘

《亲子阅读的有效策略研究》结题报告

东北师范大学附属实验学校

刘 聪

一、问题提出

（一）国内外研究背景及现状

人类社会包含丰富的活动，而阅读就是其中极具特色的一项活动，人类通过阅读来认识世界，汲取知识。1970年，联合国教科文组织的第16届大会，明确了"阅读社会"的概念，每个人的生活都不能缺少阅读。1997年1月，我国多个国家级部门联合发文，提出在全国范围内实施"知识工程"，以"全民读书"、建设"阅读社会"为终极目标。这说明世界各国都认识到了阅读的重要性与价值，提高全民阅读能力是提升国民文化和国家竞争力的重要途径之一。

我们在心理学中发现：对于人类来说，3—8岁是形成基本的阅读能力的关键时期。美国哈佛大学追踪并且研究了3—19岁年龄段的儿童语言阅读能力之后发现：儿童早期的阅读能力、语言能力及阅读条件关系着其未来的阅读能力和学业成就。其实，处于3—8岁的儿童并未开始在学校接受正规的阅读训练，即使许多幼儿在托幼机构可以接受一定的早期阅读教育，国内大部分托幼机构的师幼比例也远远无法满足每一位幼儿对于阅读的个性化需要，所以家庭的培养和父母的指导是幼儿培养阅读能力的主要途径。这也可以说明早期阅读教育是从家庭亲子阅读开始的。

自从我国开始实施幼儿早期阅读教育，早期阅读质量就得到了大幅度的提高，渐渐地，早期阅读过渡到了家庭亲子阅读，如今社会对于家庭亲子阅读的关注越来越多了，不过亲子阅读的质量还需要改善。在长春市内对3452个家庭开展调查之后发现，大部分的家长对于自己孩子的身心发展特点和阅读特点都不是很了解，也认识不到与幼儿一起阅读这一过程真正的意义，而且许多家长在幼儿阅读的过程中采取的策略单一，不够灵活。所以必须尽快提升亲子阅读的效率，这是开展亲子阅读教育最为关键的任务。

（二）课题研究依据

通过对相关文献内容进行梳理，了解到关于亲子阅读的研究，重点集中于图书选择、材料投放、能力培养几个方面，这些内容，对于指导幼儿家长进行环境创设、促进幼儿实现能力培养等具有重要借鉴意义。关于亲子阅读有效策略的研究不多，并且研究问题不全面，也缺乏有效的数据支撑。本研究吸收国内外亲子阅读的独特价值、影响因素、指导策略等方面的研究成果，聚焦提升家庭亲子阅读有效性的指导策略，利用幼儿园内部支持，对长春市内3452个家庭亲子阅读现状进行调查。根据调查结果，制订亲子阅读实施指导方案，以期通过幼儿园和幼儿家长，探索能改善亲子阅读现状，进而提升亲子阅读有效性的可行性路径。

1. 关于亲子阅读活动理论的研究

儿童发展心理学中有关活动理论的研究表明，具有科学性的亲子阅读活动有助于幼儿心理的健康发展，特别是幼儿高级心理机能的健康发展。首先，阅读的过程能够锻炼幼儿轮流、等待、重复、共同参与等在社会交往中所需要的系列社会性技能，能够使幼儿在阅读中学会与他人合作，建立信任；其次，在阅读的过程中，父母可以适当地提供支援，让幼儿感到自己逐渐被文字社会所接纳，学会从图画、文字、标志等抽象的符号中提取有用的信息，领悟其中的意义，这也是幼儿心理健康发展向更高、更新的阶段过渡的基础；最后，愉悦的亲子阅读体验，用游戏的方式进行阅读，有助于幼儿发挥想象力，打开心理空间，促进幼儿心理健康发展。

2. 关于亲子阅读活动价值的研究

伍新春教授曾经在《早期阅读应从"分享"开始》中对亲子阅读所具有的情感价值进行了这样的阐释：亲子共读更像是幼儿和成人一起做游戏，在这个过程中，幼儿首先需要从成人身上得到爱，如若不然，儿童就会在心中否定这次游戏体验。阅读的始终，幼儿的心态都是轻松自然的，就像是在听小故事一样，幼儿的大脑把从视觉、听觉、触觉中收获的大量信息转换为安详、深刻的亲情，这个过程需要成人与孩子共同参与，这也是一个创造爱、享受爱的过程，对于成人和幼儿来说都是一次爱的体验。

赵琳用个案研究法对一个初中生进行了追踪，研究其在成长过程中学业成绩的情况和语言能力发展的情况，她发现学生在幼儿阶段以后的语文能力发展水平受到早期亲子共读质量的很大影响，二者呈正相关。这说明亲子共读对于后继语文能力的发展有着重要的意义，孩子的思维、学业成绩、学习热情、自信心、综合素质等会随着语文能力的提高而得到发展，促使孩子获得更多的成功机会。

马以念（1996）认为亲子共读的过程可以锻炼儿童的阅读技巧、表达能力、判断能力及口语倾听能力，亲密的气氛可以让亲子双方都能享受阅读的快乐。

（三）研究意义及价值

1. 理论意义

（1）亲子阅读的研究有助于丰富儿童早期阅读的理论。目前，国内关于亲子阅读的研究还不够全面，现有研究结论多围绕经验总结方面，缺乏系统的理论研究。因此，本研究立足于心理学、教育学等相关理论探寻亲子阅读中存在的问题，通过实践研究，为儿童早期阅读的理论体系架构提供帮助，为丰富儿童早期阅读研究提供支持。

（2）亲子阅读的研究有助于丰富儿童家庭教育的理论。亲子阅读是儿童早期阅读的一个重要内容，亲子阅读的研究不仅能够丰富儿童早期阅读理论，还能丰富幼儿家庭教育理论，能够在家庭亲子阅读教育中为父母提供科学的指导依据，深化家庭亲子阅读教育内涵，对亲子阅读进行比较系统的研究，有利于家长更好地对儿童进行家庭早期阅读指导。

2. 实践意义

（1）亲子阅读的研究有助于提高家庭教育的质量。亲子阅读是家庭教育的重要组成部分，结合亲子阅读的现状调查结果，可知相当一部分家长仍对亲子阅读本质、实施过程及家庭环境对幼儿阅读的影响等存在误区或根本不了解。因此，亲子阅读理论和实践的研究有助于家长树立科学儿童观和教育观，为家长科学有效地进行亲子阅读提供正确的方法和合理的依据。

（2）亲子阅读的研究有助于提升家长的教育素养。亲子阅读是亲子互动的活动，也是亲子共同成长的过程，开展亲子阅读，需要家长了解幼儿的身心发展规律、了解幼儿的兴趣、了解幼儿教育的基本知识与技能。家长掌握规范有效的亲子阅读指导策略，有助于家长的幼儿教育素养的提升。

3. 研究价值

（1）对于教师专业发展的价值。教师的教育观念会在课题研究的过程中发生转变，能够多视角（幼儿、家长、教师）思考亲子阅读的有效策略，对于教师进一步认知幼儿的世界，了解幼儿的心理有促进作用。亲子阅读的研究，有助于教师对亲子阅读有进一步的了解，找到改进亲子阅读的突破口，给予家长科学的指导，从而满足幼儿的需要。

（2）课题推广应用的价值。目前，多数家长对亲子阅读活动存在误区，如亲子阅读停留在识字层面、被动的听的层面、缺乏有效互动等。亲子阅读最深远的意义在于其给予幼儿深远的影响和隐含的巨大意义与价值。因此，本研究将为家园协作提供更好的支持与启发。

二、概念界定

20世纪70年代末80年代初，以新西兰著名教育家霍德威为首的一些人最早创造了一种以成人、儿童互动为主的早期阅读法。这种阅读法也叫作分享阅读，是父母和孩子一起参与，在家庭情景中开展的亲子阅读活动，阅读的材料大多是图画书和故事书。

胡珊在《国内外亲子阅读研究发展及其思考》中为亲子阅读下了定义："父母与孩子共同阅读故事书或图画书，在家庭情景下开展的阅读活动。在亲子阅读活动中，家长需要关注儿童心理发展的特点，用生动有趣的方式让儿童产生阅读兴趣，并且提高儿童的自主阅读能力。"

王西敏在《图画书在亲子阅读中的使用》中提出："亲子阅读活动需要家长积极参与到幼儿阅读中。亲子阅读指的是家长与幼儿一起欣赏五颜六色的图画书，用语言表述书里的故事，对孩子的疑问进行解答，用巧妙的方式带领孩子思考，在很短的时间内提高孩子的阅读能力、保障孩子的人格健全发展的阅读教育方式。"

换句话来说，亲子阅读要的是孩子"快乐地进行互动，快乐地阅读，边阅读边成长"（北师大心理所舒华教授语）。

三、研究目标及研究内容

（一）研究目标

本研究结合幼儿的发展特点，立足于科研目标与育人目标两个维度，探索家长在亲子阅读中的有效指导，尝试构建亲子阅读的有效策略，推动幼儿在亲子阅读中最大化发展。

1. 科研目标

（1）构建亲子阅读理论与实践框架，增强亲子阅读意识。
（2）丰富园本课程内容，提供有效的家园协作指导方法。
（3）探索亲子阅读的有效策略，提升亲子阅读指导能力。

2. 育人目标

（1）培养幼儿的阅读兴趣和习惯，提升幼儿阅读能力。
（2）提升教育阅读指导能力，促进教师专业成长。

（二）研究内容

本研究主要探索亲子阅读的有效策略。通过对亲子阅读水平现状的调查与分析，探索家长与幼儿有效阅读的途径与策略，开发亲子阅读的互动方式，促进幼儿个性化成长。

1. 亲子阅读水平现状调查研究

通过亲子阅读水平现状问卷，对幼儿父母进行调查，收集并整理家长对亲子阅读的认知，以及其开展亲子阅读的条件意识、开展亲子阅读的策略、开展亲子阅读的效果等情况，并对调查结果进行分析。

2. 亲子阅读概念与相关理论研究

为了深入了解亲子阅读，为现今的研究提供参考，主要对亲子阅读的概念和相关文献做出科学的分析与总结，为课题研究提供有力支撑，完成对亲子阅读的理论思考。

3. 亲子阅读有效策略研究

立足于亲子阅读的有效策略研究，探索家长与幼儿阅读的有效路径，开发亲子阅读的互动方式，促进幼儿的个性化成长。

四、研究方法

鉴于亲子阅读活动对幼儿成长和发展的重要性，从亲子阅读的理论与现状分析入手，探索亲子阅读的有效策略。主要研究方法有文献法、调查法、行动研究法、观察法。

（一）文献法

充分利用学校图书馆、因特网等资源，广泛搜集与本选题相关的理论和已出版的有代表性的实证材料，为本课题的研究提供科学的依据和研究思路，以及有益的参考和借鉴。

（二）调查法

采用问卷调查法，对幼儿父母进行调查，收集并整理家长对亲子阅读的认知，以及其开展亲子阅读的条件意识、开展亲子阅读的策略、开展亲子阅读的效果，并对调查结果进行分析。

采用访谈调查法，结合具体内容，研究者与幼儿进行深入细致的谈话，努力对幼儿阅读的反应进行深入分析和研究。

搜集相关的研究资料和数据，对阅读的现状做出科学的分析与认识，提出具体的工作建议。

（三）行动研究法

针对亲子阅读的实践研究，家园协作将理论与实践融合，不断诊断行动计划，改进研究中出现的问题。

（四）观察法

采用参与式观察和自然观察法记录幼儿阅读时的反应。研究者在不同的阅读情境下观察幼儿的阅读过程，观察记录幼儿阅读过程中的反应。

五、研究步骤

第一阶段：2018年3月 — 2018年5月，查阅文献、理论研究阶段。

在此阶段，主要搜集与课题相关的研究资料和数据，对阅读的现状做出科学的分析与总结，提出具体的工作建议，完成对亲子阅读的理论思考。

设计问卷对幼儿父母进行调查，收集并整理幼儿阅读的反应模式、行为特征、阅读习惯及一些基本家庭背景情况，将其与对幼儿的调查结果一起进行分析。亲子阅读现状及问题分析如下：

（一）亲子阅读认知缺失

家长对于亲子阅读的认知，指的是家长对于亲子阅读的本质的认知和家长对亲子阅读的价值的认识。家长对亲子阅读是否有正确的理解决定着家长对亲子阅读价值是否能准确认识，这也是亲子阅读能否顺利开展的关键。

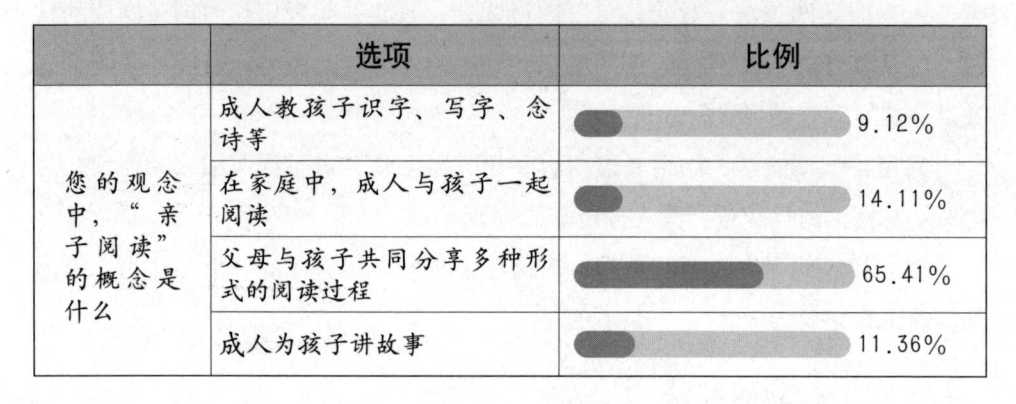

	选项	比例
您的观念中，"亲子阅读"的概念是什么	成人教孩子识字、写字、念诗等	9.12%
	在家庭中，成人与孩子一起阅读	14.11%
	父母与孩子共同分享多种形式的阅读过程	65.41%
	成人为孩子讲故事	11.36%

续表

	选项	比例
您认为"亲子阅读"最重要的功能是什么	教育功能	2.81%
	增强综合能力（包括审美、想象、管理能力等）	38.41%
	帮助识字	2.09%
	激发阅读兴趣，形成阅读能力	56.69%

调查结果表明，父母对"亲子阅读"的本质与价值认知不明确。34%左右的家长没有明确亲子阅读是家庭情景中父母和孩子共同阅读故事书或图画书的一种阅读活动，是幼儿的家长或者是其中一方陪同幼儿阅读的行为。44%的家长无法准确认识到亲子阅读对于提高幼儿阅读兴趣、养成良好阅读习惯和推动幼儿社会性发展的作用。这导致了幼儿在阅读中无法感受乐趣，情感体验不深刻，更重要的是阻碍了幼儿良好的阅读习惯和兴趣的形成。

（二）亲子阅读条件不足

1. 亲子阅读的时间不充分

	选项	比例
您和孩子的阅读，是否有阶段性计划	没有计划	24.13%
	计划性不明确	36.5%
	有一定计划，且随着具体情况而改变	36.33%
	有明确计划，并严格执行	3.04%
您和孩子一起阅读的频率是怎样的	每天进行	28.94%
	每周3—4次	45.02%
	每周1次	18.08%
	每周不足1次	7.96%

续表

	选项	比例
您每次与孩子一起阅读的时间有多少	10-20 分钟	54.08%
	21-30 分钟	37.86%
	31 分钟-1 小时	7.18%
	1 小时以上（不含 1 小时）	0.88%

2. 亲子阅读的空间不充分

	选项	比例
您家中是否有专属于孩子的阅读区（阅读区内有适合孩子高度且取放自如的书架，有儿童靠垫，有儿童地垫，有足够的光线，等等）	有	52.32%
	没有	47.68%

3. 亲子阅读的物质不充分

	选项	小计	比例
您家中拥有幼儿读物的数量是多少	10-30 本	1106	32.04%
	31-50 本	1009	29.23%
	51-100 本	779	22.57%
	100 本以上（不含 100 本）	558	16.16%
	本题有效填写人次	3452	

续表

选项		小计	比例
您经常和孩子一起阅读的图书类型有哪些	古今中外著名的童话书	599	8.01%
	民间故事和童话书	1369	28.29%
	中国古代诗词	647	8.37%
	有关自然科学类的图书	666	8.92%
	动画片改编的图书	768	10.88%
	以学前儿童为读者的期刊	579	6.40%
	历史类图书	24	0.7%
	情绪情感类绘本	935	27.09%
	其他	128	1.34%

亲子阅读不仅需要充足的空间、时间，还需要丰富的阅读材料。从调查中可以看出，绝大部分的家长和幼儿都没有具体的阅读计划，仅有3.04%的家庭制订了明确可行的阅读计划，这也是亲子阅读时间常常变动的原因。28.94%的家长能坚持每天都和孩子一起阅读，大部分家长每周能保证1次亲子阅读，每次阅读时长为20分钟左右。47.68%的家庭阅读的场所不固定，亲子阅读活动随处进行，只有5.79%也就是200个家庭可以将阅读的场所固定在书房。调查后发现：22.57%的家庭拥有的幼儿图书数量一般在51—100本之间，且家长们比较倾向于选择故事类的图书，而选择情绪情感类和科普类的人数则相对较少。通过访谈得知，大部分家长认为故事类的图书比较易于幼儿理解，相对而言，科普类的图书比较枯燥，情绪情感类的图书内容难以把握。在调查中，我们发现大多数家长支持孩子阅读，能够为幼儿提供阅读环境，但缺乏时间上的投入，以及心理上的关注。

（三）亲子阅读的策略缺乏科学性

亲子阅读的策略展开来说指的是家长在与幼儿进行阅读时采用的方法与原则。作为亲子阅读这一过程的直接指导者，家长需要阅读指导策略。

	选项	比例
您在亲子阅读中的具体指导方法是什么	图读法（边讲故事边指图）	50.89%
	点读法（边讲故事边指汉字）	28.93%
	诵读法（把故事连贯讲完，尽量不让孩子打断）	6.48%
	跟读法（自己讲一句，孩子跟着讲一句）	4.94%
	陪读法（让孩子自主阅读，孩子有问题时再给予帮助）	7.84%
	其他	0.92%
您的孩子在阅读中注意力不集中，您是如何应对的	通过音调、表情等变化吸引孩子的注意力	52.9%
	停止阅读，对孩子进行说教	16.08%
	停止阅读，进行其他感兴趣的事情	14.28%
	换一本书，再次阅读	14.22%
	其他	2.52%
与孩子一起阅读的过程中，您通常的表现是怎样的	完成图书的阅读，不与孩子交流	2.35%
	很少主动提问，只回答孩子的提问	16.74%
	主动向孩子提问，很少回答孩子的提问	6.52%
	既主动向孩子提问，又回答孩子的提问	74.39%

续表

选项		比例
您是否经常与孩子谈论阅读过的图书内容	从不	4.55%
	有时	63.73%
	经常	27.09%
	总是	4.63%

上表反映出的现象是，家长最喜欢用图读法和孩子一起阅读，其次就是点读法，除此之外是诵读法、跟读法和陪读法。有74.39%的家长有能力通过问答与孩子进行阅读交流，有52.9%的家长会借助音调、表情的变化将孩子的注意力吸引住。然而，经常与孩子谈论阅读过的图书内容的，仅占27.09%。更有近一半的家长在阅读中面对幼儿无法集中注意力时选择了停止阅读，或是说教，或是换一本书，再或是放弃。通过访谈了解到，多数的家长对幼儿阅读特点的了解程度不足，这直接导致他们在进行亲子阅读时无法做到依据幼儿的阅读特点选择有效的阅读方式和方法。

（四）亲子阅读成效不明显

选项		比例
您孩子的阅读现状如何	比较被动，不太喜欢读书或听成人读故事	16.04%
	成人阅读时较感兴趣，但自己不主动阅读	29.84%
	喜欢听成人读，也喜欢自己阅读	49.25%
	不可一日无书陪伴	4.87%
您对阅读的效果满意吗	很满意	19.87%
	基本满意	46.35%
	一般	29.11%
	不满意	4.67%

续表

选项		比例
您认为影响您和孩子进行亲子阅读的原因是什么	工作太累太忙，没有时间和精力	49.51%
	孩子对阅读活动不感兴趣，且注意力难以持久维持	17.96%
	给孩子读书讲故事是妈妈应该做的事	9.96%
	孩子需要参加各种辅导班，没有时间读书	5.19%
	没有过多资金为孩子提供阅读的图书	1.42%
	自身的知识储备少，对指导孩子阅读力不从心	9.30%
	其他	6.66%

从亲子阅读开展的现状来看，家长对亲子阅读的满意度并不高，幼儿每日要求阅读的，占4.87%。46.35%的家长表示基本满意亲子阅读的效果。以下是造成这种现象的原因：（1）工作繁忙，无心投入亲子阅读。（2）孩子不喜欢阅读，注意力不能长时间集中。（3）为孩子读故事应该是妈妈一个人的事。（4）不具备充分的知识储备，无法有效指导孩子进行阅读。（5）孩子忙着上辅导班，抽不出时间来阅读。（6）没有过多资金为孩子提供阅读的图书。从调查中可以看到，许多家长对于亲子阅读的意义是有一定认识的，也有意通过亲子阅读培养孩子的阅读习惯和能力，但现实是，大部分的家长没有明确计划如何开展亲子阅读，对于亲子阅读蕴含的价值没有深入思考，对于指导策略毫无头绪，认识不到需要培养孩子哪些能力。因此在很多家庭中，亲子阅读沦为了随机的、不定性的教育活动，效率与科学性都无法得到保证。因此，亲子阅读的现状并不乐观，基本处于中等水平，大部分幼儿未养成良好的阅读习惯，幼儿的阅读兴趣与阅读能力有待提升。

第二阶段：2018年6月—2019年11月，**课题运行阶段**。

在此阶段，主要运行亲子阅读的组织与实施。结合幼儿园亲子阅读的现状，以专家报告、微报告、家长助教等形式，形成家长与教师互动的局面，引起研究者与参与者的深度重视，通过深入细致的对话（家长、幼儿），努力对亲子阅读进行深入分析、研究与推进。

本阶段主要完成了以下工作：

（一）开通育儿通道，提高家长亲子阅读的认知水平

亲子阅读作为早期阅读的重要组成部分，蕴含着诸多独特的价值，从上文中的调查结果可以看出：虽然亲子阅读对幼儿发展的重要性被诸多家长所认可，但是仍然有很多家长未能正确把握和理解亲子阅读真正的本质和价值。例如，"小学化倾向"的思想仍然存在，这样带有偏差的亲子阅读观在某种程度上会造成亲子阅读趋向"小学化"，使幼儿失去阅读兴趣，成为亲子阅读最大的障碍。因此，在开展亲子阅读前，每一位家长都应该准确认识亲子阅读的价值。亲子阅读不是一项教育性的任务，所以家长们应该正确看待亲子阅读，它不仅仅是幼儿学习技能、吸收知识的工具，更应是具有愉悦性、与情感相关联的阅读活动。只有端正对亲子阅读的价值的认知，才能为亲子阅读发挥最大化的成效提供可能，才能为满足幼儿的成长需求、促进幼儿的发展奠定稳固的基础。

为提高家长亲子阅读的认知水平，可建立家园协作组织，通过召开家长幼儿园座谈会、亲子阅读工作室、亲子阅读座谈会、亲子阅读交流会的方式进行。

家长幼儿园座谈会：幼儿园邀请亲子阅读方面的专家，向家长解读早期阅读的意义和概念，阐述早期阅读的阶段目标，帮助家长厘清概念，提升阅读意识。

亲子阅读工作室：幼儿园向家长阐明开设亲子阅读活动的意义、亲子阅读的原则、良好的阅读环境对幼儿和家长双方的重要性、有关亲子阅读的系列计划和安排等内容。

亲子阅读座谈会：研究者将研究过程中的优秀图书书目向家长进行推荐，并针对其中的图书内容着重向家长进行亲子阅读指导。

亲子阅读交流会：家委会负责统整，以家长对家长说的方式进行交流和讨论，分享彼此在阅读过程中的收获与经验，交流幼儿在亲子阅读后的进步，让家长看到希望，促进亲子阅读有效开展。

（二）搭建育儿平台，创设适宜的亲子阅读环境

亲子阅读活动的开展需要良好的阅读环境作为保障。蒙台梭利曾这样说："在教育这件事情上，环境扮演着相当重要的角色，因为孩子将会在环境中所汲取的东西，与自己的生命融合在一起。"

1. 阅读空间创设

在阅读空间布置上要尽可能地为幼儿提供一个相对温馨舒适、功能合理、适合孩子阅读的地方，且布置时一定要注意是否符合孩子的喜好、审美情趣和认知能力。例如：幼儿专属的阅读空间，应相对独立、光线充足，有一张适合幼儿身高的书桌，一个方便幼儿取放图书的书架，一些幼儿喜欢的装饰品，几个颜色柔和又柔软的靠垫，有条件的家庭也可以为幼儿设置独立的书房。总体上，亲子阅读的空间设置要符合幼儿的需要。

家是亲子阅读活动开展的主要场所，但幼儿的大部分时间是在幼儿园里度过的。因此，亲子阅读活动需要遵循家园共育的方针，为了在亲子阅读环境方面给予家长指导，幼儿园可将亲子阅读环境创设的具体指导方案以倡议书的形式发放给家长，也可定期组织"我的书屋"活动，请家长从环境的创设、图书的种类等方面进行分享，以此激发家长对物质环境创设的重视。

2. 阅读时间安排

亲子阅读的时间需要根据实际情况而定，对于能够投入亲子阅读中的幼儿而言，他们的阅读时间相对较长，甚至会主动提出延长阅读时间的要求，这时候家长们可以根据幼儿的需求将阅读时间适当延长，但是也需要把时长把控在一定的范围之内。另外，对于无法投入亲子阅读活动的幼儿而言，他们的阅读时间相对较短，家长需要有耐心适当地引导，坚持每天陪伴幼儿阅读，适当延长阅读时间，用润物细无声的方式帮助幼儿建立阅读习惯。亲子阅读是一项需要长期坚持才能有成效的活动，因此，家长需要有计划地安排阅读时间，最好能有固定的时间并持之以恒地进行，促使幼儿形成阅读动力。

为了使亲子阅读活动具有实效性，幼儿园可建立"爸爸妈妈讲故事"栏目，定期邀请家长走进幼儿园为小朋友们讲故事，让家长有机会了解幼儿，也让幼儿有机会感受亲子阅读的多样性，彼此建立联系。这样既能增强家长开展

亲子阅读的信心，又可以促进亲子阅读活动的开展。

3. 阅读书目选择

面对市面上种类繁杂的幼儿读物，多数的家长比较盲目，虽然家长能够意识到选择图书要考虑幼儿的需要，但很多家长还是受到市场营销手段的干扰。为幼儿选择图书，家长可从幼儿园方面寻求帮助，获得专业人士的支持与意见。首先，考虑选择幼儿图书需要遵循的原则，即内容上符合幼儿年龄特点、先考虑"有趣"后考虑"有用"、语言表述规范、充满正能量等，版本上首选知名的出版社和作者；其次，在图书类别的选择上，避免种类单一，在条件允许的情况下尽可能多元化地进行选择，3—6岁的幼儿正处于对新鲜事物十分好奇的阶段，适当地让幼儿体会不同类型的图书所带来的快乐，既可满足幼儿的好奇心，又有利于亲子阅读发挥更大的成效。

为了解决家长选择幼儿图书的困扰，幼儿园可开展"亲子阅读座谈"活动，由研究者向家长推荐优秀的幼儿书目，帮助家长了解幼儿图书所具有的独特的价值。例如，余丽琼所创作的《团圆》以3岁女孩儿毛毛的口吻讲述自己的亲身经历，里面的每一幅画面都非常真实，这本书可以让孩子在了解中国传统文化的同时获得非同寻常的情感享受。

（三）提供科学策略，提升家长亲子阅读的指导能力

1. 把握幼儿心理特点，提升幼儿阅读积极性

亲子阅读强调父母与幼儿之间能够产生有效的互动。阅读中，幼儿不仅是参与者，更是活动主体，家长需要细心观察幼儿在阅读中的阅读行为，以幼儿的心理特点为依据开展适宜的亲子阅读活动。

在阅读的过程中，幼儿往往会在感兴趣的地方停下来仔细观察。这时家长需要换位思考与幼儿交流并交换彼此的意见和想法，以提升幼儿阅读的积极性。伴随着年龄的增长，幼儿的阅读能力也逐渐有所提升，幼儿会反复重复故事中的片段，这时家长需要认真地倾听并适时加以引导，这有助于促进幼儿的思维能力与语言表达能力的提升。

2. 把握幼儿阅读特点，提升亲子阅读有效性

幼儿的阅读特点因人而异，家长需要对幼儿的阅读特点进行细心的观察和

深入的了解。对于如何掌握幼儿的阅读特点，家长可以根据实际情况做出适宜的选择，可寻求专业人士的意见，也可通过阅览有关幼儿心理发展特点的正规书籍增加对幼儿的了解。这里依据心理学、教育学和儿童文学等与幼儿阅读特点相关的知识提出如下建议：小班幼儿的专注时间相对较短，建议阅读时间在10分钟左右，家长可选择故事性较强、色彩鲜明、浅显易懂的图书，运用图读理解法的方式读给幼儿听。中班幼儿的专注时间在15分钟左右，这个时段的幼儿语言发展较为迅速，家长可选择画面内容丰富且寓意深刻的图书，运用诵读互动法进行阅读。阅读过程中家长与幼儿的情感交流，是提高幼儿阅读能力的绝佳时机。大班幼儿的有效注意力迅速发展，注意的对象比较广泛，还能够注意到许多细节，这个时期的幼儿求知欲十分强烈，家长可以提供给幼儿多类型的图书，阅读中可适当地选择幼儿读、父母听的阅读方式，帮助幼儿获得成就感与自信心。

3. 提供亲子阅读方案，助推亲子阅读开展

为保障亲子阅读的有效开展，幼儿园可设计一系列的阅读方案供家长参考，以给予亲子阅读有力的支撑。例如，方案一：美丽相约。每晚利用15—25分钟的时间，父母和幼儿共同阅读图书。方案二：演绎故事。以较受幼儿关注的或幼儿比较感兴趣的图书为基础，父母和幼儿共同演绎图书中的内容，让幼儿从中获得愉悦感，促使其发自内心地爱上阅读。表现的方式多样，可演绎、可绘画、可讲述。方案三：阅读延伸。从幼儿的兴趣出发，根据幼儿对图书的关注程度制作故事图片，并打乱故事图片的顺序，请幼儿通过独立思考寻找故事中的逻辑，为图片正确排序并能够独立讲述。方案四：创作图书。幼儿及家长共同参与图书、书签制作等活动，让幼儿的阅读兴趣在活动中得以激发。

为提升家长亲子阅读的指导能力，幼儿园可开展亲子阅读座谈活动，由研究者向家长进行亲子阅读的指导，例如，针对故事《团圆》，呈现活动实录，详细解读活动方案；或是开展亲子阅读交流活动，以家长与家长说的方式进行交流与讨论，分享彼此的阅读经验和感悟，增强家长对亲子阅读的认可程度。幼儿园还可以通过开展"我是故事大王""戏剧展演"等活动，将亲子阅读活动升华，让家长见证阅读对幼儿身心发展的作用，提高家长参与亲子阅读活动的兴趣，推动亲子阅读活动顺利且有效开展。

第三阶段：2019年12月—2020年1月，课题成果形成阶段。

在此阶段，我们主要探讨基于亲子阅读有效策略的探究，基于课题之前的研究成果探讨亲子阅读的有效策略。

第四阶段：2020年2月—2020年3月，课题结题。

在此阶段，主要对亲子阅读有效策略的研究成果进行梳理与总结，形成课题研究报告和成果文集，并对整个研究过程进行了回顾与反思，总结其中的成功和不足之处，吸取经验与教训。

六、研究的成果和成效

（一）课题研究的成果

1. 论文发表情况

参与此次课题研究的教师分别从亲子阅读的材料选择、亲子阅读的有效途径、亲子阅读的价值等不同层面撰写论文10余篇，并发表于省市级刊物，为亲子阅读的下一步开展积累了理论依据。

论文：《亲子阅读的有效策略研究》《托班幼儿分享阅读中亲子共读的指导策略研究》《幼儿园亲子阅读有效开展的策略分析》《浅谈早期教育中亲子阅读的指导策略》《选择适宜的早期阅读材料，促进幼儿发展》《角色表演让亲子阅读动起来》《幼儿早期阅读的指导策略探析》《浅谈亲子阅读有效开展的途径》《亲子阅读形式下幼儿戏剧对幼儿语言能力发展的作用》。

2. 家庭图书资料情况

亲子阅读活动的开展，加强了家长对于阅读重要性的认识，增强了幼儿的阅读兴趣。通过调查发现，每个家庭图书购买量增多，且种类较多元。幼儿去图书馆的次数增多，由原来的偶尔去，到每周都去。同时，亲子阅读的频率明显增多，多数家庭每天都会开展亲子阅读。

（二）课题研究的成效

1. 幼儿阅读兴趣浓厚

兴趣是一切学习的动力。我们注重培养幼儿学习书面语言的兴趣，着重帮助幼儿获得两种基本的阅读态度，一是热爱书籍，建立自觉阅读图书的好习惯；二是喜欢观察各种符号，对文字有好奇感和探索愿望。有兴趣的阅读为幼儿打开了一扇认识世界的窗口，架设起一道健康成长的阶梯。

2. 幼儿阅读能力增强

阅读活动的开展，改善了幼儿的阅读行为。幼儿均具备了自主阅读的能力，能够主动选择图书，选择的题材广泛，阅读的专注力增强，能够独立完成阅读。在阅读的过程中，幼儿的专注力明显提高，能够主动发问，提出异议，且思维活跃、语言流畅。

3. 教师科研能力提高

教师是实施早期阅读教学的核心，课题的研究探索为教师的成长提供了契机。在本课题研究过程中，教师结合课题研究的现状，主动学习相关文章与书籍，常针对课题中热点问题进行交流，并以反思性写作的形式撰写研究成果。课题研讨逐渐在园内形成一种浓厚的教研氛围，另有4项相关课题产生，如省级课题"亲子共读促进小班幼儿语言发展的策略研究""早期教育中亲子阅读的有效途径"，市级课题"父亲参与亲子阅读的途径研究"，校级课题"亲子共读促进小班幼儿语言发展的策略研究"等。

4. 家校协作质量提升

在课题开展过程中，我们充分挖掘家庭资源的可利用性，努力使家长和我们一样成为幼儿学习的支持者、合作者、引导者。家长参与到亲子阅读活动中，深深体会幼儿身上无限的潜力，能够从横向上进行观察与了解，努力选择适切的阅读材料和方法。从家长参与活动的频率上看，活动初期家长的参与率仅占三分之一，一个学期后有三分之二的家庭加入，第二个学期后参与率达90%。可见，亲子阅读活动使家长更加了解幼儿教育，更愿意与幼儿园共育，家园协作效果事半功倍。

5. 增进亲子情绪情感

在阅读中，大多数家长能够积极和孩子互动，会用温柔的语调与孩子对话，常会因故事情节与幼儿紧紧相拥。亲子阅读的过程，让幼儿和家长充分体验到了陪伴的温暖，丰盈了彼此的心灵，增进了亲子情感。

七、讨论与思考

（一）亲子阅读如何走向生活化、常态化

通过亲子阅读的课题研究，幼儿在阅读习惯和能力方面有明显的提升，家长参与阅读的积极性提高，亲子阅读的效果颇好。随着课题的结束，亲子阅读活动会缺乏进一步的跟进，可能会出现反复现象。因此，亲子阅读的推进与推广是我们需要进一步思考的问题，教师应在原有途径上，延续并更新课题内容，优化亲子阅读的策略，让亲子阅读走向生活化与常态化。

（二）对亲子阅读指导手册进行研究

随着课题的推进，为了完善课题研究，我们将及时地对研究中的不足和发现进行梳理与总结，完成教师版与家庭版两个版本的亲子阅读指导手册，以促使课题更具有操作性和可行性，真正实现为教育服务。

提升亲子阅读有效性的策略研究

东北师范大学附属实验学校

赵明 刘聘

摘 要：如今，社会发展脚步日益加快，早期阅读教育理论所进行的一系列研究也更加深层次，许多家庭逐渐意识到了早期阅读的重要性，其中亲子阅读成为许多父母关注的焦点。亲子阅读作为早期阅读中非常重要的组成部分，具有自由性、情感性、互动性等特点，对幼儿的身心健康发展有特殊的作用。目前有关亲子阅读的研究资料表明，我国家庭的亲子阅读存在着诸多问题和缺陷。为了完成此项研究，笔者对长春市3452个家庭的亲子阅读情况进行了问卷调查，调查涵盖了家长对于亲子阅读的认知、亲子阅读开展的条件意识、开展亲子阅读的策略、亲子阅读的效果这四个方面。通过调查得出以下结论：家长对亲子阅读的本质和价值认知缺失；缺乏充分的亲子阅读条件；缺乏科学有效的亲子阅读指导。针对家庭亲子阅读的现状，提出如下教育建议：开通育儿通道，提高家长亲子阅读的认知水平；搭建育儿平台，创造适宜的亲子阅读环境；提供科学策略，提升家长亲子阅读的指导能力。

关键词：亲子阅读；幼儿园；家园共育

一、问题提出

阅读是人类社会特有的、重要的活动，人类通过阅读汲取知识、认识世界。1970年，联合国教科文组织第16届大会上，明确了"阅读社会"的概念。1997年1月，我国多个国家级部门联合发文，提出在全国范围内实施"知识工程"，以"全民读书"建设"阅读社会"为终极目标。这些说明世界各国都认识到了阅读的重要性与价值，提高全民阅读能力是提升国民文化和国家竞争力的重要途径之一。

心理学研究发现：对于人类来说，3—8岁是形成基本的阅读能力的关键时期。美国哈佛大学追踪并且研究了3—19岁儿童的语言阅读能力发现：儿童早期的阅读能力、语言能力及阅读条件关系着其未来的阅读能力及学业成就。实际上，处于3—8岁的儿童并未开始在学校接受正规的阅读训练，即使许多幼儿在托幼机构可以接受一定的早期阅读教育，但国内大部分托幼机构的师幼比例远远无法满足每一位幼儿对于阅读的个性化需求，所以家庭的培养以及父母的指导是培养幼儿阅读能力的主要途径。

儿童发展心理学中有关活动理论的研究表明，科学性的亲子阅读活动有助于幼儿心理的健康发展，特别是幼儿高级心理机能的健康发展。首先，阅读的过程能够锻炼幼儿轮流、等待、重复、共同参与等在社会交往中所需要的一系列社会性技能，能够使幼儿在阅读中学会与他人合作，建立信任；其次，在阅读的过程中，父母可以适当地提供支援，让幼儿感到自己逐渐被文字社会所接纳，学会从图画、文字、标志等抽象的符号中提取有用的信息，领悟其中的意义，这也是幼儿心理健康向更高、更新的发展阶段过渡的基础；最后，通过愉悦的亲子阅读体验，用游戏的方式进行阅读，有助于幼儿发挥想象力，打开心理空间，促进幼儿心理健康发展。伍新春教授曾经在《早期阅读应从"分享"开始》中对亲子阅读所具有的情感价值进行了这样的阐释：亲子共读更像是幼儿和成人一起做游戏，在这个过程中，幼儿首先需要从成人身上得到爱，如若不然，儿童就会在心中否定这次游戏体验。阅读的始终，幼儿的心态都是轻松自然的，就像是在听小故事一样，幼儿的大脑把从视觉、听觉、触觉中收获的大量信息转换为安详、深刻的亲情，这个过程需要成人与孩子共同参与，这也是一个创造爱、享受爱的过程，对于成人和幼儿来说都是一次爱的体验。赵琳用个案研究法对一个初中生进行了追踪，研究其在成长过程中学业成绩的情况以及语言能力发展的情况，她发现学生在幼儿阶段以后的语文能力发展水平受到早期亲子共读质量的很大影响，二者呈正相关，这说明亲子共读对于后继语文能力的发展有着重要的意义，孩子的思维、学业成绩、学习热情、自信心、综合素质等会随着语文能力的提高而得到发展，促使孩子获得更多的成功机会。自我国开始实施早期阅读教育起，早期阅读质量已有大幅度的提升，早期阅读也逐渐开始过渡到家庭亲子阅读，虽然社会对于家庭亲子阅读的关注越来越多，但亲子阅读的质量仍有待改善。在对长春市内3452个家庭开展调查后发现，大部分的家长对于幼儿的身心发展特点和阅读特点的了解缺乏准确认知，也未能认识到与幼儿一起阅读这一过程的真正意义，并且许多家长在与幼儿阅读的过程中采取的策略单一，不够灵活。所以必须尽快提升亲子阅读的效率，这是开展亲子阅读教育最为关键的任务。

本研究吸收国内外亲子阅读的独特价值、影响因素、指导策略等方面的研究成果，聚焦提升家庭亲子阅读有效性的指导策略，利用幼儿园内部支持，对长春市内3452个家庭亲子阅读现状进行调查，并根据调查结果，制订亲子阅读实施指导方案。以期通过幼儿园和幼儿家长携手，探索能改善亲子阅读现状，进而提升亲子阅读有效性的可行性路径。

二、研究方法

（一）研究对象

本研究的对象是长春市内的10所幼儿园，其中包括2所公办幼儿园和8所民办幼儿园。共回收有效问卷3452份，就年龄来看，托班210人，小班603人，中班994人，大班1645人。

（二）研究工具

本研究的调查问卷是由本课题组编写的《亲子阅读调查问卷》。问卷涉及了对亲子阅读的认知、开展亲子阅读的条件、亲子阅读的策略和亲子阅读的效果四个方面，一共19道题。其中关于亲子阅读的认知分为家长对亲子阅读的理解和对亲子阅读的价值的理解；亲子阅读的条件包括空间、时间、材料；亲子阅读的策略指的是家长使用图书的策略、家长指导幼儿阅读的策略；亲子阅读的效果有家长对于亲子阅读现状的满意度、亲子阅读质量变化的原因。该问卷参照了前人的许多研究，并且以本研究的预测验作为基础。经过初试找出问卷中的问题并加以修正，形成了正式的问卷。

（三）数据分析

使用SPSS对调查结果进行统计分析。

三、亲子阅读现状及问题分析

（一）亲子阅读认知缺失

家长对于亲子阅读的认知，指的是家长对于亲子阅读的本质的认知和家长对亲子阅读的价值的认识。家长对亲子阅读是否有正确的理解决定着家长对亲子阅读价值是否能准确认识，这也是亲子阅读能否顺利开展的关键。

	选项	比例
您的观念中，"亲子阅读"的概念是什么	成人教孩子识字、写字、念诗等	9.12%
	在家庭中，成人与孩子一起阅读	14.11%
	父母与孩子共同分享多种形式的阅读过程	65.41%
	成人为孩子讲故事	11.36%
您认为"亲子阅读"最重要的功能是什么	教育功能	2.81%
	增强综合能力（包括审美、想象、管理能力等）	38.41%
	帮助识字	2.09%
	激发阅读兴趣，形成阅读能力	56.69%

调查结果表明，父母对"亲子阅读"的本质与价值认知不明确。34%左右的家长没有明确亲子阅读是家庭情景中父母和孩子共同阅读故事书或图书的一种阅读活动，是幼儿的家长或者是其中一方陪同幼儿阅读的行为。有44%的家长并不能准确认识亲子阅读对于提高幼儿阅读兴趣、养成良好阅读习惯和推动幼儿社会性发展的作用。这导致了幼儿在阅读中无法感受乐趣，情感体验不深刻，更重要的是阻碍了幼儿良好的阅读习惯和兴趣的形成。

（二）亲子阅读条件不足

1. 亲子阅读的时间不充分

	选项	比例
您和孩子的阅读，是否有阶段性计划	没有计划	24.13%
	计划性不明确	36.5%
	有一定计划，且随着具体情况而改变	36.33%
	有明确计划，并严格执行	3.04%
您每次与孩子一起阅读的时间有多少	10—20 分钟	54.08%
	21—30 分钟	37.86%
	31 分钟—1 小时	7.18%
	1 小时以上（不含 1 小时）	0.88%

2. 亲子阅读的空间不充分

	选项	比例
您家中是否有专属于孩子的阅读区（阅读区内有适合孩子高度且取放自如的书架，有儿童靠垫，有儿童地垫，有足够的光线，等等）	有	52.32%
	没有	47.68%

3. 亲子阅读物质不充分

	选项	小计	比例
您家中拥有幼儿读物的数量是多少	10—30 本	1106	32.04%
	31—50 本	1009	29.23%
	51—100 本	779	22.57%
	100 本以上（不含100 本）	558	16.16%
	本题有效填写人次	3452	
您经常和孩子一起阅读的图书类型有哪些	古今中外著名的童话书	599	8.01%
	民间故事和童话书	1369	28.29%
	中国古代诗词	647	8.37%
	有关自然科学类的图书	666	8.92%
	动画片改编的图书	768	10.88%
	以学前儿童为读者的期刊	579	6.40%
	历史类图书	24	0.7%
	情绪情感类绘本	935	27.09%
	其他	128	1.34%

亲子阅读不仅需要充足的空间、时间，还需要丰富的阅读材料。从调查中可以看出，绝大部分的家长和幼儿都没有具体的阅读计划，仅3.04%的家庭制订了明确可行的阅读计划，这也是亲子阅读时间常常变动的原因。28.94%的家长能坚持每天都和孩子一起阅读，大部分家长每周能保证1次亲子阅读，每次

阅读时长为20分钟左右。47.68%的家庭阅读的场所不固定，亲子阅读活动随处进行，只有5.79%的家庭也就是200个家庭可以将阅读的场所固定在书房。调查后发现：22.57%家庭之中拥有的幼儿图书数量一般在51—100本之间，且家长们比较倾向于选择故事类的图书，而选择情绪情感类和科普类图书的人数则相对较少。通过访谈得知，大部分的家长认为故事类的图书比较易于幼儿理解，相对而言，科普类的图书比较枯燥，情绪情感类的图书内容难以把握。在调查中，我们发现大多数家长支持孩子阅读，能够为幼儿提供阅读环境，但缺乏时间上的投入，以及心理上的关注。

（三）亲子阅读的策略缺乏科学性

亲子阅读的策略指的是家长在与幼儿进行阅读时采用的方法与原则。作为亲子阅读这一过程的直接指导者，家长需要阅读指导策略。

	选项	比例
您在亲子阅读中的具体指导方法是什么	图读法（边讲故事边指图）	50.89%
	点读法（边讲故事边指汉字）	28.93%
	诵读法（把故事连贯讲完，尽量不让孩子打断）	6.48%
	跟读法（自己讲一句，孩子跟着讲一句）	4.94%
	陪读法（让孩子自主阅读，孩子有问题时再给予帮助）	7.84%
	其他	0.92%
您的孩子在阅读中注意力不集中，您是如何应对的	通过音调、表情等变化吸引孩子的注意力	52.90%
	停止阅读，对孩子进行说教	16.08%
	停止阅读，进行其他感兴趣的事情	14.28%
	换一本书，再次阅读	14.22%
	其他	2.52%

续表

选项		比例
与孩子一起阅读的过程中，您通常的表现是怎样的	完成图书的阅读，不与孩子交流	2.35%
	很少主动提问，只回答孩子的提问	16.74%
	主动向孩子提问，很少回答孩子的提问	6.52%
	既主动向孩子提问，又回答孩子的提问	74.39%
您是否经常与孩子谈论阅读过的图书内容	从不	4.55%
	有时	63.73%
	经常	27.09%
	总是	4.63%

上表反映出的现象是，家长最喜欢用图读法和孩子一起阅读，其次就是点读法，除此之外是诵读法、跟读法和陪读法。有74.39%的家长有能力通过问答与孩子进行阅读交流，有52.9%的家长会借助音调、表情的变化将孩子的注意力吸引住。然而，经常与孩子谈论阅读过的图书内容的，仅占27.09%。更有近一半的家长在阅读中，面对幼儿无法集中注意力时选择停止阅读，或是说教，或是换一本书，再或是放弃。通过访谈了解到，多数的家长对幼儿阅读特点的了解程度不足，这直接导致他们在进行亲子阅读时无法做到依据幼儿的阅读特点选择有效的阅读方式和方法。

（四）亲子阅读成效不明显

选项		比例
您孩子的阅读现状如何	比较被动，不太喜欢读书或听成人读故事	16.04%
	成人阅读时较感兴趣，但自己不主动阅读	29.84%
	喜欢听成人读，也喜欢自己阅读	49.25%
	不可一日无书陪伴	4.87%

续表

选项		比例
您对阅读的效果满意吗	很满意	19.87%
	基本满意	46.35%
	一般	29.11%
	不满意	4.67%
您认为影响您和孩子进行亲子阅读的原因是什么	工作太累太忙，没有时间和精力	59.51%
	孩子对阅读活动不感兴趣，且注意力难以持久维持	17.96%
	给孩子读书讲故事是妈妈应该做的事	9.96%
	孩子需要参加各种辅导班，没有时间读书	5.19%
	没有过多资金为孩子提供阅读的图书	1.42%
	自身的知识储备少，对指导孩子阅读力不从心	9.30%
	其他	6.66%

从亲子阅读开展的现状来看，家长对亲子阅读的满意度并不高，幼儿每日要求阅读的，占4.87%。46.35%的家长表示基本满意亲子阅读的效果。以下是造成这种现象的原因：（1）工作繁忙，无心投入亲子阅读。（2）孩子不喜欢阅读，注意力不能长时间集中。（3）为孩子读故事应该是妈妈一个人的事。（4）不具备充分的知识储备，无法有效指导孩子进行阅读。（5）孩子忙着上辅导班，抽不出时间来阅读。（6）没有过多资金为孩子提供阅读的图书。从调查中可以看到，许多家长对于亲子阅读的意义是有一定的认识的，也有意通过亲子阅读培养孩子的阅读习惯和能力，但现实是，大部分的家长没有明确计划如何开展亲子阅读，对于亲子阅读蕴含的价值没有深入思考，对于指导策略毫无头绪，认识不到

需要培养孩子哪些能力。因此在很多家庭中，亲子阅读沦为了随机的、不定性的教育活动，效率与科学性都无法得到保证。因此，亲子阅读的现状并不乐观，基本处于中等水平，大部分幼儿未养成良好的阅读习惯，幼儿的阅读兴趣与阅读能力有待提升。

四、讨论与建议

研究证明，父母若能够使用科学的方法指导幼儿阅读，那么幼儿的阅读能力会稳步提升，阅读习惯会逐步养成。家园共育可以有效地促进幼儿发展，所以幼儿园在亲子阅读活动中应当承担起引领的责任，适时地为家长提供支持与引导，真正落实亲子阅读的成效。

（一）开通育儿通道，提高家长亲子阅读的认知水平

亲子阅读作为早期阅读的重要组成部分，蕴含着诸多独特的价值，从上文中的调查结果可以看出：虽然亲子阅读对幼儿发展的重要性被诸多家长所认可，但是仍然有很多家长未能正确把握和理解亲子阅读真正的本质和价值。如，"小学化倾向"的思想仍然存在，这样带有偏差的亲子阅读观在某种程度上会造成亲子阅读趋向"小学化"，使幼儿失去阅读兴趣，成为亲子阅读最大的障碍。因此，在开展亲子阅读前，每一位家长都应该准确认识亲子阅读的价值。亲子阅读不是一项教育性的任务，所以家长们应该正确看待亲子阅读，它不仅仅是幼儿学习技能、吸收知识的工具，更是具有愉悦性并与情感相关联的阅读活动。只有端正对亲子阅读的价值的认知，才能为亲子阅读发挥最大化的成效提供可能，也才能为满足幼儿的成长需求、促进幼儿的发展奠定稳固的基础。

提高家长亲子阅读的认知水平，可建立家园协作组织，通过召开家长学校座谈会、亲子阅读工作室、亲子阅读座谈会、亲子阅读交流会的方式进行。

家长学校座谈会：幼儿园邀请亲子阅读方面的专家，向家长解读早期阅读的意义和概念，阐述早期阅读的阶段目标，帮助家长厘清概念，提升阅读意识。

亲子阅读工作室：幼儿园向家长阐明开设亲子阅读活动的意义、亲子阅读的原则、良好的阅读环境对幼儿和家长双方的重要性、有关亲子阅读的系列计划和安排等内容。

亲子阅读座谈会：研究者将研究过程中的优秀图书书目向家长进行推荐，并针对其中的图书内容着重向家长进行亲子阅读的指导。

亲子阅读交流会：家委会负责统整，以家长对家长说的方式进行交流和讨论，分享彼此在阅读过程中的收获与经验，交流幼儿在亲子阅读后的进步，让家长看到希望，促进亲子阅读有效开展。

（二）搭建育儿平台，创设适宜的亲子阅读环境

亲子阅读活动的开展需要良好阅读环境作为保障。蒙台梭利曾这样说："在教育这件事情上，环境扮演着相当重要的角色，因为孩子将会在环境中所汲取的东西，与自己的生命融合在一起。"

1. 阅读空间创设

在阅读空间方面要尽可能地为幼儿提供一个相对温馨舒适、功能合理、适合孩子阅读的地方，且布置时一定要注意是否符合孩子的喜好、审美情趣和认知能力。如：幼儿专属的阅读空间应相对独立、光线充足，有一张适合幼儿身高的书桌，一个方便幼儿取放图书的书架，一些幼儿喜欢的装饰品，几个颜色柔和又柔软的靠垫，有条件的家庭也可以为幼儿设置独立的书房。在总体上，亲子阅读的空间设置要符合幼儿的需要。

家是亲子阅读活动开展的主要场所，但幼儿的大部分时间是在幼儿园里度过的。因此，亲子阅读活动需要遵循家园共育的方针，为了在亲子阅读环境方面给予家长指导，幼儿园可将亲子阅读环境创设的具体指导方案以倡议书的形式发放给家长，也可定期组织"我的书屋"活动，请家长针对环境的创设、图书的种类等内容进行分享，以此激发家长对物质环境创设的重视。

2. 阅读时间安排

亲子阅读的时间需要根据实际情况而定，对于能够投入亲子阅读中的幼儿而言，他们的阅读时间相对较长，甚至会主动提出延长阅读时间的要求，这时候家长可以根据幼儿的需求将阅读时间适当延长，但是也需要把时长把控在一定的范围之内。另外，对于无法投入到亲子阅读活动中的幼儿而言，他们的阅读时间相对较短，家长需要有耐心适当地引导，坚持每天陪伴幼儿阅读，适当延长阅读时间，用润物细无声的方式帮助幼儿建立阅读习惯。亲子阅读是一项需要长期坚持才能有成效的活动，因此，家长需要有计划地安排阅读时间，最

好能有固定的时间并持之以恒地进行,促使幼儿形成阅读动力。

为了使亲子阅读活动具有实效性,幼儿园可建立"爸爸妈妈讲故事"栏目,定期邀请家长走进幼儿园为小朋友们讲故事,让家长有机会了解幼儿,也让幼儿有机会感受亲子阅读的多样性,彼此建立联系。这样既能增强家长开展亲子阅读的信心,又可促进亲子阅读活动的开展。

3. 阅读书目选择

面对市面上种类繁杂的幼儿读物,多数的家长比较盲目,虽然家长能够意识到选择图书要考虑幼儿的需要,但很多家长还是受到市场营销手段的干扰。为幼儿选择图书,家长可从幼儿园方面寻求帮助,获得专业人士的支持与意见。首先,考虑选择幼儿图书需要遵循的原则,即内容上符合幼儿年龄特点、先考虑"有趣"后考虑"有用"、语言表述规范、充满正能量等,版本上首选知名的出版社和作者;其次,在图书类别的选择上,避免种类单一,在条件允许的情况下尽可能多元化地进行选择,3—6岁的幼儿正处于对新鲜事物十分好奇的阶段,适当地让幼儿体会不同类型的图书所带来的快乐,既可满足幼儿的好奇心,又有利于亲子阅读发挥更大的成效。

为了解决家长选择幼儿图书的困扰,幼儿园可开展"亲子阅读座谈"活动,由研究者向家长推荐优秀的幼儿书目,帮助家长了解幼儿图书所具有的独特的价值。例如,余丽琼所创作的《团圆》以3岁女孩儿毛毛的口吻讲述自己的亲身经历,里面的每一幅画面都非常真实,这本书可以让孩子在了解中国传统文化的同时也获得非同寻常的情感享受。

(三)提供科学策略,提升家长亲子阅读的指导能力

1. 把握幼儿心理特点,提升幼儿阅读积极性

亲子阅读强调父母与幼儿之间能够产生有效的互动。在阅读中,幼儿不仅是参与者,更是活动主体,家长需要细心观察幼儿在阅读中的阅读行为,以幼儿的心理特点为依据开展适宜的亲子阅读活动。

在阅读的过程中,幼儿往往会在感兴趣的地方停下来仔细观察,这时家长需要换位思考,与幼儿交流并交换彼此的意见和想法,以提升幼儿阅读的积极性。伴随着年龄的增长,幼儿的阅读能力也逐渐有所提升,幼儿会反复重复故

事中的片段,这时家长需要认真地倾听并适时加以引导,这有助于促进幼儿的思维能力与语言表达能力的提升。

2. 把握幼儿阅读特点,提升亲子阅读有效性

幼儿的阅读特点因人而异,家长需要对幼儿的阅读特点进行细心的观察和深入的了解。对于如何掌握幼儿的阅读特点,家长可以根据实际情况做出适宜的选择,可寻求专业人士的意见,也可通过阅览有关幼儿心理发展特点的正规书籍增加对幼儿的了解。这里依据心理学、教育学和儿童文学等与幼儿阅读特点相关的知识提出如下建议:小班幼儿的专注时间相对较短,建议阅读时间在10分钟左右,家长可选择故事性较强、色彩鲜明、浅显易懂的图书,运用图读理解法的方式读给幼儿听。中班幼儿的专注时间在15分钟左右,这个时段的幼儿语言发展较为迅速,家长可选择画面内容丰富且寓意深刻的图书,运用诵读互动法进行阅读。阅读过程是家长与幼儿情感交流的过程,是提高幼儿阅读能力的绝佳时机。大班幼儿的有效注意力迅速发展,注意的对象比较广泛,还能够注意到许多细节,这个时期的幼儿求知欲十分强烈,家长可以提供给幼儿多类型的图书,阅读中可适当地选择幼儿读、父母听的阅读方式,帮助幼儿获得成就感与自信心。

3. 提供亲子阅读方案,助推亲子阅读开展

为保障亲子阅读的有效开展,幼儿园可设计一系列的阅读方案供家长参考,给予亲子阅读有力的支撑。例如,方案一:美丽相约。每晚利用15—25分钟的时间,父母和幼儿共同阅读图书。方案二:演绎故事。以较受幼儿关注的或是幼儿比较感兴趣的图书为基础,父母和幼儿共同演绎图书中的内容,幼儿从中获得愉悦感,促使其发自内心地爱上阅读。表现的方式可多样,可演绎、可绘画、可讲述。方案三:阅读延伸。从幼儿的兴趣出发,根据幼儿对图书的关注程度制作故事图片,并打乱故事图片的顺序,请幼儿通过独立思考寻找故事中的逻辑,为图片正确排序并能够独立讲述。方案四:创作图书。幼儿及家长共同参与到图书、书签制作等活动中,让幼儿的阅读兴趣在活动中得以激发。

为提升家长亲子阅读的指导能力,幼儿园可开展亲子阅读座谈活动,由研究者对家长进行亲子阅读的指导,例如,针对故事《团圆》,呈现活动实录,

详细解读活动方案；或是开展亲子阅读交流活动，以家长与家长说的方式进行交流与讨论，分享彼此的阅读经验和感悟，增强家长对亲子阅读的认可程度。幼儿园还可以通过开展"我是故事大王""戏剧展演"等活动，将亲子阅读活动升华，让家长见证阅读对幼儿身心发展的作用，提高家长参与亲子阅读活动的兴趣，推动亲子阅读活动顺利且有效开展。

参考文献：

[1] 周兢．我国学前儿童语言教育的几个新的发展趋势《幼儿园教育指导纲要（试行）》解读 [M]．南京：江苏教育出版社，2002，(6)：139-142．
[2] 张必隐．阅读心理学 [M]．北京：北京师范大学出版社，1992．
[3] 胡珊．国内外亲子阅读研究发展及其新思考 [D]．长春：东北师范大学，2008．
[4] 王西敏．图画书在亲子阅读中的使用 [D]．上海：上海师范大学，2003．
[5] 韩明月．延吉市朝鲜族幼儿家庭亲子阅读教育研究 [D]．延吉：延边大学，2007．
[6] 伍新春．早期阅读应从"分享"开始 [J]．早期教育，2004 (7)：12-13
[7] 赵琳．儿童早期语言教育与其后继语文能力发展关系的研究报告 [J]．学前教育研究，2003 (11)：15-18．
[8] 李生兰．学前教育心理学 [M]．上海：华东师范大学出版社，2006．
[9] 尹建莉．从"小"读到"大"[M]．湖北：长江文艺出版社，2018．
[10] 张潺．幼儿期亲子图画书阅读的现状、问题及对策研究 [D]．济南：山东师范大学，2015．
[11] 周兢．论早期阅读教育的几个基本理论问题——兼谈当前国际早期阅读教育的走向 [J]．学前教育研究，2005 (1)：20-23．
[12] 聂娟．武汉市江岸区学前儿童亲子绘本阅读的现状、问题及对策研究 [D]．安徽：淮北师范大学，2017．
[13] 童赛．幼儿园亲子共读的实践报告 [D]．宁夏：宁夏大学，2014．
[14] 李海雁．蒙台梭利教育思想对学前儿童家庭教育的启示 [J]．教育教学论坛，2014 (30)：251-253．
[15] 汪娟．多元互动的亲子阅读指导策略探析 [J]．基础教育研究，2011 (5)：51-52．

促进亲子阅读的有效策略探究

东北师范大学附属实验学校

赵明 刘聃

摘 要：近年来，世界各国的幼教专家都十分关注早期阅读，认为早期阅读对幼儿的口语表达能力和思维的发展等起着非常重要的作用，将会影响其终身学习能力和水平。本文主要从幼儿园的角度出发，通过家园共育探索亲子阅读的有效策略。

关键词：亲子阅读；有效策略；幼儿发展

我国在新《幼儿园教育指导纲要（试行）》的内容中，提出要"培养幼儿对生活中常见的简单标记和文字符号的兴趣；利用图书、绘画和其他多种方式，引发幼儿对书籍、阅读和书写的兴趣，培养前阅读和前书写技能"。这一观点与国际上儿童语言教育研究提倡的"完整语言"教育是一致的。为此，从幼儿园、教师、幼儿和家长几个层面进行研究，提出以下几点探索亲子阅读教育实施的有效方法与途径。

一、专家指导解惑，提高更科学

"母亲温柔的读词声是自己的童年音乐。"这是文学巨匠巴金在回忆儿时与母亲一起阅读时内心最真实的感受，母亲的读词声好似美妙的音乐，在心里留下了永久的烙印。这便是亲子阅读蕴含的独特的教育价值。

但在当前，对亲子阅读的认识和实际操作中存在着不同的问题，如：许多家长有"抢跑"思想，过于看重亲子阅读的智育价值，在某种程度上造成亲子阅读逐渐驶向"小学化"的轨道。针对此现象可邀请大学相关领域的教授，通过理论和实践案例为家长展开专题讲座，给家长以理念的引领，帮助家长明晰阅读对开发幼儿的智力有颇多益处。专家讲座的引路、解惑，让家长在亲子阅读中不再迷茫。

二、有效微报告，提高更精准

亲子阅读是亲子互动的活动，也是亲子共同成长的过程。但通过调查发现，多数家长对孩子的阅读特点和心理需求缺乏准确的认识，在亲子阅读活动中缺少目的明确的指导方式。因此，针对这种情况家长们和幼儿园有必要根据各年龄段幼儿阅读特点开设专题微报告。

幼儿阅读特点分析：

3—4岁年龄段幼儿，注意力的稳定性弱，注意的对象少，注意力保持的时间短。在接触书面语言的初期，喜欢画面柔美、形象生动、故事内容简单、语言重复、节奏明快、与生活经验相关的绘本读物，能在书中找到角色认同，引起共鸣，如"儿童情绪管理"系列、"大卫"系列等。

4—5岁年龄段幼儿，在阅读过程中能够积极思考，抽象逻辑思维随之发展，词汇的丰富性和情节的连贯性有很大提高，一些哲学启蒙类、科幻类的图书开始受到青睐，如《花格子大象艾玛》等。

5—6岁年龄段幼儿，有效注意力迅速发展，不但可以完整、连贯讲述故事内容，而且可以根据内容创编故事。这一时期是幼儿个性雏形期，他们开始形成自己的阅读喜好，故事内容丰富、语言优美且具有一定文学性的图书更加适合这一年龄段的幼儿。同时，大班幼儿阅读的兴趣点开始出现性别差异。女孩儿对情节温馨、画面唯美的图书爱不释手，如《白雪公主》等，而男孩儿则比较喜欢幽默滑稽、富有探险精神的科普类的读物，如"看里面"系列等。

通过专题微报告，教师不仅可以依据各年龄段的幼儿身心发展规律及阅读兴趣等，给予家长更加细致的分析与指导，还可将亲子阅读相关优秀读本推荐给家长。如，儿童文学家松居直先生所著的《松居直喜欢的50本图画书——带领大人入门的图画书》，这是松居直先生集几十年的工作、创作经验和心力完成的50篇图画书论，既给入门者解惑，也可给爱好者释疑。

三、分享阅读，提升更有趣

幼儿园定期组织半日阅读开放活动，邀请家长走进幼儿园近距离了解幼儿早期阅读教育，由教师精心准备阅读活动，从阅读导入、阅读实施、阅读延伸等方面向家长分享集体阅读活动，帮助家长打开亲子阅读之门。鼓励家庭间展开交流，每天邀请一位或多位家长带着自己精心准备的故事，利用阅读图书、实物演示、角色表演、皮影讲述、PPT图片讲述等，以多样化、整合化、动态化形式走进幼儿园，为孩子们分享故事，调动其阅读兴趣，丰富幼儿阅读经验。也让家长能够深深体会幼儿身上无限的学习欲望和能力，横向观察、比较，了解自己的孩子，选择更好的阅读材料和方法。通过参与故事分享充分感受亲子阅读的价值，以此增强家长自身的阅读技巧。

四、材料共享，视野更扩大

慧眼识"材"，资源共享，良好的阅读材料是确保孩子快乐而有兴趣地投入阅读活动之根本所在。阅读材料的丰富会大大增强幼儿阅读的兴趣。因此，"分享"应成为阅读活动的重点词汇。开展图书漂流活动，先从借阅班级的图书入手，再鼓励幼儿将家中比较优质的阅读材料带到幼儿园跟大家分享，这样不但可以在幼儿园阅读，还可以带到家里与父母共同阅读。既保证多数材料都受幼儿喜欢，也让图书阅读真正地活起来。

五、提高师资，专业更及时

幼儿园是家长开展教育活动的有力助手，教师是实施早期阅读教学的核心。幼儿园和教师有责任对亲子阅读予以帮助。教师对亲子阅读的指导绝非信口开河，在对亲子阅读活动进行指导前，教师要丰富自身的专业水平，利用课题研究发现并分析当前幼儿阅读的反应模式、行为特征、阅读习惯及一些基本家庭背景情况，对幼儿阅读的反应进行深入的研究，并提出具体的、科学的指导建议。

亲子阅读，是培养孩子良好的阅读兴趣、习惯和技能的有力支持，能让孩子充分体验家长的关爱，是密切亲子关系的催化剂。书香沁人，愿亲子阅读活动能为每一个孩子的童年带来满室的书香，让孩子在阅读中诗意地栖居，快乐地成长！

参考文献：

[1] 张潺. 幼儿期亲子图画书阅读的现状、问题及对策研究[D]. 济南：山东师范大学，2015.
[2] 陶西平. 走科学化的中国幼儿教育道路——纪念教育家陈鹤琴先生[J]. 北京：北京广播电视大学学报，2015（4）：1-6.

亲子阅读调查问卷

设计人：刘聘

亲爱的家长：

您好！

本问卷的目的在于全面了解家庭亲子阅读的总体情况。我们将对您的回答严格保密。因此，您不必有任何顾虑。请您认真阅读，并按您自己的实际情况填写每一题。您的回答对于研究宝宝组"亲子阅读"课题有极大的帮助。非常感谢您的支持与合作！以下各题请您根据您的真实情况选择一项，在相应的字母上打√。（1—16题均为单项选择）

您孩子所在班级：_____

您是孩子的：_____

一般由谁和孩子进行亲子阅读_____（父亲／母亲）

1. 在您的观念中，"亲子阅读"的概念是？

   A. 大人教孩子识字、写字、念诗等

   B. 又称为亲子共读，即在家庭中大人与孩子一起阅读

   C. 大人与孩子共同分享多种形式的阅读过程

   D. 大人为孩子讲故事

2. 孩子从多大开始阅读（包括玩宝贝书）？

   A.1岁以下　　B.1—2岁　　C.2—3岁　　D.3—4岁　　E.4岁以上

3. 您觉得"亲子阅读"最重要的功能是？

   A. 教育功能

B. 增强综合能力（包括审美、想象、管理能力等）

C. 帮助识字

D. 养成阅读兴趣和习惯

4. 您是否喜欢和孩子一起阅读？

A. 不喜欢

B. 比较喜欢

C. 喜欢

D. 很喜欢

5. 您一般选择在哪里和孩子一起阅读？

A. 客厅

B. 书房

C. 床上

D. 没有固定场所

6. 您一般选择何时和孩子一起阅读？

A. 有时间就和孩子一起阅读

B. 晚饭前后

C. 晚间入睡前

D. 周末、节假日

7. 你孩子的阅读现状如何？

A. 比较被动，不太喜欢读书或听大人读书

B. 大人阅读时较感兴趣，但自己不主动读书

C. 喜欢听大人读，也喜欢自己读书

D. 不可一日无书陪伴

8. 您和孩子一起阅读的频率为？

A. 每天进行

B. 一周3—4次

C. 一周1次

D. 一周不足1次

9. 您每次和孩子一起阅读的时间为？

A. 10—20分钟

B. 21—30分钟

C. 31分钟—1小时

D. 1小时以上（不含1小时）

10. 给孩子讲完故事，您是否要求孩子复述？

A. 从不

B. 很少

C. 有时

D. 经常

11. 您是否和孩子经常谈论已经看过的图书？

A. 从不

B. 很少

C. 有时

D. 经常

12. 您孩子的图书使用频率为？

A. 只读1遍

B. 读2—5遍

C．读5—10遍

D．读10遍以上

13．您家中拥有幼儿读物的数量？

A．10本以内（含10本）

B．11—30本

C．31—50本

D．51本以上（含51本）

14．您经常和孩子阅读的书是？

A．以图画为主

B．以文字为主

C．图文并茂

D．其他

15．您为孩子选择早期阅读材料的依据是？

A．孩子兴趣

B．孩子能力特长

C．您的期望

D．老师要求

16．您对阅读的效果满意吗？

A．很满意

B．基本满意

C．一般

D．不满意

17. 您的家教知识主要来自于？（多选题）

A. 父母

B. 同事、邻居、朋友等

C. 书籍

D. 教师

E. 网络

F. 其他

18. 您在家庭亲子阅读中存在的困惑是什么？

19. 针对宝宝组开展"阅读、悦纳、乐享"的分享阅读活动，您有什么好的建议？

做一个读书给孩子听的妈妈

吴冬梅

《朗读手册》上有这样一段话:"你或许拥有无限的财富,一箱箱珠宝与一柜柜黄金。但你永远不会比我富有,我有一位读书给我听的妈妈。"这句话我特别喜欢,也一直努力做一位这样的妈妈。

好的绘本,从文字、故事到图画都具有非凡的美感,孩子从中认识美、体验美,从而获得对美的感受力,这种滋养将受益一生。从小池出生的第十个月开始,作为妈妈的我,义不容辞地与女儿踏上了亲子阅读之路。回首亲子阅读的这几年,家里的绘本藏书达到了上百本,在图书馆和绘本馆借阅的图书更超过了百余本。小池也经常主动地向班级的图书角借阅书籍。逐渐地,买书、藏书、借书成了小池最乐于做的事。

小池看过的绘本不下百本。而这些绘本上的语言,也体现在她生活的方方面面,丰富了她的语言。

"世界上总有比这更好玩的事儿!"这是小池常挂在嘴边的一句话,它来自绘本故事《不一样的卡梅拉》,是不走寻常路的卡梅拉的口头禅。"我想跟每个人分享我的快乐"也是小池常说的话,来自于绘本《彩虹色的花》里花儿发自内心的对伙伴的慷慨。不经意间,小池就会说出很多这样既好玩又意味深长的话。

小池的童年生活因阅读而更加丰富多彩。我想,长大以后,她对于童年时光的回忆也必将因阅读而多了一些味道。

对一个五岁的孩子来说,"第一次"独自上街买东西,是个伟大的探险!虽然只是去离家不远的街口小店,可对《第一次上街买东西》的小主人公美依来说,却充满着一桩接一桩的冒险事件——有一辆自行车迎面冲过来,好危险!哇,跌倒了,膝盖破了皮,她会哭吗?手中的硬币掉了,该怎么办?终于走到小店门口,要怎样跟老板开口买东西?……小池在阅读这本书的时候,也仿佛和主人公一起经历了这些冒险。读后的第二天，她便主动提出，自己去超市买一次东西。这一次，她学着美依的样子，悄悄走出家门。一路上，走几步一回头。但她还是克服了内心的恐惧，一直走到了门口的超市里。几分钟后，她拿着自己买的棒棒糖欢快地冲出超市。躲在角落里的我感觉女儿瞬间长大了，可以独立做事情了。绘本的力量真是无穷大呀！

每当小池在生活中遇到困难时，我总会拿出图书为她排解情绪。

在图书的世界里，悲欢喜乐都会显现给读者。小池的爷爷在她没出生之前就去世了。她很遗憾自己没有爷爷，以前一直不肯接受这个事实，经常因为没有爷爷追问大人原因，而我们与小小的她根本解释不清楚这件事。在读过《爷爷变成了幽灵》这本绘本之后，她突然明白了自己为什么没有爷爷。书中小奥斯本的爷爷在去世后，没有变成天使，没有变成泥土，而是突然出现在奥斯本的房间，坐在他的衣柜上，他忘记和奥斯本说"再见"了。读了这本书，她终于能正确面对亲人的死亡，更懂得珍惜与奶奶每天在一起的快乐时光。

四到六岁的孩子，正是处于语言能力发展迅速的阶段，可以选择一些文字量相对较大，情节较为多层、曲折一点的故事，涉及的主题也可以更丰富。除了表现日常生活的绘本，也可以选择一些表现情感与关爱、梦想与行动、勇气和毅力等的绘本。讲述民间故事的绘本也能引起这个时期孩子的极大兴趣。

我和小池已经阅读完了《小西游记》《葫芦娃》这样多个故事主线交叉、多个人物的长篇小说。另外对于《睡美人》《灰姑娘》《白雪公主》这类的故事书，她也特别感兴趣！很多故事自己都能背着讲出来。

朱永新说："一个人的精神发育史就是他的阅读史。"在与女儿亲子阅读的路上，我也跟着女儿一同成长。这种阅读让我更介意儿童的内心世界，指导我走近他们单纯闪亮的童心。

最近半年，感觉自己的亲子阅读工作做得不够好。由于工作繁忙，少了很多亲子共读的时间。经常用"凯叔讲故事""酸石榴"等微信平台让女儿自己听故事。但这远远满足不了女儿对童书的渴望。女儿每天都渴望着，在灯下，依偎在父母身边一起读故事的时光……

春风潜夜，润物无声

——我谈女儿启蒙阶段的阅读与成长

赵 博

女儿今年五岁半，真正走进阅读已有三年之久。两年前幼儿园安排家长走进课堂，从此，女儿的阅读势如破竹一发不可收。

家长每天下午两点半进入课堂给孩子们讲故事，第一次我就带了"卡梅隆"主题的故事书，故事很长，孩子们围坐一圈，从始至终都认真听着。对于三四岁的孩子来讲，这需要注意力的绝对集中。然而，即使没有老师中途告诉孩子认真听，每个孩子也都瞪着眼睛听，随着故事情节的推进不断地变换表情。那时候的每个孩子，真的是一张洁白的纸，你给他们什么，他们都会完全吸收。

这样的"家长故事课堂"持续了大约一年。最明显的变化就是孩子注意力集中了，专注力形成了。

除此，语言功能发生了翻天覆地的变化。会用很多关联词进行对话，如"因为……所以……""如果……就……""虽然……但是……"。会用很多修饰词语对话，比如"特别……""不可思议……"会说很长的句子，也会和爸爸妈妈开玩笑，甚至在睡觉前也会自言自语很长时间。

除了语言本身的发展外，孩子对于故事的渴望，仿佛久旱盼甘霖，在车里要听故事，回家要听故事，睡觉前也要听故事。为此家里还专门购买了故事机，在大人没有时间进行纸质阅读的时候，孩子可以享受听觉上的阅读，孩子的视野在不断扩大，孩子的思维被不断激活。

渐渐地，孩子开始自己编排故事，把家人、老师都安置到故事里充当她想象的角色。每天都会不停地绘声绘色地讲述，还会要求家长参与其中。这个时候，就是书籍带来了孩子语言的大爆发期。背诵诗歌，也就顺理成章进入了孩子的生活。

每一位家长都担忧孩子进入小学后的学习状况。而起决定性作用的应该是"注意力是否集中",讲故事读书,可以凝聚孩子的注意力,发散孩子的想象力,提高孩子的语言发育水平,改变孩子的内向性格,激活孩子的思考力。

如今,这项"读书"工程,已经根据幼儿园女儿班级的要求,由"参与阅读"改为"陪伴阅读",女儿会在每周的固定一天借回一本书,迫不及待地在车里阅读,晚上还要读一遍,并且告知我们:别把书弄坏了。第二天早早起来拿着书,说要归还幼儿园。这种简单的责任感的培养,会对她今后的发展起到至关重要的作用。同时,她也会把自己最喜欢的书,拿到幼儿园和小朋友分享,她的书被小朋友带回家,她会非常开心。在阅读中学会分享,这是一种难得的品质。

如今,孩子已经进入学前阶段,老师们还在带领着孩子们"阅读",对于家长还有"关注孩子阅读"的要求。我们作为成年人,深知:不读书者活在别人的世界里,读书少看不透世界的样子,多读书方可领略世界的精彩。作为孩子的家长,我更希望我的孩子可以保有持久的阅读热情,拥有精彩的人生!

最后感谢在孩子启蒙阶段能遇到"特别重视"阅读的老师们。是你们的润物无声带给了孩子一个书香童年!我愿意接过这个接力棒,继续陪伴孩子,共同阅读,共同成长。

小阅读　大收获

——"亲子阅读"活动心得

刘航宇

"妈妈！今天咱们读《大卫不可以》这个故事。"每天晚上，琳琳都会选出一本喜欢的书，亲子阅读就是我们家最美好的时刻。

幼儿园里开展的亲子阅读活动真的特别有意义，每天一个看似简短的小故事，却让孩子有了很大的进步。活动中，女儿养成了爱读书的好习惯，她的阅读面不断地扩大，从童话、神话故事到名人传记、历史、科学、军事、海洋生物、探秘、侦察推理、中外名著等。她渐渐地爱学习了，了解了很多小知识，会讲简短的小故事了，明白了很多道理，不知不觉中也认识了许多汉字。而我，在给女儿读书的过程中，又重新找到了儿时读故事的快乐感和满足感。

一、亲子阅读伴女儿探究和思考

琳琳一天天地长大了，对身边很多事物都会突然感到好奇，比如：人为什么会老？变色龙为什么会变色？老虎和豹子谁跑得快？这些问题越来越多。在阅读中，她找到了许多问题的答案，还常常"打破砂锅问到底"，这说明她一边听故事一边在思考，她想知道更多的东西，对外界事物的探究能力也逐渐增强了，阅读正在指引她走向知识的奇妙世界。

二、亲子阅读使女儿进步于阅读、表达和创造

女儿会让我把她喜欢的故事重复很多遍，直到我说故事的前一句，她就能很快地甚至一字不漏地把下面的情节全部说出来。如《白雪公主》的故事，她自己就能对应着书中的图片，细致生动地讲出来，这说明孩子走进了故事情节，喜欢故事的同时也是他们记忆发展的过程，在反复阅读的潜移默化中，女

儿认识了很多的汉字，能连贯地读出路牌、广告词，也学会了很多词语，能准确地应用，比如答应她的事情及时做到，她会表扬我是"信守承诺"的好妈妈。著名童话作家郑渊洁说过这样一句话："读书是吸取前人的知识，启发自己的灵感，最终利于读书人的创造性思维。"读一个新故事的时候，琳琳会顺着故事的情节猜想，会在故事结束之后提出她的想法和问题，如在阅读《苏菲亚和她的姐妹》中，女儿会评价苏菲亚公主是善良、真诚的，安柏公主太喜欢争第一了，不够谦让妹妹，如果我是安柏，我一定会让着苏菲亚，和她成为最好的朋友。看，她不仅学到了谦让，还学会了和小朋友相处的正确方式。相信坚持亲子阅读的互动，她可能就会自己编出故事来了。

三、亲子阅读让家庭温馨于每一次的交流分享

我和孩子爸爸的工作比较忙，忽视了和孩子在一起的交流时间，她经常自己一个人玩，总是觉得孤单。亲子阅读活动，增进了我们和女儿之间的情感交流。我们在故事中表达自己的观点，分享自己的感动，她就坐在我身边，我就在她身旁，我们共同感受一家人在一起的温馨和幸福。在故事中，我们会对她的人生观、价值观进行正确的指导，她懂得了尊老爱幼，她明白了要做诚实勇敢的好孩子，她懂得了爱护环境的重要性，学会了自己解决问题的小方法。我们希望孩子知书达理，读书的活动慢慢地让她养成了许多良好的生活和学习习惯，同时也使她懂得了很多做人的道理。

"妈妈！明天我要和小朋友们分享这本故事书""妈妈！下面的故事我来讲"……亲子阅读活动，打开了女儿成长的舞台，让她在故事的浸润下慢慢地长大。

翰墨书香　陶冶性情
——记录与儿子一起阅读的时光

贾媛媛

阅读，一直让我觉得是一件很美好的事。对于小孩子来说，阅读的开始不一定是在他们出生之后，也许在孕育孩子的过程中就已经开始了。坐在电脑前，思绪回到当初怀孕的那段时光。那时，我就比较喜欢为孩子读书，无关乎场地和时间，闲暇时就读上一段优美的文字，所以儿子出生后我的第一感觉就是他语言发展得特别好，词汇量很丰富，许多成语也能用得恰到好处。

三岁入园至今，一个家校阅读衔接的重要过渡阶段，班里的老师们制订了合理的阅读计划，推荐了适合不同年龄段的、种类繁多的绘本，开展了丰富的阅读形式，让儿子不仅愿意倾听别人讲故事，而且能够主动走到前面为班里的同学讲故事，另外他还能在老师们的带领下把绘本故事表演出来。时至今日，我还记得他主动申请为班里的同学讲故事时的兴奋劲儿，还记得他在家认真地挑选绘本和反复练习时的样子，就是这样，在老师们的潜移默化下，儿子已经慢慢成为一个主动的阅读者，现在每周他都会在家里选出比较喜欢的、多次阅读过的绘本带到班级推荐给其他的同学。

其实每天和孩子坐在一起聊聊书、讲讲故事，不仅是在家里为孩子营造一种阅读的气氛，更重要的是拥有了一段幸福温馨的亲子时光。儿子生性就不是一个安稳的人，我总是会和爱人抱怨他的好动。但是当他跟着老师们一步步走进阅读的世界后，好多次我发现他是专注的，那样静止的画面会让人陶醉很久。不知不觉中也会让你慨叹，他说的句子越来越长了，越来越有条理、逻辑性了，这样的亲子阅读也许不能让我们改变生活，但是它可以丰富我们的生活，让我在儿子的心里种下一颗美好的种子。

幼儿园语言游戏活动的
指导策略研究

东北师范大学附属实验学校

姚雪娇

《幼儿园语言游戏活动的指导策略研究》结题报告

东北师范大学附属实验学校

姚雪娇

一、问题提出

（一）国内外研究背景及现状

幼儿期是语言发展的最关键和最重要的时期。幼儿语言的发展与智力因素的发展有着密切的联系，因此，国内外有很多学者研究提升幼儿的语言能力的方式与方法。

在幼儿园，游戏是幼儿最基础的活动，教师作为一切活动的支持者、引导者、合作者，起着至关重要的作用。在幼儿园的语言游戏活动中，教师的介入指导直接影响语言游戏开展的效果。

朱慧颖在《构建有效的幼儿园语言游戏指导策略》中提出：在幼儿的语言游戏中，教师语言作为游戏关键，具有的生动性在对语言游戏的质量和效果产生影响的同时，还会直接影响语言能力和思维能力的培养。

郭颂在《谈幼儿语言游戏活动的有效开展》中提出：语言与游戏是幼儿在幼儿园生涯的重要组成部分，将语言与游戏相结合是一种能够运用双重成效的测试。它的具体含义可以表现为：教师应掌握幼儿年龄段的语言学习与发展的特点和教育要求，精心设计和组织语言活动是幼儿教师必备的专业素养，也可以显示语言活动的特殊性。

丁书嫚在《浅析幼儿语言游戏的特点、困境及对策》中提出：语言游戏的重点在于强调教师合理地指导与及时地帮助，依据幼儿语言与思维发展的基本特点，强调了教师指导幼儿语言游戏的必要性，即善于指引幼儿在遵循一定规则的基础上，将已获得的语言信息加以理解并在个体想法表达中进行体验。

陈亮、朱德全在《幼儿园语言游戏的本质特点、指导原则及策略》中写道："语言游戏是教师指导性游戏而不是幼儿随意性的游戏。教师在指导语言游戏时，应遵循游戏性体验在前、智力发展在后，幼儿游戏在前、教师指导在后的原则。"

以上研究结论都阐释了教师指导在语言游戏开展过程中的重要作用。然而，教师到底该怎样做，才能使自身的指导在语言游戏活动中是有效的？才能调动幼儿主动参与游戏的积极性？才能促进师幼互动更融洽？这些都是值得我们思考的问题。

（二）课题研究依据

中华人民共和国教育部颁布的《3—6岁儿童学习与发展指南》中指出：幼儿语言的发展贯穿于各个领域，也对其他领域的学习与发展有着重要的影响，幼儿在运用语言进行交流的同时，也在发展着人际交往能力、理解他人和判断交往情境的能力、组织自己思想的能力。幼儿的语言能力是在交流和运用的过程中发展起来的。

《幼儿园教育指导纲要（试行）》中也明确指出：幼儿园的语言教育应当是乐意与人交谈，讲话礼貌；注意倾听对方讲话，能理解日常用语；能清楚地说出自己想说的事；喜欢听故事、看图书；能听懂和会说普通话。通过语言获取信息，幼儿的学习逐步超越个体的直接感知。

在幼儿园的游戏活动中，在教师有目的、有意识地引导下，幼儿能够在语言游戏活动中积极运用语言与他人交际，通过合作游戏积极主动地与同伴进行语言交流，想说、敢说、愿意说，从而促进自身语言的发展。因此，幼儿园的语言游戏活动需要教师恰当地引导，创设条件使幼儿学会运用语言，能够连贯、完整和有逻辑地进行口语表达。

（三）研究意义及价值

在幼儿园进行语言游戏活动时，我们发现在教师组织开展语言游戏的过程中，指导性理念陈旧。很多老师只重视游戏进行的效果，将幼儿的游戏转变成以教师意愿为主导而开展的游戏，从而忽略了游戏对幼儿的真正意义。

在很多活动中，语言游戏活动的形式化依然较普遍，语言游戏内容也依然是老一套，语言游戏活动的游戏性、趣味性较弱，幼儿参与活动的主动性不强、积极性不高，处于被动地位，不能得到情感上的满足，这阻碍了幼儿语言能力的发展。

因此，通过研究和实践，我们探索了语言游戏的新玩法和教师开展语言游戏活动的指导策略，以使语言游戏活动更具趣味性，幼儿参与活动的态度变得更积极、更主动，师幼间的互动更加融洽，从而促进幼儿语言能力的发展和教师业务能力的提升。所以，本课题的研究具有较强的实践性。

二、概念界定

"语言游戏"这个概念是由20世纪享誉世界的西方哲学家路德维希·约瑟夫·约翰·维特根斯坦（Ludwig Josef Johann Wittgenstein）提出的，是维特根斯坦后期哲学中的一个核心概念，指"把语言与活动这两者交织到一起而组成的整体"（《哲学研究》）。他认为语言是人们相互之间传递信息的手段，是一种活动，而且是人的全部活动中的一个重要组成部分。

《蓝皮书》最先提出，语言游戏指"孩子刚开始使用语词时的语言方式""语言的原始形式"或"原始语言"（维特根斯坦，1964）。它强调了语言活动的意义，并把语言的使用视为一种游戏，语言游戏本身就把语言的运用、活动包括在内，正如棋类活动这个概念本身已把棋子的走法包括在内一样。

语言本身作为活动是一种生活形式，在特定语言中出现的语言游戏是人们的生活形式的表现，期望、意向、理解等也是通过语言活动而成为生活形式的。

三、研究的目标及研究内容

（一）研究的目标

结合实际应用，使幼儿的学习更具趣味性，促进师幼间的有效互动和幼儿语言能力的发展，从而探索具有实践性、引领性的有效措施，促进幼儿语言表达能力的发展和教师业务能力的提升。

(1) 培养幼儿主动学习语言的兴趣，促进幼儿语言的发展。

(2) 探索幼儿园语言游戏活动的指导策略，增强师幼间的互动。

(3) 创新语言游戏玩法，丰富语言游戏的内容。

（二）研究的内容

(1) 教师在组织语言游戏活动中的指导策略研究。
(2) 借鉴民间传统游戏，创新语言游戏玩法的实践研究。
(3) 探索不同年龄段幼儿语言游戏形式与内容的行动研究。

四、研究方法

文献研究法：搜集大量关于语言游戏活动的文献材料，就语言游戏的概念、传统语言游戏的种类、语言游戏的表现形式、组织和指导语言游戏的方法、语言游戏的设计等问题，在理论上进行借鉴和参考。

行动研究法：以教师遇到的实际案例进行分析研究，在互相交流与谈论中寻找产生问题的根源，进而寻求解决问题的方法。

经验总结法：以不同年龄段教师在实施方案后总结出的经验，互相借鉴与学习。

五、研究步骤

根据上述研究目标、研究内容和研究思路，在本课题实施中，我们托班、小班、中班、大班四个年段教师参与研究，并确立将全园3—6岁幼儿作为研究对象。我们分以下几个阶段进行研究。

（一）前期准备阶段（2018年9月—2018年12月）

搜集文献，分享交流，形成初步研究方案。

课题组成员通过图书馆、网站、书籍等途径，查阅国内外相关资料，参考相关成果，结合实际工作中出现的问题和遇到的困惑，进行了综合分析与交流。所有课题组成员共同商讨研究方向，确定课题与目标，制订研究方案，完成申报工作。

在这一阶段的交流与分享中，老师了解了"语言游戏"的概念，深刻理解了教师指导策略对开展语言游戏活动的重要意义和价值，在理论上的认知有所提升，并对如何开展语言游戏活动有了更深一层的思考，提出了研究的问题，这为之后的研究工作起到了促进的作用。对语言游戏价值的深入理解，激发了老师研究的热情，于是我们便由理论转为实践，制订了实施阶段的行动方案。

（二）实施阶段（2019年1月—2019年12月）

实际操作，总结反思，推动行动实施。

实践是为了更专业地做研究，做更深入的研究，以达到研究的目标。我们在理论学习的基础上，付诸行动研究。

针对四个年龄段幼儿同时开展语言游戏活动，教师进行分段式观察与反思，探索解决策略。在这个过程中，老师搜集大量的语言游戏素材，并对实施活动实况进行视频录制，举行文献分享交流会、案例分析会、解惑答疑会、反思研讨会。老师发现，开展语言游戏时，一切问题的出现无不体现出教师本身的指导思想、语言游戏的内容是否有趣、幼儿参与游戏的情绪是否积极主动等，在这些问题中不乏共性的问题，这为阶段性研究方向提供了借鉴与参考的依据。

（三）总结阶段（2019年12月—2020年9月）

归纳整理文档、影像资料，撰写论文及研究报告。

有了前期的理论与实践依据，老师静下心来，整理自己的研究心得，反思总结教师指导语言游戏的有效策略，专心地撰写论文。

我们依托课题组归纳整理四个不同年龄段幼儿的语言游戏的素材，交流展示自己的研究成果。在幼儿园科研骨干教师的引领下，课题组教师整理语言游戏的创新玩法手册，去其糟粕，取其精华，同心协力，完成课题组的各项研究成果，撰写结题报告。

六、研究成果及成效

（一）研究成果

经过两年的研究实践，课题组成员都有了自己的收获：老师共发表了相关论文5篇，撰写了结题报告一份，整理了语言游戏文本手册（收录了托班、小班、中班、大班四个年龄段，110多个不同类型的语言游戏）；师幼同框，精心录制的语言游戏视频影像12个。这些成果具有较强的推广价值，教师可以直接用来参考及研究，具有较强的实践性。

（二）研究成效

1. 提升了教师的专业素养以及科研课题的研究能力

随着社会的进步，时代的发展，我们已经进入信息化、网络化的时代，这也是开放、创新的时代，各行各业的人都面临着新的考验。作为新时代的幼儿园教师，肩负了更重要的使命，这也要求一线教师成为善于反思学习、研讨和实践的全能型教师。

当下时代，"全能型教师"既要会教学，又要懂教育，也能进行科研，仅仅是某一学科的教学专家，已经不能适应教育教学的需要。教师必须具有一定的科研能力，才可以在教学活动中不断地发现问题、分析问题和解决问题。

教师进行课题研究需要掌握课题的确立（教师就会知道工作中的教育问题出自哪里）、课题计划的设计（教师可以思考自己的教育理念与教育方向）、课题的文献搜集（提升教师的理论高度）、课题实践的策略（提升教师的业务能力）、课题的总结报告和课题相关论文及案例的撰写（教师在总结、反思中成长，提升写作能力）等方面的技能。研究课题的过程，也是提升教师教育教学能力的过程。

在本课题的研究初期，课题组成员分组查阅文献、撰写策划，在共同学习分享中，对幼儿园语言教育有了更高层次的认识、更深刻的理解。同时，在课题研究的实施阶段，一次次的交流、讨论、分享、实践，更加凸显了教师教学实践能力的提升和教师教育理念的更新。王艳慧老师在总结自己的研究心得时写过这样一段话，引起了课题组老师的共鸣："语言游戏是以达到语言发展为目的的一种教育手段，从幼儿兴趣出发就会收到好的效果。不论怎样设计语言游戏，最终都要以帮助幼儿更快地理解和掌握为目的，所以，能够吸引幼儿，能够提高幼儿参与的积极性，这个游戏已经成功一半了。游戏的设计应贴合幼儿生活，游戏形式可以不变，但游戏内容可以根据所教授的内容进行改变，若幼儿已经掌握了一种游戏的模式，则会很快就熟悉新的玩法，这样更容易吸引幼儿，提高教学质量。"可见，老师在研究课题的过程中进行了反思、归纳和总结，也与自己的教育行为做了对比，摸索出了促进幼儿语言发展的重要途径。

在课题研究整理总结阶段，老师将自己所有的心得进行了整理，并撰写了论文。在论文里，老师对教师的教育手段，以及语言游戏的开发有了独到的见解和创新的想法。比如，姚雪娇老师在总结分享会上就语言游戏的创编方面阐述了自己的观点："传统的民间语言游戏对幼儿的全面发展起着促进作用，其内容丰富、简单易学、种类繁多，如果能够发挥教师的教育智慧，将传统的语言游戏资源与幼儿园语言教育资源充分结合，进行改编、仿编、创编，就能创造出符合时代特色的游戏。"

在课题研究的每一个阶段，老师都在不断地学习相关的理论并对自身教育行为进行反思，对研究问题进行总结梳理。可以说，老师一直在反思与实践的互相碰撞中不断提升自己的理论层次，审视自己的教育行为，调整、创新自己的教育手段，开发有价值的语言游戏内容。在科研的路上，老师获益良多，不断地向前奔跑。

2. 提升了教师介入游戏指导的水平，促进了师幼互动

科研离不开实践，实践才能出真知。在深刻理解了教师指导在游戏中的重要性之后，老师踏踏实实地针对每一个语言游戏活动，进行了实际操作。老师刚开始不知道"怎样把握介入游戏的最佳时机、怎样激发幼儿参与游戏的兴趣、如何调动幼儿的积极性"，但在一次次的实践中总结经验，结合实际应用渐渐地摸索出方案。

问题总是来源于我们的困惑，老师为了找出介入指导存在的问题，不断地审视自身的指导行为。老师深知自己在幼儿的生活游戏中具有支持者、合作者、引导者的身份，所以从自省、自查开始，在语言指导、物质支持、精神需要等方面都进行了反思。通过交流与分享，大家找到了共性的问题，也找出了教师指导行为问题的根源，总结出了教师介入游戏进行指导的必要性原则，也初步摸索出介入游戏的几大契机，解决了老师介入指导时机的问题。

游戏的主体是幼儿，而幼儿参与一切活动源于兴趣，只有幼儿感兴趣，我们的活动才能够引发幼儿主动参与，所以我们针对不同的年龄段幼儿，总结出不同的语言游戏，以最大化地激发幼儿参与活动的兴趣与积极性，深入开展语言游戏。比如小班幼儿年龄较小，词汇量有限，适合以集体交流、模仿学习的方式开展语言游戏，如手指游戏、儿歌、童谣等；中班的幼儿逐渐积累词汇，适合玩词语类、成语类等语言游戏；到了大班，幼儿的合作意识增强，语言发展水平提高迅速，更加自主，所以更适合玩表演模仿类、竞技类、指令类游戏，以及创编类语言游戏。除了根据幼儿的年龄特点组织游戏，促使幼儿在游

戏中心情愉悦、精神得到满足，促使游戏持续开展，我们还探究到，适宜的道具辅助，创设情境，选择孩子们觉得神秘、好玩、有趣、新鲜的情节，与音乐结合，和孩子们成为伙伴一起游戏等都是很好的介入指导的手段。关注到了这些，老师的思维也如水闸泄洪那样，涌现了很多想法。这些想法犹如一个小按钮，按钮打开，教师与幼儿之间的门就开了，彼此的距离就被拉近了。

所以在课题研究的不断探究、摸索、实践中，老师以幼儿为前提，以幼儿为主体，尊重理解幼儿的一切行为，提升了游戏介入指导的水平，与幼儿建立了新的师幼关系，促进了师幼互动。这样教师介入指导的游戏才更有价值。

3. 创新语言游戏玩法，丰富语言游戏的内容

幼儿园的语言游戏类型众多，然而一些语言游戏的内容及玩法比较单一，所以为了创新语言游戏玩法，丰富语言游戏的内容，我们将原有的语言游戏进行创编、改编，形成符合时代特点、以幼儿身边事物为主要内容的新的语言游戏，如用叠加玩法的方式改编儿歌《吃毛桃》与抢椅子游戏。在以往的游戏中，我们或是只说儿歌，或是只听音乐抢椅子，但是为了调动幼儿表达的欲望，参与语言游戏的积极性，我们将两个游戏进行整合改编，即根据儿歌内容创编动作：吃、吃、我吃毛桃，（双手放在嘴边呈吃状）吃得我心里怪难受，（双手捂着胸口位置，顺时针抚摸）我走一走，我跳一跳，（走三步，跳三下）我找个地方坐一坐。（坐椅子）幼儿围着椅子，边做动作边说儿歌，当说到"坐一坐"的时候开始抢椅子。改编后的游戏还可以将"毛桃"换成其他食物，或不断更换食物，以此激发幼儿试一试的欲望，调动幼儿参与游戏的积极主动性，游戏也更加好玩，幼儿真正地成了自编游戏的主人，玩起来格外开心。

我们发现，经整合、改编、创编后衍生出来的很多游戏，都能让幼儿耳目一新。这不仅丰富了游戏内容，增强了游戏的趣味性，还开发了幼儿的思维。

幼儿自主自发地游戏，对幼儿来说有特殊的作用和意义。所以创新游戏玩法，丰富符合时代特征的幼儿语言游戏内容，是非常有意义的。

七、讨论与思考

通过本课题的研究，我们课题组成员驾驭游戏活动的能力都有所提升，但是仍有值得进一步思考和深入研究的地方。

（1）在本课题的研究中，我们探索了符合幼儿需要的语言游戏形式，借鉴了民间传统游戏创新语言游戏玩法，将游戏进行分类，再进行改编、创编，丰富了语言游戏的素材。但是题材有限，没能体现教师的教育智慧，创作更多符合当下的我国特有的传统文化传承的语言游戏。

（2）教师指导幼儿开展语言游戏活动，能够明确自己的"身份"，以幼儿为主体，尊重幼儿的主观愿望。但是教师本身的观察力不够敏锐，应用策略不够熟练，教师的思维应变能力和当下及时解决问题的能力尚有不足，所以老师还需要提高自身的文学素养和职业素养，从而提升业务水平。

教师组织语言游戏的实施策略

东北师范大学附属实验学校

姚雪娇

摘　要：幼儿大部分的时间都生活在幼儿园，因此幼儿园的语言活动对幼儿语言的发展起着关键性的作用。在实践教学中，我们发现老师组织语言游戏的形式、幼儿学习的主动性和积极性等都存在着这样或者那样的问题。为此，我们提出了教师在语言游戏活动中的指导策略研究，尝试探索教师组织幼儿园不同年龄段语言游戏的方法，总结摸索具有实践性、引领性的有效措施。

关键词：游戏；指导；策略

游戏作为幼儿园最基本的一种活动方式，能激发儿童的表达欲望，为儿童自由表达创造适宜的语言环境。游戏本身就是儿童学习语言的一种有效方法，不仅能使其语言理解深刻化，而且能使语言的交际功能和调节功能获得发展。

但在现实中，语言教学的低效益现象仍然较普遍。例如，语言教育活动的游戏性不强，幼儿参与活动的积极性不高，教学活动组织形式不够丰富多彩，不能很好地调动幼儿学习的主动性，幼儿处于被动地位，等等。这不但大大阻碍了幼儿语言能力的发展，而且无法满足幼儿情感上的需求。为此，我们提出了语言游戏化的策略研究，旨在结合实际应用，探索教师组织幼儿园不同年龄段语言游戏的方法、符合幼儿需要的语言游戏的表现形式；探索教师在语言游戏活动中的指导策略，以及具有实践性、引领性的有效措施，从而促进幼儿语言表达能力的发展和教师业务能力的提升。

一、教师组织语言游戏时存在的问题

（一）组织语言游戏的固定模式化倾向

语言游戏在语言教学中逐渐被重视，然而在实际应用时，教师按部就班地实施游戏活动，没能对幼儿学情进行透彻的分析，比如，活动是否符合年龄特点，本年龄段幼儿是否感兴趣，活动安排及活动准备是否符合幼儿能力发展水平，等等。这会导致游戏由于幼儿能力不足或者游戏方式的不适宜而不得不中断。当出现这些不可预期的问题时，若教师没能够及时地解决，就会使游戏失败或者不能达到预期的效果或目标。

（二）在语言游戏活动中过多关注纪律与秩序

过多关注纪律与秩序，会妨碍游戏的完整性和幼儿情绪情感的自由释放，会影响幼儿参与游戏的主动性、积极性、持续性，从而不利于幼儿语言的发展。

二、教师组织语言游戏的实施策略

（一）创设自由、轻松、愉悦的语言环境，渗入游戏因素，扩大游戏空间

人在自由宽松且没有任何压力的情况下，才能畅所欲言，幼儿想说、敢说、愿意说，才是幼儿语言游戏教育的真正目的，所以我们要为幼儿创设这样的语言环境，激发幼儿的表达欲望。在幼儿互相言语的过程中，我们不难发现，幼儿有时候能够利用已有的游戏经验互相学习，有时候能够自发地生成一些语言游戏。所以我们要扩大幼儿游戏的空间，不局限于固定的游戏玩法、活动场地，不限制时间范围，使幼儿积极地、无障碍地参与语言游戏。

（二）尊重幼儿，更新观念，加强不同年龄段幼儿组织语言游戏的指导

每个年龄阶段的幼儿都有其发展特点，我们要尊重幼儿的语言发展差异。在活动中，通过反复实践，我们发现小班幼儿年龄较小，适合以集体交流、模仿

学习的方式开展语言游戏；中班适合分小组，以竞赛的方式组织语言游戏；大班适合以分角色、分小组合作的方式组织语言游戏。同时，各个年龄段的衔接可以分层次地进行，如从词到句子、从句子到故事、从短小的儿歌到较长的剧本等。

教师在组织语言游戏时要做好充分的学情分析，并成为幼儿游戏的伙伴、支持者、引导者。幼儿在游戏活动中遇到矛盾甚至产生纠纷而影响游戏进程时，教师应直接介入指导，提醒幼儿遵守游戏规则。在实施直接介入指导时，教师应把握介入时机，避免因不必要的干预而限制和束缚幼儿的游戏行为，破坏幼儿游戏的兴致。在语言游戏中，有时教师可不直接参加游戏，而以观察者和指导者的身份，用眼神、动作、肢体语言和相关环境等对幼儿进行引导和帮助，从而顺利完成游戏。间接指导虽然充分关注了幼儿的游戏性体验，但并不等于将成人的教育意图和理解直接传达或教给幼儿。

（三）借鉴传统游戏，挖掘语言游戏的多样性、趣味性，创新游戏玩法，探索符合幼儿需要的不同年龄段的语言游戏形式

语言游戏的表现形式有很多，比如儿歌、手指游戏、词语接龙、连词成句、故事表演、角色扮演等。但是无论哪种游戏，都不可能完全适合每一个年龄段。比如词语接龙，由于小班的幼儿词汇量有限，因此并不适宜。再比如角色扮演，由于小班幼儿较小，合作意识不强，经验有限，因此不太适合小班，比较适合大班。我们要找到适合不同年龄段幼儿的语言游戏，激发幼儿对语言游戏的兴趣。

（1）儿歌、手指游戏要符合孩子的年龄特点，选择长短及内容适宜的儿歌，选择适宜的道具辅助，刺激幼儿的多种感官，发散幼儿的思维，理解儿歌内容，鼓励幼儿进行联想。在教学和指导游戏的过程中要情境化代入，选择孩子们觉得神秘、好玩、有趣、新鲜的情节，激发幼儿兴趣。如情境游戏，是托班幼儿最喜欢的一种游戏方式，处在这个年龄段的孩子，往往将幻想和现实混淆，所以赋予童话般的情境，孩子们很容易融入其中，从而激发兴趣。同时，还可以与音乐结合，让幼儿感受儿歌的韵律，同时鼓励幼儿大胆地用肢体动作进行表演。

（2）词语、成语类语言游戏要结合幼儿的生理和心理特点，要贴近幼儿生活，富有趣味性。

（3）选择故事表演类语言游戏时，首先，要丰富幼儿的知识和生活经验；

其次，要帮助幼儿学会扮演和选择游戏的角色；再次，要在游戏中观察幼儿的表现，适时引导教育；最后，要以角色的身份参与游戏，促进游戏情节的发展。

（4）指令、命令类语言游戏。这类游戏可以帮助幼儿对成语有一定的认识。通过老师的口令，孩子们可以在几个不同的成语中快速地找到老师要求的成语，这是孩子们参与性比较高且效果很好的游戏之一。

（四）充分利用一日生活中的各个环节，渗透无处不在的语言游戏

幼儿语言的发展与幼儿的一日生活息息相关，如在饭后散步时，会发现孩子们在走廊里玩着手指游戏、唱着童谣等；在如厕等待时，会听到孩子们有节奏地说着如厕规则儿歌；在放学前等待的时候，会听到老师组织孩子们玩词语游戏等。我们发现充分利用零散的时间组织游戏，将其渗透到一日生活中，利用幼儿睡前、饭后、如厕的时间，践行无处不在的语言游戏效果会更好。

语言游戏作为一种特殊形式的语言教育活动，为幼儿的语言发展提供了某些特别的机会。我们在日常工作中应当重视幼儿语言游戏活动的开展，使语言游戏活跃起来，抓住机会促进幼儿语言学习，弥补幼儿某些能力的缺失，为他们语言能力的整体提高、为良好习惯的培养创造良好的教育环境。

经过一年的研究与探索，参与课题研究的老师在不同年龄段幼儿语言游戏化教学呈现的方式方法、语言游戏的组织等方面都有了自己的收获。老师整理了相关的论文，课题组整理了语言游戏文本汇集，以及语言游戏的影像资料。

语言游戏化活动对幼儿语言能力的发展起着至关重要的作用。我们将继续研究与实践，使语言游戏无处不在，为幼儿创造更好的语言环境，促使幼儿语言能力的发展。

参考文献：

[1] 中华人民共和国教育部. 3—6岁儿童学习与发展指南[M]. 北京：人民教育出版社，2013.299–301.

在进行语言游戏时教师的指导策略

东北师范大学附属实验学校

姚雪娇

摘　要：在幼儿园的语言游戏中，幼儿能够将语言学以致用，并得到提高，同时又能够促进智力、思维等多方面能力的发展，语言游戏对幼儿语言的发展起着重要的作用，然而也存在着一些问题。本文阐述在游戏过程中，幼儿与幼儿之间、幼儿与材料之间等出现矛盾时，老师介入指导应该注意哪些问题、采取怎样的策略解决问题等。

关键词：幼儿园；游戏；策略；语言

一、什么是语言游戏

语言游戏可以是幼儿在游戏的过程中自发生成的自主探究、伙伴之间共同制订游戏规则且符合幼儿自身意愿的游戏活动，也可以是由教师组织指导，具有一定的游戏规则，以完成一定的语言学习任务为目的的活动。

二、在进行语言游戏时存在的问题

（一）教师的问题

在语言教学实际中，教师往往按照一定的游戏准则实施游戏活动，没能对幼儿学情进行透彻的分析，比如没有考虑活动是否符合年龄特点、活动内容是否会令本年龄段幼儿感兴趣、活动安排及活动准备是否符合幼儿能力发展水平等。这导致游戏由于幼儿能力不足或者游戏方式的不适宜而不得不中断，而当这些不可预期的问题出现时，若教师不能够及时地解决，那么游戏就会失败或者不能达到预期的效果或目标。

在语言游戏活动中，教师往往过多关注纪律与秩序，对游戏过程进行单方面无意识的掌控。这会妨碍游戏的完整性和幼儿情绪情感的自由释放，打断幼儿参与游戏的主动性、积极性、持续性，从而不利于幼儿语言的发展。

（二）幼儿的问题

在语言活动中，每个幼儿的性格不同、兴趣不同、语言及其他能力发展水平不同，有的不擅长交往、不合群，不能够很好地融入游戏中。这也是影响幼儿语言能力发展的重要原因。

（三）材料的问题

在语言游戏中，为了给幼儿营造更加宽松、自由、富有趣味性的语言环境，激发幼儿参与游戏的兴趣，提高参与游戏的积极性，我们会借助一些材料，如道具、背景等。然而，有时候我们也会因材料的影响而不能顺利开展语言游戏，如令幼儿害怕的、装饰类的道具，操作复杂的道具等。

（四）规则的问题

我们要提升教育观念，应认识到参与语言游戏的过程比结果更重要，只有在游戏的过程中，幼儿的语言才能得到提升。所以规则是死的，人是活的，我们要让游戏彻底地活起来，让规则为幼儿的游戏服务，而不能让规则束缚幼儿的活动行为。

三、在进行语言游戏时教师的指导策略

（一）明确教师介入语言游戏指导的角色

在语言游戏中，教师要成为幼儿游戏的支持者、引导者、合作者，教师介入的角色定位决定了教师介入游戏时可以直接指导，也可以间接指导。直接对幼儿参与游戏进行指导，可以在游戏前进行细致系统的讲解示范，在游戏进行中直观演示，在游戏后进行评价总结。间接对幼儿进行指导，既可以以同幼儿平行的身份介入游戏，发现问题，也可以以游戏中合适的身份提出质疑，与幼儿进行讨论，最终达到解决问题的目的。

（二）尊重幼儿的主观意愿，满足幼儿的情感需要，释放幼儿的表达欲望

从幼儿的角度出发，语言游戏应体现幼儿的心理需要，使幼儿通过交流学习彼此促进，在情感上、精神上获得满足。因此，在组织与指导幼儿参与语言游戏时，我们要尊重幼儿的意愿，不能将教师的主观意愿，要随着幼儿的需要适时改变游戏规则、游戏玩法，最大限度地释放幼儿的表达欲望，满足幼儿的精神、心理、情感等方面的需要。当幼儿的需要得到满足时，才能更好地达到我们的教育目的，完成我们的教育任务。

（三）以遵守语言游戏规则为准绳，公平对待每一名活动中的幼儿

提升游戏的规则意识，促进幼儿的社会性发展，在整个学前教育阶段都是重点研究的问题，在语言游戏中，也只有遵守一定的规则，才能让游戏进行下去。在进行语言游戏时，很多幼儿不能够遵守游戏的规则，这时候就会出现教师的介入。有的教师能问清楚缘由、产生矛盾的根本，公平地解决分歧，很好地处理问题。有的老师比较武断，出于主观判断或者对个别幼儿行为的主观评价，草率地、强制性地处理问题，不能从根本上解决问题，也不能让幼儿很好地了解遵守语言游戏规则的重要性。我们要保护幼儿的自尊心、维护幼儿的意愿和坚持，尽量避免和减少强行控制、禁止、批评等否定性言行，要多用赞许、鼓励、肯定等激励方式，以遵守语言游戏规则为准绳，公平对待每一名活动中的幼儿，对事不对人，一视同仁，让游戏得以完整地进行，从而提升幼儿的语言能力发展水平。

（四）关注游戏中的幼儿，适时调整游戏材料

观察幼儿，才能了解幼儿，从而发现问题。所以在游戏中，我们要关注幼儿的行为，了解活动中出现的各方面的问题，这样才能保证游戏有序地进行。游戏能够顺利进行，材料的适宜性也起着非常重要的作用。在游戏中添加辅助材料的时候，我们要选取方便幼儿使用、操作简单的材料，同时还要根据幼儿的需求适时地调整游戏材料，使幼儿对语言学习活动一直感兴趣，积极主动地参与游戏，从而促进其语言能力的发展。

（五）尊重幼儿语言发展的个体差异，逐步提升语言能力

每一个幼儿都是一个单独的个体，都有着自身的特点及发展水平。作为一名幼儿教师，我们要珍视每一名幼儿，不放弃每一名幼儿，所以在幼儿游戏中，我们要尊重幼儿语言发展的个体差异，挖掘其闪光点，促进幼儿语言能力的发展。对于胆小内向不爱说话的幼儿，以及与同伴交流有障碍的幼儿，我们要给予帮助和鼓励，其哪怕有一点点的进步，我们都要采用适宜的方式放大，增强其参加游戏的信心，使其能够融入语言游戏中，逐渐地发展语言能力。

浅谈语言游戏中故事表演游戏的指导策略

东北师范大学附属实验学校

姚雪娇

摘　要：幼儿的语言能力是在交流和运用的过程中发展起来的。故事表演游戏是幼儿生活中一种重要的游戏活动，也是幼儿喜欢的一种活动形式，其角色对话、故事情节中都含有较多的语言表达成分。幼儿进行表演游戏，表达人物对话、模仿角色的表情和动作等，相互交流学习，能够促进幼儿语言能力的发展。在幼儿园开展的表演游戏，有别于舞台表演，所以在教师组织故事表演活动时存在各种问题。通过研究，我们总结了经验，探索出了教师指导故事表演游戏的策略，从而深入开展故事表演游戏，促进幼儿语言能力的发展。

关键词：幼儿园；故事表演游戏；指导；策略

幼儿园的表演游戏是幼儿自发地用语言、动作、表情等扮演故事中的角色，调取自己的各方面经验进行想象、创造性的表演，是以幼儿为主导的游戏。在表演游戏过程中，幼儿是主体，幼儿不需要严格地遵循故事情节进行表演，可适当增添故事情节及自己的语言等。然而，有时幼儿进行故事表演游戏时也需要教师的指导，那么教师如何进行指导才能够不仅不影响幼儿参与游戏的积极性，还能够提升幼儿语言表达等能力？这是我们老师一直都在思考的问题。

一、教师组织故事表演游戏存在的问题

（一）理念陈旧，重表演效果，轻游戏过程

有的教师没有认识到表演游戏与幼儿的关系，重效果，轻视游戏过程对幼儿的价值。表演游戏是幼儿以自己的意愿开展的自主性的游戏，幼儿会因为好玩而参与其中，他们并不是在为他人表演，他们的表演只是游戏而非舞台上的

表演剧组。其实，孩子并没有表演给观众看，他们也根本不在乎"观众"，他们只关注游戏的情绪体验及带给他们的满足感。促使幼儿持续参与游戏的原因是"有趣和好玩"，而不是来自他人的评价。所以幼儿的表演游戏有别于"戏剧表演"，在自主自发的游戏中体验游戏的快乐，对幼儿来说才是最重要的。幼儿在进行表演游戏时可能会不遵照固有的文学作品，而老师有时候会在意幼儿表演得好不好，而忽略了表演游戏的游戏性先于表演性这一重要认知。

（二）过于主观与频繁地介入，使表演游戏成为教师指导下的集体活动

幼儿进行表演游戏时，很多时候需要教师的指导。然而幼儿的表演游戏不应该由教师全程指导，老师很多时候总是会忘记这一点。看到幼儿的表演没有理想中的效果，老师便会过度介入指导，从而将幼儿的游戏变成教师编排的表演活动，没有充分地认识到表演游戏与文艺表演之间的区别。表演游戏与幼儿文艺表演不同，它不是以演给别人看为目的的，而是幼儿自己的一种游戏，即使没有人看，幼儿也会饶有兴趣地进行表演。

老师关注幼儿的需要是好的，但很多时候，教师过多介入或者将自己的想法无意地传递给幼儿，在很大程度上剥夺了幼儿游戏的创想空间，使幼儿更加依赖教师给定的表演游戏玩法，忽略了本身也会创造更多的自己想象的游戏情节及玩法。

（三）道具准备不足，游戏空间有限，束缚了幼儿的游戏体验

道具是表演游戏中不可或缺的元素之一，然而在班级表演游戏中提供给幼儿的道具数量不足、样式单一的问题常会出现。幼儿在进行表演游戏时的简陋装扮，会使幼儿失去体验角色的欲望，表演行为不够主动，这既降低了表演的生动性和趣味性，也降低了幼儿参与活动的积极性。

此外，空间有限也是阻碍老师开展活动最头疼的因素。很多教师对游戏环境有顾虑，不能大胆施展"拳脚"，这使原本个性且有创意的表演游戏因环境的束缚而变得呆滞。

（四）表演技能的稚嫩

幼儿对表演元素的了解比较少，大多幼儿的表演经验不够丰富，游戏时普遍存在三个问题。

（1）无意识地以玩得愉悦为目的，嬉戏角色行为多于目的性角色行为，任务意识不强，比较随意，容易使游戏进行不下去。

（2）游戏时语言平淡，表情单调，不够生动。

（3）对表演的内容不清楚，对其选择的角色的认识不够深刻，不能够投入角色，即不能入戏。

二、教师指导故事表演游戏的指导策略

（一）改变观念，放手让幼儿玩自己的游戏

我们要深刻认识与理解，游戏是属于幼儿的，只有他们感兴趣愿意参与才能玩得乐呵、玩得持久、玩得带劲儿，才能碰撞出火花。教师要改变放不下、担心的心理，给幼儿机会和空间，发现、挖掘并掌握幼儿的兴趣，走进幼儿的内心，倾听幼儿的声音；要重视与幼儿的交谈，进一步了解幼儿喜欢的游戏内容，牢牢地将幼儿的兴趣抓住，逐步开展有深度的表演游戏，促进幼儿语言能力的发展；教师还应善于观察孩子的行为，捕捉孩子感兴趣的话题、故事，了解孩子的需要，激发他们表演的欲望，而不是主导孩子们的游戏，要真正地让幼儿玩他们自己创造的游戏，这样才能发展幼儿的个性，为幼儿提供展示的平台。

（二）适当地介入幼儿的游戏，做幼儿游戏的支持者、引导者

新时代赋予教师的定位，是让我们做幼儿学习、生活的真正的支持者、引导者。那么当我们介入幼儿的游戏时，就应该适当，适当就需要有契机，需要有度，这样才不会逾越，不会失去游戏带给幼儿的快乐情绪，不会失去游戏对于幼儿的真正意义。

（三）不断填充游戏材料，满足幼儿游戏的需要

我们要给幼儿提供充分的材料，让幼儿尽情地表演。或者按照幼儿的想法，让幼儿不断地填充他们所需要的材料，慢慢地丰富游戏材料，使材料一物多用，逐步开放幼儿的思维，培养幼儿动手动脑的能力。

（四）选择适当的故事

我们要帮助幼儿选择符合其年龄特点的作品，引发幼儿主动参与的兴趣。幼儿在初次接触表演游戏时，应选择角色个性鲜明、情节简单、有趣味、动作性强、对话多次重复、语言朗朗上口的儿童文学作品。好的作品才能吸引幼儿的眼球，适合幼儿表演的角色才能发挥其表演的才能，所以我们在挑选素材的时候要考虑幼儿的兴趣、需要、喜好等，一定要慎重，这也是有效开展表演游戏的重要元素。

（五）帮助幼儿理解文学作品，丰富生活经验

每一个故事作品都有其创作的背景，而我们让孩子在表演之前对故事背景进行了解是非常有必要的，只有了解了作品中角色的特征、具体的故事情节，孩子才能进行演绎，才能有内容可以表演，才能不断地交流、补充、分享、积累更多的知识，这样对掌握故事中的角色形象更有帮助，更容易抓住角色的特点，孩子表演起来也会更加得心应手、更加有趣。

（六）创设以幼儿为主体的表演环境

很多时候，我们提供给幼儿的道具都是教师根据作品准备的，由于时间、空间、能力水平等因素，很少让幼儿完全参与其中，所以我们要与幼儿一起创设环境，这样幼儿才能真正体会作品中环境带给人的感受。通过参与创作道具、布景等，孩子也了解了各种材料的使用及运用时机，这无形中也是对幼儿在使用道具时与别的道具、布景配合的一种指导。

（七）鼓励幼儿自主选择角色及道具，大胆地参与表演

我们要鼓励幼儿自主选择角色和道具，将自主权还给幼儿，而不是老师指定某个幼儿扮演哪一个角色。我们要尊重幼儿的意愿，让幼儿发挥自己的特长，培养幼儿个性的发展。

故事表演游戏对幼儿的语言发展有突出的作用。文学作品中生动、优美的语言，特别能吸引幼儿。幼儿在表演过程中熟记作品中的语言，掌握正确的语音，富有创造性地表现符合角色性格特征的语调和表情，有利于提高幼儿的语言表达能力。

参考文献：

[1]李季湄，冯晓霞.《3—6岁儿童学习与发展指南》解读[M].北京：人民教育出版社，2013.299-301.
[2]李茁.例谈幼儿园表演游戏的指导策略[J].课程教育研究，2014（25）:11-12.
[3]吴志勤.幼儿园表演游戏开展中存在的瓶颈及改善路径[J].开封教育学院学报，2019（06）.
[4]陈茜.浅谈如何提升大班幼儿故事表演能力[J].读与写（教育教学刊），2017，14（02），216.
[5]陈美娣.大班幼儿在语言区自主行为的行动研究[D].南京：南京师范大学，2016.

将绘本融入幼儿园五大领域活动中的有效策略研究

长春市实验幼儿园

张广荣

将绘本融入幼儿园五大领域活动中的有效策略研究

长春市实验幼儿园

张广荣

一、问题提出

（一）研究背景及现状

在《幼儿园教育指导纲要（试行）》中，明确地把幼儿早期阅读的要求纳入语言教育的目标体系，要求："培养幼儿对生活中常见的简单标记和文字符号的兴趣；利用图书、绘画和其他多种方式，引发幼儿对书籍、阅读和书写的兴趣，培养前阅读和前书写技能。"在《3—6岁儿童学习与发展指南》中也指出："为幼儿提供丰富的低幼读物，经常和幼儿一起看图书、讲故事，丰富其语言表达能力，培养阅读兴趣和良好的阅读习惯，进一步拓展学习经验。"绘本中比较简单的文字、好看的画面，可以让孩子们视野开阔。绘本阅读可以在帮助孩子们提高阅读能力的同时，让他们有良好的情绪、丰富的想象力及看图观察能力等。由于电子设备及信息化的一些冲击，幼儿在阅读方面有严重缺失，因此，必须改变如今幼儿阅读量不足的现状，必须加强对优秀绘本阅读的重视程度。

（二）课题研究依据

莎士比亚曾经说过："书籍是全世界的营养品，生活里没有书籍，就好像大地没有阳光；智慧里没有书籍，就好像鸟儿没有翅膀。"孩子的幼年成长过程离不开书的陪伴，家里要有书，幼儿园里要有书，有孩子的地方就应该有放书的角落，有书架的儿童房间会更加温馨，有图书角的幼儿园才更加充盈，孩子的世界有书才会丰富多彩。与书为伴能帮助孩子逐渐形成健全的人格和富有童真的个性。绘本是孩子接触最早的图书，绘本也是孩子最早开始接触的一种文学作品形式，绘本是最适合孩子阅读的图书。绘本作为学前儿童"人生的第一本书"，对他们的全面健康发展具有独特的本体价值和教育价值。绘本的文字形式、版面特点、图文并茂的表达系统与学前儿童的心理特点相契合，尤其是绘本作为一种独特的幼儿文学艺术形式，具有艺术性、文学性、社会性与教育性等多重特点，与《幼儿园教育指导纲要（试行）》中指出的"引导幼儿接触优秀的儿童文学作品，使之感受语言的丰富与优美……"相符合，已经成为幼儿园各领域教学活动不可或缺的宝贵资源，呈现出了其独特的魅力。绘本作为早期阅读资料的一种，不仅以生动形象的画面和有趣的故事吸引幼儿，而且有不同的教育因素和丰富的内容，阅读绘本能让孩子获得快乐体验。我们要在幼儿园里开展将绘本融入五大领域的教学活动，引发幼儿园教师对绘本教学的重视，引导孩子成为快乐的"小书虫"，引领家长成为孩子快乐阅读的守护者。

（三）研究意义

《幼儿园教育指导纲要（试行）》和《3—6岁儿童学习与发展指南》，都从五大领域对幼儿的学习发展目标及幼儿园的教育教学内容进行了描述。其中五大领域为健康、科学、语言、艺术和社会，各领域内容相互渗透，促进着孩子们的情感、态度、知识、能力等很多方面的发展。将绘本与五大领域相结合，既可以激发幼儿的学习兴趣，有利于教育活动的安排，也可以促进活动形式和活动内容的多样性，提高教育教学效果。如今绘本阅读已经引起了广泛重视，将绘本融入幼儿园的五大领域活动中，可以说是新生事物与传统学前教育有机结合的有价值的尝试，对我们的园本课程探索和丰富幼儿园的课程有重大意义。

二、概念界定

（一）什么是绘本？

绘本是以图文并茂的形式主要反映儿童生活的儿童图书。绘本比较重视视觉传达的效果，所以绘本的每一页都很精美，可以把文字内容刻画得更形象，主题更凸显。如绘本里有什么是"爱""思念""愿望""坚持""相信""经历""选择""思考"等内容，可以引导幼儿学习知识并思考。

（二）什么是绘本教学？

绘本教学活动就是指幼儿教师把绘本作为教材，引导孩子从绘本里学习各种知识，甚至是生活常识，抑或是帮助他们解开不曾知道的小秘密。在绘本教学中，教师应结合绘本知识内容，分析和研究教学中的需求，有效地利用绘本相关材料完成教学目标，进而形成教学方案。

三、研究目标及研究内容

（一）研究目标

（1）通过课题研究，了解幼儿及教师阅读现状，提升幼儿阅读兴趣，培养幼儿良好的阅读习惯和阅读能力。

（2）通过课题研究，促进将绘本融入幼儿园五大领域活动的新课程开发。

（3）通过课题研究，提高教师在教学实践中拓展新课程的有效策略，加快教师科研水平提高的步伐。

（二）研究内容

（1）对全园绘本阅读现状进行调查，分析进行绘本阅读活动的价值、优势与不足。调查内容包括三方面：对教师绘本阅读的概念、教师绘本阅读的价值、教师在绘本阅读教育中的实践操作情况进行的调查；对绘本阅读文本的提供及应用现状进行的调查；对绘本阅读活动中幼儿与文本的互动、幼儿与教师的互动、幼儿与家长的互动进行的调查。

（2）结合调查分析，开展教师学习研讨会，研讨将绘本融入幼儿园五大领域活动中最有效的方法与策略，加大幼儿园绘本阅读活动的课程比例。

（3）进一步提升教师的文学素养，提高教师的教研能力，转变教师观念，创新教学形式。

四、研究方法

行动研究法：立足于促进教师成长，关注幼儿发展，改革教研方式，研发新课程，通过"行动实践 — 研讨反思 — 改进整理"等一系列行动研究，创作出适合绘本融合五大领域的活动方案。

"学习故事"记录法：教师通过认真观察幼儿在真实情景中的学习活动表现，记录幼儿的"哇"时刻，并解读、评价、了解幼儿绘本阅读的兴趣、动机、专注性，了解不同的环境、活动形式、内容对幼儿的影响，并提出支持策略及指导计划，建立幼儿绘本阅读方面的"学习故事集锦"，为绘本融合五大领域有效策略的整理提供感性资料。

案例法：从教师撰写的早期阅读活动资料中选择适当的案例，引导教师对所提供的具体事实和原始材料进行分析、讨论，并从中得出对自己日后的教育和教学有用的结论，从而增进教师对绘本阅读问题的认识，并提高解决问题的能力和对问题的洞察力。

五、研究步骤

（一）课题准备阶段

梳理我园绘本阅读的现状及存在的问题，分析开展本课题的有利因素和可利用的资源。采用文献研究法，通过搜集整理与课题相关的资料，了解与本课题相关的研究现状，为课题研究提供科学的依据，并充分认识本课题研究的价值。组织课题组成员进行培训学习及研讨，发动宣传，明确分工，落实研究任务，制订研究计划，设计课题研究方案，进行充分的论证，明确研究的方向、内容、方法及研究成果。

（二）课题实施阶段

以绘本融入幼儿园五大领域活动中的有效策略的实践研究为切入点，开展研究活动，及时进行活动小结；研究绘本与幼儿园的语言、健康、社会、科学和艺术的教学活动有机结合的途径，研究制订适宜与各领域相结合的绘本推荐书单；从多元融合的视角进行实践研究，进而在研发新课程方面积累经验，研究具体实施方案，并加以论证；对课程实施中的问题、成果进行及时的整理或调整，及时进行课题阶段性的小结工作，召开课题研讨会。

（三）结题阶段

整理研究资料，进行综合分析，撰写课题研究报告，组织课题研究汇报会，总结研究工作，展示研究成果。

六、研究成果及成效

（一）认清了绘本融入五大领域的重要性

孩子的成长过程需要书的陪伴，孩子在每天生活的幼儿园里更需要有书为伴。尤其是绘本作为一种独特的幼儿文学艺术形式，呈现出了其独特的魅力。绘本与普通的图画书不同，具有独特的特点。绘本是儿童文学的一种形式，绘本里的图画各式各样，生动有趣，颜色缤纷多彩。绘本是适合孩子阅读的"小书"，虽小但和我们大人读的书一样，内容相对完整。幼儿教师需要拥有一双会发现的眼睛，找到绘本不同于成人读物的地方。例如，《胆小的老鼠》里淡绿的底色上一只深绿的猫影，总会引起孩子的好奇。再如《谁吃了我的粥》里面各种形状的树叶和小熊居住的环境很贴近。又如《讨厌黑夜的席奶奶》中奶奶的心声也恰巧是孩子们"讨厌黑夜"的共鸣。有时候绘本的封底也藏着秘密，故事的结尾会延续到封底，如《妞妞的鹿角》《第一次上街买东西》；还有并未结束的封底，如《鼠小弟的小背心》。绘本的开本有横开本和竖开本。如竖开本《100层的房子》，孩子在打开绘本时一层层的房子形象极了。绘本的文字变着花样排列，孩子很喜欢看这样与众不同的绘本，因为这迎合了他们喜欢新奇事物的心理特点。绘本的节奏感鲜明，如语言富有节奏感和韵律的绘本《小猪奴尼》，运用色彩表达感情、营造气氛的绘本《疯狂星期二》。

在幼儿园里开展绘本教学，符合《幼儿园教育指导纲要（试行）》的发展目标，对孩子们的发展产生的影响是其他幼儿读物不能比拟的。绘本善于将深邃的主题或内涵通过浅显的故事阐述、表达。在绘本教学中，教师可以将幼儿难懂的大道理通过绘本教学活动引领幼儿去体验与表述。绘本具有很高的文学审美价值，它以美轮美奂的绘图带给幼儿视觉的享受。绘本教学的开展，将幼儿园的语言活动、艺术活动等各领域活动自然地融合在一起，促进了教育价值最大化。《幼儿园教育指导纲要（试行）》提出："引导幼儿接触优秀的儿童文学作品，使之感受语言的丰富和优美，并通过多种活动帮助幼儿加深对作品的体验和理解。"幼儿教师应该尝试在五大领域开展相应的绘本教学，让孩子主动积极地想问题的答案，想不同的答案；让孩子快乐地用身体动作与绘本中的内容进行角色互动，创编角色；让孩子从绘本的美丽的、漂亮的、可爱的图案中学会审美，引发他们参与绘画设计，感受绘本故事的激情。孩子喜欢的好看的绘本总会让他们积极地传阅，甚至一日活动的每时每刻都在讨论着绘本里有趣的事儿和人，因此绘本富有多元的教育资源。孩子们的精神世界和他们平常的生活总是息息相关的，而他们认为好看的绘本也常常会以很有意思的视角捕捉到独有的教育资源。绘本中对人性的刻画总是以小见大，在触动孩子幼小心灵的同时，将人性之美悄悄地流露在绘本的某一句话或绘本的某个人物的某一个眼神里，例如《强强的月亮》《隧道》《妈妈的红沙发》《我的爸爸叫焦尼》《爷爷变成了幽灵》等都是很不错的绘本。幼儿教师应该善于挖掘绘本中的教育资源，进而更好地将绘本融入幼儿园五大领域活动中。

（二）体会了绘本在五大领域中呈现的独特魅力

1. 文学涵养的积累

绘本里的图画和文字都应该是孩子可以看懂的，而且是不复杂又很熟悉的语句，绘本的主题内容与图画要好好地融合在一起，达到图文并茂。把绘本融入幼儿园的五大领域教学中，孩子们读着读着就自然地把绘本里的词语、句子用到日常生活交往中，从而在阅读绘本的过程中形成良好的语言能力。

2. 美学深度的渗透

优秀绘本中的图画、版面设计、颜色搭配、页码，甚至是绘本的形状及开本形式都透着美学，有时候看似单纯甚至总是重复出现的内容也包含着作者很高的艺术智慧。例如，绘本《搬过来搬过去》中，长颈鹿与鳄鱼完全不同的两个动物在作者的笔下不乏趣味性，长颈鹿的楼梯台阶对于鳄鱼来说实在是太高了，于是建造一半的低台阶，这样它们可以在同一屋檐下各走各的楼梯，还有餐桌旁的升降机、开关门的遥控器，孩子可以运用自己的生活经验随着作者的艺术智慧在阅读活动中积极展开想象，成为小作家和小画家，热心地为长颈鹿和鳄鱼设计新家。

3. 科学探究的启发

绘本常以趣味性和知识性合二为一的特点吸引着幼儿，如《是谁嗯嗯在我的头上》这本书很风趣地给小朋友们讲述了各种动物便便的科学知识，浅显易懂。孩子很好奇便便的事儿，很想知道他们喜爱的小动物大小便是怎样的，这个绘本迎合了孩子好奇但有时不敢说出来的心理，孩子会边翻看着绘本边讨论着，有时会笑出声，因为对于平时难以启齿的便便竟然也可以大方地讨论了。再如，大班《彩虹色的花》活动中的七彩的花瓣、绘声绘色的对话、故事情节的再现，不仅有趣生动，还让幼儿在阅读的同时对颜色、彩虹等相关科学知识有了积极探究的愿望与兴趣。

4. 健康习惯与态度的培养

生活中口号式的健康习惯要求不易被孩子接受，常常说得好但习惯养成难。绘本里有很多生活化的内容，通过共同阅读与讨论有关习惯养成的内容，孩子会将绘本角色的好习惯转移到自己身上，学会更好地明辨好坏，学会正确评价丑恶。例如《小猪变形记》活动，在了解小动物的特点后，孩子会在阅读中猜想小猪遇到长颈鹿时的对话，这样就把相关故事内涵灵活地渗透给了孩子。

5. 社会交往的引导

绘本故事内容包括世界上各个国家的风土人情，用不同的文字与画面传递给孩子们。例如，《老鼠娶新娘》富有中国特色，孩子们角色扮演时会特别愿意模仿新娘子，还会加入一些生活中参加婚礼时看到的情节进行创编；绘本《猜猜我有多爱你》中的一只大兔子和一只小兔子，一个是妈妈一个是孩子，特别贴近孩子的情感世界，能引导他们体会母爱、深化母爱，从而发现社会交往的乐趣等；在绘本《棕熊的神奇事》的阅读中，孩子们结合平时与爸爸妈妈交往的经验，说出"爸爸也得学会做饭炒菜才行！""爸爸也应该经常在家陪我们，不能总出去喝酒！"从他们给棕熊爸爸的建议可以看出，绘本阅读引发了孩子们很贴近现实生活的思考，让孩子们收获颇多。

（三）明确了绘本与五大领域活动融合的重要价值

将绘本融入幼儿园的五大领域，是将新生事物与传统学前教育教学相结合的尝试，不仅对培养幼儿养成良好阅读习惯至关重要，而且极大地丰富了幼儿园课程。以绘本为媒介，各领域相互渗透并整合，彰显了多重价值。下面就从幼儿园的五大领域探讨绘本的教育价值。

1. 健康教育的价值

阅读绘本可以让孩子们将相关内容巧妙地迁移到日常，例如《我的尾巴》是对孩子进行良好的心理疏通的优秀绘本，有益于促进幼儿心理健康发展。《幼儿园指导纲要（试行）》和《3—6岁儿童学习与发展指南》中都指出"幼儿能在集体生活中情绪安定愉快"，幼儿在阅读绘本时身心常处于放松愉悦的状态，在"读书养心"的过程中培养了幼儿的良好情绪和情感。同时绘本还可以用于健康领域的教育教学活动，例如经典绘本《鳄鱼怕怕牙医怕怕》里面牙医和鳄鱼的对立及矛盾冲突，将孩子们平时害怕看牙医的心理及要养成经常刷牙的好习惯，生动且幽默地进行了诠释。又如绘本《肚子里的火车站》让幼儿明白了健康饮食习惯的重要性。再如绘本《可爱的身体》为幼儿揭开了身体的奥秘，孩子们阅读后获得了丰富的关于身体健康的知识。

2. 语言教育的价值

绘本在幼儿园语言教学中的价值显而易见。通过绘本，孩子们学会了阅读，学会了观察图片，学会了大胆想象和推理，学会了十分丰富的词汇。绘本用美丽的画面吸引孩子们，以孩子的视角满足孩子的欲望，他们会一遍遍反复阅读反复翻看，被重复的语句结构吸引，在重复中掌握词汇并学会经典句式。例如绘本《醒了醒了》，孩子们在自由讲述内容时讲得五花八门，完全相同的画面可以有不同的讲述，妙趣横生。很多优秀的绘本在创作时都采用了诗化的语言，如绘本《花婆婆》如叙事散文诗般优美，绘本《我爸爸》如儿童诗般温馨有爱，绘本《勇气》如格言诗般风趣，绘本《月亮的味道》如童话诗般富有意境。一本本绘本就是一个个儿童文学盛宴，无数次美味盛宴的叠加就是孩子们语言表达能力加速发展的助推器。通过绘本教学孩子们成为真正爱读书的孩子，绘本教学成为"小小书"爱好者必不可少的学习活动。

3. 社会教育的价值

《幼儿园教育指导纲要（试行）》中关于幼儿社会方面的培养目标涉及合作、分享、自信心、勇敢、遵守规则、敬爱父母长辈等，而在绘本中有很多相关内容可以促进幼儿社会性的发展与认知。幼儿可以通过绘本《小猪变形记》《大脚丫跳芭蕾》《我喜欢自己》等增强自我认知，培养自信心；可以通过绘本《小老鼠和大老虎》《雪中的朋友》《南瓜汤》等学会如何建立友谊、珍惜友谊、分享、合作及与人相处；可以通过绘本《大卫不可以》《大卫上学去》《红绿灯眨眼睛》等提高对社会规则的认识，养成良好的社会行为规范；可以通过绘本《我爸爸》《我妈妈》《猜猜我有多爱你》等增进亲子之情及对父母长辈的敬爱之情。利用绘本教学可以潜移默化地引导幼儿由"自然人"向"社会人"转变，体现了绘本的社会性教育价值。

4. 艺术教育的价值

绘本富有的艺术性，让我们深深感到优秀的绘本就像是精美的小小艺术品，可以让幼儿感受不同的绘画风格。例如，抽象派风格的《小蓝和小黄》、优化风格的《爷爷没有穿西装》、蜡笔风格的《幸福的大桌子》、涂鸦风格的《大卫不可以》、版画风格的《讨厌黑夜的习奶奶》等。幼儿通过素描、蜡笔、水彩、透视、黑白对比等不同艺术表现形式丰富绘画经验。同时绘本的构图、色彩、造型、线条等都赋予幼儿不同的感知艺术的能力。绘本教学可以促进幼儿对艺术的鉴赏力。绘本版面设计具有色彩鲜艳、字体大小适度、图文对应等特点，而且画面信息度适中。绘本封面漂亮雅致，绘本纸张优质，不是很白，也不刺眼，这些都是绘本艺术性的重要体现。

5. 科学教育的价值

从《幼儿园教育指导纲要（试行）》中指出的幼儿园科学教育目标——"培养幼儿对科学的好奇心和求知欲"可以看到，在学前阶段不可以单纯地、僵化地教授幼儿生僻的科学知识，培养幼儿对科学的兴趣更重要。绘本通过生动的语言与精美形象的画面，激发幼儿科学探索的兴趣。例如绘本《首先得有一个苹果》，把枯燥的数字放在故事中，用好玩的方式表达着平时难懂的数字概念。若幼儿园教师苦于如何将枯燥的科学知识教给幼儿，那么绘本则是最好的媒介。在绘本中的一些深奥的科学道理与现象，都是以幼儿易懂的、感兴趣的抑或是卡通的、拟人的形象呈现给孩子们。孩子们被可爱的形象吸引进而参与探察科学的奥秘，"幼儿爱上科学源于对绘本的热爱"。这恰恰体现了绘本的科学教育的价值。

（四）达成了课题研究的主要成效

（1）通过本课题的研究，孩子们的绘本阅读兴趣、习惯、水平都有了很大的改变，他们能从绘本阅读中找到快乐。经过长期的绘本与五大领域教学的融合，孩子们阅读绘本的经验和本领与日俱增，掌握了阅读绘本的多种方式、规则和技巧，学会了根据画面中人物的表情、动作、背景等联想阅读和讲述。幼儿养成了良好的倾听习惯，懂得不可以随意插话、打断别人讲话，要安静倾听，等等。

（2）课题研究促进了教师的专业成长及家长的阅读经验推广。三年里课题组教师坚持定期例会、学习理论、交流心得、制作教具学具等，大家共同进步提升。教师和家长将自己的经验总结成文章，并充分利用家长园地、家园小报、校园网、班级微信群等进行宣传，家园共同创设一个多维的互动、交流、学习平台。课题得到家长的支持认可，家园达成共识——"幼儿早期阅读能力需要长期的培养"。家园合力坚持不懈地把幼儿早期阅读活动开展下去至关重要。

（3）课题研究促进了将绘本融入幼儿园五大领域活动的教学模式的再完善，改变了教学模式僵化、一成不变的现状。在教育教学中，教师认识到了灵活运用多种方式的重要性和绘本的独特魅力。

（4）课题研究充分体现了将绘本融入幼儿园五大领域活动有效策略的实践价值。进一步拓宽了研究思路，将课题研究成果较好地运用到幼儿园的教育教学实践中，在绘本阅读推广中促进幼儿园五大领域课程的有机整合。

七、讨论与思考

本课题旨在探讨将绘本融入五大领域活动的有效策略，并加以归纳，进而促进绘本与五大领域教育教学的融合。总结的相关策略有如下两个方面。

（一）全方位结合策略

1. 指导思想上的结合

（1）大部分绘本的内容都十分贴近孩子们的日常生活，重复性高、绘声绘色的绘本总是能吸引孩子们的眼球。幼儿园的绘本教学可以很自然地调动孩子们多种感觉系统，在绘本和幼儿园五大领域的教学活动相融合时孩子们学习效果比较明显。

（2）幼儿园绘本教学主要以图文并茂的绘本作为素材。幼儿教师根据孩子们的年龄特点及每个孩子的最近发展情况选取适宜的绘本开展教学活动会倍感轻松，其教育目标可设定为语言领域，也可以设定为科学、社会、艺术、健康等其他不同的领域，借助各种各样的教学手段及学习方法开展绘本教学活动更加受孩子们欢迎。

（3）幼儿园绘本教学活动对教师的要求较高，教师必须认真研读绘本，挖掘绘本内涵和多变的多元化的学习价值，发挥绘本独有的魅力与作用，与五大领域相融合，达到全方位促进孩子发展的目标。

2. 内容上的结合

（1）绘本的形式内容及题材多种多样，符合孩子的年龄特点和身心发展需要。例如，健康类绘本《一颗超级顽固的牙》《肚子里的火车站》等，把枯燥的健康知识生动化；社会类绘本《再见了，艾玛奶奶》《最珍贵的宝贝》等，帮助孩子培养丰富的情感，养成对人亲近、友好合作的态度，让孩子愿意表达心声；科学类绘本《小黄和小蓝》《蚯蚓的日记》等，让科学知识不再枯燥。众多优秀的绘本汇集了孩子发展的多重特点、喜好，也为他们的多元智能提供了宝贵的发展空间。

（2）在绘本与幼儿园五大领域活动内容高度融合的情况下，教师在设计活动内容、目标时，要选择适合教学内容的绘本，选取绘本与各领域的共通之处，开发绘本的多种教学用途。一本绘本可以从多个角度去利用，不同绘本的教学活动形式也可以千差万别，只有敢于创新才能提高绘本的教学效果。例如，绘本《逃家小兔》可以在说说、演演、画画等多种形式中再现孩子们感受到的爱，从而学会给予爱等。再如将绘本《不幸的卷心菜》加入健康领域活动中、将绘本《11只做苦工的猫》与艺术领域相结合、将绘本《像狼一样嚎叫》与社会领域认知相融合等。

3. 形式上的结合

将绘本教学活动全方位渗透于集体教学活动、区角游戏活动、一日生活等幼儿园的活动，同时开展以磨课为基本形式的园本教研。

（1）一课多研。"一课多研"运用到绘本教学中可以锦上添花。教师采用"阅读挖掘绘本含义——发现适合的领域——设计活动方案——组织教学——总结反思——发现新创意——换新领域尝试"这样循环往复的过程，不断组织"实践课""跟进课"和"迁移课"，通过几轮连环跟进的方式拓展教学思路，尝试新教学方法，变换新组织形式，促使绘本教学的园本教研一步步走向深入。

（2）同课异构。"同课异构"运用到绘本教学中有利于深入挖掘绘本的价值。教师对同一绘本内容进行不同的组织活动后，共同交流教学体会与反思，修改和完善后再次组织优质课展示，形成绘本教学园本教研的新高度，既百家争鸣，又百花齐放。

（二）多领域应用策略

1. 在健康领域的应用

绘本与健康领域相结合，可以很好地达成健康培养目标。健康类绘本可以使孩子掌握基本生活技能和良好生活习惯，绘本中角色的优良品质会感染孩子，提高孩子的社会适应能力。绘本与健康领域活动相结合，可以把单纯的、简单的、抽象的健康知识巧妙地表达出来。例如，绘本《我不要去医院》《我不要睡觉》用贴近幼儿生活的方式让幼儿理解"睡觉的时候个子会长高""睡觉好身体壮"等。

2. 在语言领域的应用

任何一本绘本都可以和语言领域的教学相结合。在绘本教学中，要考虑幼儿的感知学习特点。语言类绘本具有以下功能：培养幼儿听说读写的能力；培养幼儿良好的阅读习惯；引导幼儿欣赏文学作品；培养幼儿理解、想象、创造能力等。例如，量词是汉语的特色，在绘本中将常见量词和形容词编在一个个小故事里，让幼儿一边听故事一边学语言。又例如，在绘本《大象的新房子》《一只小鸡和一群小鸭》《小兔子去看海》中学习量词，在绘本《我们一起玩，好吗？》《对不起、没关系》《早上好》《晚安》《喂，您好！请问您找谁？》中学习使用文明用语等。

3. 在社会领域的应用

与社会领域相关联的绘本很多，教师可针对孩子的认知需求选择适宜的科学类绘本。避免单纯的说教，灵活运用绘本可让社会领域知识更富有实践性，更易于让幼儿领会。如《小熊满满健康系列故事》《熊宝宝系列》等都是很有社会性价值的绘本，能引发孩子们良好的社会性认知与发展。

4. 在艺术领域的应用

艺术类绘本也有很多。使用艺术类的绘本，孩子更能欣赏美、感受美。例如在艺术类绘本《落叶跳舞》中，叶子组成的形象深深吸引了幼儿，他们会自发地捡落叶、做叶子拼贴画等。有很多艺术类绘本很值得品鉴学习，例如，《儿童艺术博物馆：和孩子一起欣赏世界名画》《DADA全球艺术启蒙系列第1辑艺术大师》《从小爱艺术》《太阳和月亮为什么住在天上》《有趣的颜色》《杜噜嘟嘟》《哈！不要搞错！哈！永远永远不要搞错！》《最美的音乐故事绘本》等。

5. 在科学健康领域的应用

绘本与健康领域活动相结合，可以把单纯抽象的健康知识，通过绘本生动且巧妙地传达。例如，绘本《我不要去医院》《我不要睡觉》用贴近幼儿生活的方式，通过绘本阅读及游戏很容易让幼儿理解"睡觉的时候个子会长高""睡觉好身体壮"等。例如科学绘本《池塘观察日记》《地球上发生的故事》《了不起的粪便》《母乳是最棒的》《圆圆的肚脐》《无可匹敌的玻璃》《去塑料工厂玩吧》《和橡胶做游戏》《骨碌骨碌滚球玩》《熊熊燃烧的火》《阳光是什么颜色》《雨从哪里来》等。

总之，将绘本教学融入幼儿园五大领域活动中意蕴深刻，富有多元性的价值。在开展绘本教学之前教师需深入研读和挖掘，而不只是一味地把绘本当成讲故事或是早期阅读和识字的工具，要积极地将绘本教学融入幼儿园五大领域活动。同时，切记教师应避免功利化、模式化、问答化等不良教学倾向，应尽力使自己的绘本教学做到感受多局限少、体验多讲授少、趣味多枯燥少、欣赏多说教少、快乐多困惑少。在幼儿园中，以绘本教学为载体开展精彩纷呈的活动，可让幼儿在快乐感动中获得和谐发展。我们必须认识到，关于绘本融入幼儿园五大领域活动中，需要广大幼儿教师在积极接受的同时进行深入的研究和探索，不断地自我尝试，从而挖掘出更加有效的绘本教学策略和方法。

幼儿园种植课程园本化建设的实践研究

长春市实验幼儿园

张广荣

幼儿园种植课程园本化建设的实践研究

长春市实验幼儿园

张广荣

一、问题提出

（一）国内外研究背景及现状

苏霍姆林斯基曾说过："让孩子在没打开书本去按音节读第一个词之前，先读几页世界上最美妙的书——大自然这本书。"热爱自然是人类的天性，人本来就是来自于大自然的，本来就是动物，人的本性里面本来就有乐于亲近自然的一面，天然地具有自然性。中国学前教育家陈鹤琴先生在他的"活教育"理论体系中也提出了"大自然大社会都是活教材"的课程观，他主张幼儿园的课程应以大自然、大社会为中心。陈鹤琴认为让幼儿到户外活动，不但可以从接触的许多自然实物中获得知识、新鲜的空气和充足的阳光，而且可以增进幼儿的健康。

人与自然的关系始终是人类社会最为关注的问题之一，我们在道教的自然观中也可以看到老子强调人与自然的和谐共生，如老子在《道德经》中写道"人法地，地法天，天法道，道法自然"。由此可以看出，国内外许多学者都对人与自然关系的重要性有较高认识。《3—6岁儿童学习与发展指南》指出：幼儿科学学习核心是"探究"，其中包括"探究兴趣""探究过程"及"探究能力"。然而为了满足幼儿的探究，首先，成人要给孩子创设探究的环境。我们总是会看到孩子来到户外来到大自然时欢呼雀跃，对大自然的花花草草甚至泥土、小水泡特别感兴趣，好奇为什么有那么多种不同的叶子，总是想触摸盛开的小花瓣，这时作为老师的我们对孩子亲近大自然的一举一动给予怎样的诠释、理解和支持将会是至关重要的，孩子的发现需要关注，孩子对大自然的探究需要支持。幼儿园户外操场是我们必须珍视的可以充分利用的自然空间。去掉人工草坪，还给孩子一方泥土，合理利用花池给孩子一块菜田，在栅栏上挂一些小花盆给孩子增加一个赏花的新去处，创设适宜的自然环境，挖掘丰富的教育资源，组织多种多样的种植活动，等等，绝对是最佳的选择。幼儿教师尽最大努力促进种植课程研发是大势所趋，可及时调整课程架构，从幼儿园实际出发，提出种植课题研究的价值，引起全员重视，齐心协力打造适宜种植的环境，探寻适宜本地本园气候环境及土壤的种植项目，对种植课程进行细化、编排、设计，在师生共同探究下积累研发一套较为完善的种植课程体系，从而为幼儿园课程园本化填充浓墨重彩的实践课程。要做到因班而异、因幼儿而异和因教师而异，逐步构建促进幼儿园课程发展、有益于班级活动开展和尊重幼儿个性化发展的园本化的种植课程。

城市里的孩子与自然泥土接触得少，住所局限在高楼大厦中，远离周围的自然环境。通过种植课题的研究，老师和孩子会不断发现种植活动给他们带来的转变。孩子会感受到自然与我们是密不可分的关系，体验播种、施肥、浇水及开花结果带来的乐趣。种植课程在让孩子感知植物生长奥秘的同时丰富了幼儿园的园本课程。种植活动可以作为一个载体促进幼儿园教研与教学的结合，发展孩子的探究能力，为孩子们提供一个可以与大自然、阳光、泥土、沙石、植物、种子互动的机会，满足他们对大自然的好奇心和求知欲。通过课题研究，教师将会把相关理论运用到种植教学实际中，再升华总结，形成系统科学的种植方案，通过撰写反思并总结如何促进教师专业化的发展。

（二）课题研究依据

《幼儿园教育指导纲要（试行）》中指出："幼儿园应为幼儿提供健康、丰富的生活和活动环境，满足他们多方面发展的需要，使他们在快乐的童年生活中获得有益于身心发展的经验。"《幼儿园工作规程》中也明确规定幼儿园中应配备与其规模相适应的种植园地。这都说明种植园地在幼儿教育中占据着举足轻重的位置，它作为课程资源之一，为课程实施提供条件，同时也促进了幼儿身心各方面的发展。《幼儿园建设标准》中明确规定，幼儿园无论规模大小都要设置种植园地，种植园地是幼儿园必须具备的一项硬件设施。国内外有关种植园地的研究包括种植园地的规划设计和种植课程资源的开发利用两个范畴，相关种植园地的研究急需进一步深化、实践与推进。

（三）研究意义及价值

形成完善的种植课程体系可以适应幼儿乐于亲近大自然、探索植物秘密的天性，可以让幼儿远离城市化、信息化、现代化的生活，进而改变幼儿对植物的了解大多来自书本、动画片、网络、电子产品等现状，促使幼儿更多地享受大自然赋予的灵性与快乐。在幼儿园里开展种植活动可以让城市里的孩子增加与泥土接触的机会，增加在大自然中寻找乐趣的机会，可以让孩子亲自动手播种、施肥、浇水，从而激励孩子用多种感官感知大自然中植物的秘密，孩子可获得真实又直接的学习体验，进而萌发热爱大自然的情感，产生自主探究的兴趣，获得探究经验，提升探究能力。本课题的研究不仅可以促进老师们的教研能力，而且可以引领幼儿教师学会做热爱大自然的有心人。老师对种植活动的热爱会感染孩子，孩子在种植活动中的成长会感动家长，家长对老师为种植活动付出的劳动和科研精神会感到钦佩。良性的师幼互动、家园互动就是课题研究的助推器，种植课题研究必然结出丰硕之果。

二、概念界定

（一）什么是幼儿园课程

幼儿园是正规的幼儿教育机构，虽然有系统的课程设置，但是课程构成并非一成不变，教育事业是富有创造性的职业，幼儿园课程需要跟上时代的步伐。应该说课程是幼儿园教育最核心的组成部分，包括方方面面。如果幼儿园里没有与时俱进的课程，没有适宜本园的课程，没有理论与实践相互依存、相互促进的课程，那么幼儿园课程将会失去其应有的作用。

（二）什么是幼儿园种植课程

幼儿园种植课程是指在幼儿园里开展的与种植相关的课程。在幼儿园里创新种植课程至关重要，创新种植课程的核心词为"创新"，就是不要依靠旧的模式经验，不要把成人关于种植的思考强加于孩子，要找到孩子对于植物生长感兴趣的"新""奇""特"之处，让孩子在种植活动中不走寻常路，可以以种植种类、种植场地、种植方式等的不同作为课程改革的突破口。可以提出顺应幼儿发展的种植课程目标，拓展种植内容，灵活应用种植活动方式，大胆地规划和设计种植活动方案，边实践边研讨边改进创新，有目的、有计划地推进幼儿园种植课程的实践研究。

三、研究目标及研究内容

（一）研究目标

（1）通过课题研究，重视在课程内容建构中的多领域融合，将种植活动渗透到日常生活，实现课程的有机整合。

（2）通过课题研究，激发幼儿种植兴趣，使其感受生命的奥秘，学会珍惜粮食，爱护生命，体会劳动带来的快乐，在种植课程中丰富种植经验。

（3）通过课题研究，加快提高教师科研水平的步伐，促进教师专业化成长，使其转变固有僵化的观念，不断完善种植课程方案。

（4）通过课题研究，转变亲子教育观念，让家长参与种植活动。家长的配合与支持，能够促使幼儿园种植课程的研发在家园共育中升华。

（二）研究内容

1. 系统地将种植课程融入五大领域之中

对幼儿已有种植经验及其对植物生长变化的了解现状进行调查，分析进行种植课程研究的价值、优势与不足，研究如何在构建园本课程时系统地将种植课程与其他课程建立横向联系，提高课程的适用效益。

2. 引领幼儿关注自然界及有生命力的植物

结合调查分析，为幼儿提供接触、观察、动手操作及管理植物的机会，了解孩子们的内在需求和潜在的发展动力，确立种植课程研究系统，搭建种植课程的基本框架，实现种植活动内容的园本化。

3. 教师完成创新整合种植课程内容的任务

教师按计划做好有关种植课程的组织实施策略的反思及总结，科学系统地做好种植课程素材积累。教师进一步转变观念，结合种植活动组织相关学习研讨，创新种植课程研发的形式，形成及时反思、及时总结的教研制度，探寻富于个性化、重视差异性的种植活动目标，研究出实施种植活动的可行性策略。

4. 课程实施过程中有效促进家园合作

形成家长积极参与的种植氛围，研究制订出一系列家园互动的种植主题活动。从家园合力着手，研究开展"家长进种植园""家长学校"等活动的最佳方式，增强家长对种植课程的认识，发挥家园共育的作用。

四、研究方法

行动研究法：本着促进教师成长、关注幼儿发展的原则，改革教研方式，营造适合种植活动开展的环境，通过"实践 — 反思 — 改进"等一系列行动研究，找出适合种植课程的教材与活动方案。

调查、访谈、问卷法：编制调查、访谈问卷，对幼儿已有种植经验及对植物生长变化的了解现状进行调查，分析现状，查找存在的问题，找出解决途径和适宜的策略。

观察法：通过教师、家长、幼儿的三方联动拓展孩子们参与观察的原动力，引领孩子们记录植物的生长过程，让孩子养成分析植物生长特点的习惯，让观察不流于形式。

"学习故事"记录法：教师通过描述幼儿在真实的种植活动情景中的学习探究的实际行为，把看到的幼儿在种植活动中的"哇"时刻记录下来，并进一步解读、评价、了解幼儿种植的兴趣、动机、观察力、自主探究能力等，分析不同的环境、活动形式、内容对幼儿的影响，并提出支持策略及指导计划。

案例法：从教师撰写的种植活动资料中选择适当的案例，分小组、分班级、分层次地进行案例分析，再进行科学梳理。

五、研究步骤

（一）课题准备阶段（2016年1月—2016年3月）

梳理我园种植活动的现状及存在的问题，分析开展本课题的有利因素和可利用的资源。大量搜集整理与课题相关的资料，制订切实一系列可行的研究方案，明确整个研究过程的路径，建立严谨的研究机制。

（二）实践研究阶段（2016年4月—2018年3月）

开展有序的种植课程实践研究，研发出开展种植课程的有效策略，积极评价并反思，关注研究成效。

1. 以多元化的形式为切入点开展种植活动

种植活动的组织形式是首先要考量的，不可以拘泥于单一的形式，不能被固有经验局限，种植活动可以是集体的、小组的、个别的，也可以是同年龄的、混龄的。还要拓宽种植的领域和空间，可以在种植园内，也可以是活动室的区角。种植课程活动形式必须多样，可以是集中教学活动，也可以是分区域活动，还可以组织参观或亲子种植等。将种植活动带到幼儿园的各个场所，融入幼儿日常生活的各个环节，例如班级自然角排值日生做浇水施肥工作，利用碎片化时间引导孩子们观察植物，巧妙利用大孩子带小孩子、老生带新生等不同的种植人员组合形式，引发他们相互间的讨论，促进幼儿种植知识经验的积累。确保班级种植园地、种植角、种植工具室、种子储存室、无水种植室、果树种植园等多场所为孩子们随时开放，提供种植、观察的便利条件与环境。创建制作植物标本、无土栽培等多元课程，引导幼儿通过自由自主地观察、细致认真地比较、反复多次地实验，积累相关经验。

2. 大力开发种植活动的环境资源

种植课题研究给老师们带来的新挑战，就是必须要找到越来越多的可以用来种植的场所，在园所周围环境上大做文章，最大化利用种植环境资源。对幼儿园种植环境进行有效延伸与扩充，设计有利于师生、亲子共同种植的乐园。全园教职工都要参与对园所户外空地的开发再利用的研讨规划工作，既为幼儿规划出专门用于个人种植的小花园，还要按班级数量划分班级菜园，更要有专门供家长和孩子一起进行亲子种植的田地。每个班级都可以为自己的园地进行命名，如"宝贝菜园""萝卜基地""绿叶仙境""彩虹花园"等。为了幼儿浇水施肥方便，专门配置种植工具、就近取水的水桶及供师生休息活动的椅子、凉亭等，给幼儿日常的种植活动提供良好的物质保障。结合幼儿园、家长、学校开展的活动，进行亲子种植活动意见征集，根据家长提出的建议开辟"亲子菜园"。在每天的入园和离园时间，幼儿都可以和家长走进菜园，看护自己种的蔬菜，分享果实。幼儿园内公共区域中的葡萄架长廊、季节性花卉盆栽、果蔬园地，教学楼墙外的爬山虎，走廊主题墙上展示的丰富多样的种子标本，都将成为幼儿与环境积极互动的阵地。孩子们自然亲近自己种的、伙伴种的、老师种的、爸爸妈妈种的植物，随时随地触摸感知植物的质感及生命力。

3. 种植课程融入幼儿园的五大领域活动中

（1）种植课程与语言领域相融合。在种植活动开展中，营造轻松、愉快而且开放的环境氛围，重视种植过程经验分享，引导幼儿在种植活动中大胆表达自我想法，积极交流感受，将种植与语言活动相结合，提高幼儿发现问题、解决问题及语言表达能力。例如，开展"植物趣闻每日播报"活动，幼儿在活动中畅所欲言。幼儿每天观察的植物生长变化就是其中一项播报内容，"我种的白菜发芽了，芽的形状有点像瓜子皮的形状，但是玲玲种的白菜发的芽比我的大多啦，有点像心形的……"，幼儿在播报过程中不断尝试运用形象生动的词语表达想法。幼儿在对家长说出自己的所见所闻所想时，家长要进行记录，并设计"植物趣闻小画报"，然后带到幼儿园共同阅读交流。在种植课程的延伸活动中，丰富幼儿关于植物的认识经验，拓宽幼儿讲述的素材，引导幼儿大胆进行语言表达，把看到的植物外形特征、独特之处和自己的大胆猜想说出来。根据不同年龄段幼儿学习的语言规律及特点，结合种植活动，组织各种形式的语言活动，例如，学习了诗歌朗诵《好吃的青菜》，仿编诗歌《好吃的萝卜》、故事表演《萝卜回来了》等。在种植课程中可以看到幼儿在浓厚的兴趣吸引下主动学习运用语言，积累丰富的词汇。种植活动与语言领域融合，使那些以往不会被关注的植物细小变化成为师生间、亲子间、同伴间聊天的主要话题，在发展幼儿语言表达能力的同时，也使幼儿的沟通交往能力、想象力和创造力随之丰富。

（2）种植课程与科学领域相融合。种植活动课程开展起来后，幼儿最明显的能力提升表现在科学探究的能力及方法上，老师和幼儿都爱上了花花草草，植物生长变化与幼儿园的一日生活已经密不可分。每个班级都有"实验观察区"，放大镜、显微镜、大小实验研究器皿等都成了重要的学习探究工具。在种植课程中孩子们学会了写观察记录，记录植物生长变化，探寻植物背后的奥秘，积累自然科学知识和经验。例如，"万物生长靠太阳"引发的主题探究活动，"阳光下的豆苗"与"纸盒遮住阳光后豆苗的曲折生长"引起的幼儿奇妙探索之旅延续了整整三个月，相关种植课程研发也提升到了新高度，"光合作用""无土种植"等一系列课程，让我们欣喜地看到孩子们已经成为种植专家、小小自然科学家！孩子们不断地发现和提出问题，对"种植前的准备""种植过程中的注意事项""植物开花结果的新认识""泥土的特性""植物开花结果的奥妙"产生了诸多问题。幼儿在查找资料、寻求帮助、找到答案的过程中，一次一次地建构有关种植的知识体系。种植课程让幼儿园的科学领域活动更加丰富多彩，让幼儿的科学探究能力明显提高。

（3）种植课程与艺术领域相融合。幼儿园充满生机的、浓淡绿色相得益彰的环境，到处散发着艺术的气息。每个孩子都有用废旧饮料瓶制作的属于自己的小盆栽植物或是小花朵，每个班级都有摆放别致的自然角，每个走廊的拐角处都有各年级组共同制作完成的植物艺术品，幼儿园门厅两侧分别有土培植物和水培植物，其随着季节变化随时更换……孩子们总是能置身于生机勃勃的植物之中，在最大限度地接近自然中享受艺术美、自然美及生命美。无论是"植物写生"还是"艺术蔬菜沙拉创作大比拼"，抑或"蔬菜造型艺术空间"，都让孩子们的艺术创造欲望在种植活动中得到了极大的满足。而且全园教职工都乐在其中，"在种植中学习、在种植中快乐、在种植中享受自然美的滋养"已经成为幼儿园种植课程与艺术领域相结合最完美的写照。

（4）种植课程与社会领域相融合。经过辛勤的播种施肥浇水后，孩子们期盼看到发芽结果，当收获的时节来到时，他们的成就感与满足感油然而生。在长时间的陪伴、等待与照顾植物中，最让孩子乐此不疲的就是体验收获的喜悦。展示自己劳动成果的方式有很多种，幼儿园有大型的"亲子果蔬义卖会"，有以班级为单位的"邀请你来尝尝鲜"的一日三餐加新菜活动，当孩子们吃自己种的蔬菜水果时，当孩子们分享小伙伴的劳动成果时，他们的交往技巧、社会生活及交往能力获得了长足的发展。

（5）种植课程与健康领域相融合。在课题研究不断深入、种植课程不断完善的过程中，全园上下都达成了共识——"吃出来的健康最好""亲近自然最美"。把一系列的户外活动、体能活动都与种植活动紧紧联系起来，把从挖土、抬水浇水、去除杂草等劳动中获得的锻炼与幼儿健康体质发展相关联，使孩子们不仅吃出健康，而且在劳动中、在与泥土接触中身心愉悦，健康阳光的体魄就写在孩子们的每一张被太阳晒得黝黑冒着小汗珠的脸上。

4. 结合季节特点，全方位探索可行的种植课程

小班种植应季的蔬菜，如香菜、菠菜、小白菜等；中班种植长在地下的植物,如土豆、花生等;大班种植搭在架子上的蔬菜,如豆角、黄瓜等。此外每个孩子都拥有挂在栅栏上的小花盆,有亲子及师生共同种植的花卉。孩子们尝试种植、积极培育植物、观赏植物生长过程、分享果实的过程,为种植课程的开发提供了大量的实践经验和多角度依据。

5. 结合幼儿园的主题,生成与主题相关的种植课程

幼儿园每个学期各年龄段的主题都会有所创新,并结合主题的创新生成一系列种植课程。例如,中班上学期的主题是"小小菜园",孩子们参观幼儿园的种植园的兴趣特别浓,在菜园里看到郁郁葱葱的蔬菜时特别兴奋,在一起辨认不同种类的绿叶蔬菜时说:"韭菜、小葱长得不一样!""香菜绿绿的叶子好像小花瓣!""小白菜和生菜有啥区别,我怎么看不出来?""我最喜欢吃小白菜了,我是小白兔!"孩子们的讨论此起彼伏,不亦乐乎。每天到小菜园里看蔬菜长高了多少已经成为孩子们最盼望的时刻,而且引发了"蔬菜长多大了可以吃"的讨论,当把孩子们自己种植的小白菜拔出来,送到幼儿园的食堂,请厨师叔叔阿姨帮忙做小白菜汤时,每一个孩子就像长大了许多,个个有礼貌懂谦让,个个不挑食并大口喝着小白菜汤。再如中班开展的"美食美味"主题,在认识品尝各种美食时谈到了"营养健康食物有哪些",进而引发了"做不挑食的爱吃蔬菜的好孩子"的讨论,生成了"美味的蔬菜"系列课程,从认识蔬菜种子到尝试种植、从写观察记录到分析蔬菜生长特点、从浇水施肥到采摘菜叶等循序渐进地开展种植课程,并把课程融入各个领域。例如中班开展画画自己喜欢的蔬菜活动,孩子们用自己种植的蔬菜拓印画感觉格外自豪。例如,大班开展了有关"摘豆角"的实践活动。孩子们知道豆角即将成熟可以摘下来吃时,都兴奋得手舞足蹈。在摘豆角过程中,每一个孩子都小心翼翼,恐怕扯断了豆角秧,摘下来的豆角大小不一,他们还会总结经验:"应该先把长得又长又宽的豆角摘下来,长得小的豆角应该等几天再摘下来,要等小豆角长成大豆角再摘下来!"由摘豆角活动课程,还延伸生成了"好吃的豆角送给谁"爱心分享活动课程。孩子们在翻看不同条件下豆角不同的生长情况观察记录时,讨论达成了共识:"长在豆角秧上面的豆角就比下面的大,因为可以晒到更多的太阳光!"孩子们还利用豆角里的豆豆学习数的分解组成,把大小长短不一的豆角排列好,制作出"豆角的一家"贴画,这些种植豆角、摘豆角、分享豆角等一系列关于种植课程的生成都来源于幼儿的自主选择和兴趣。在播种、浇水、除草、施肥、观察、记录、收获、分享等一系列

的活动中，一步步地把小种子培育长大，记录种子发芽、开花、结果的全过程。孩子们把看似不可能学会弄懂的种植知识学会了，而且说起来头头是道，不仅孩子们成长了，我们的老师也学习到了很多有关种植的知识，课题研究促进了师生的教学相长。

（三）积累总结阶段（2018年4月—2018年7月）

汇集课题研究资料，总结种植课程园本化实践研究经验，提炼课题研究成果。课题研究过程中，坚持梳理不同阶段的资料、案例、学习故事、论文、种植课程计划、种植课程案例集、观察记录、活动照片及音像资料等，并及时召开课题小组会议，形成课题研讨成果。

六、研究成果及成效

（一）研究成果

1. 生成了园本化种植课程

在课题研究过程中，幼儿园以种植为基本活动，形成了分年龄段、分季节的种植活动园本化课程方案，探索出了园本化种植课程的实施途径。在课题研究过程中积累了大量"学习故事"和种植照片影像资料，把在开展种植活动的循环往复过程中的每一个环节、每一次准备、每一项记录、每一轮讨论都最优化，为今后开展相应的教学活动提供有利的、丰富的、多元化的参考。

2. 积累了园本种植课程的操作文集

（1）园本种植课题环境创设文集。环境支持是种植课程开展的首要条件。《幼儿园教育指导纲要（试行）》《3—6岁幼儿学习与发展指南》中都反复强调环境对幼儿的教育作用，在促进种植课程良性且持久发展的要求下，对环境创设提出非常明确的要求。种植课程开展的必要条件就是幼儿园要有生态化、艺术化、人性化的物质环境，这些环境支持体现在师生共同精心设计的种植园、科学实验区、亲子种植区、艺术盆栽里，园本种植课程彰显了环境与幼儿的互动。

（2）园本种植课题活动文集。活动支持是种植课程充实可行的必要因素。以种植课程研究目标为基础，以幼儿年龄特点为要素，设计目标明确、科学可行的种植活动必须有丰富活动的支持。种植活动内容要适合幼儿认知，将种植课程与主题活动、集体学习与个别化学习、分组实验学习等相结合，依据钻研活动目标和课题各阶段目标预设各类活动，针对孩子们的趣味点及活动中发现的有效教育契机展开有创新的生成活动，可使种植课程更加丰富且有序。

（3）园本种植课题家园互动文集。教师与家长协作配合是种植课程有效实施的不可或缺的保障机制。教师在组织种植活动中，必须做好家园共育的宣传，在课题开展前征求家长意见，在课题组织实施阶段积极调动家长参与的积极性，获得家长的全面配合，达成全方位的家园协作。

3. 生成了园本种植课程的学习故事集锦及各年龄段种植活动方案

教师在课题研究过程中坚持撰写关于每位幼儿的学习故事，完成了《幼儿园种植活动学习故事集锦》，为园本种植课程提供了感性资料。

对幼儿在种植活动中的成长表现进行科学分析评价，推进了园本种植课程研发的进程。此次研究总结了适合幼儿园小班、中班、大班的种植活动内容，形成了《幼儿园种植活动方案》，做到各年龄段内容主题突出且彰显个性。

（二）研究成效

1. 种植课程园本化促使幼儿在快乐的活动中成长

种植课程园本化唤醒了自然绿色生机对幼儿的影响，促使幼儿在快乐的活动中成长。在课题实践研究过程中，孩子们从对种植活动的陌生到渐渐熟悉，再到喜爱、热爱甚至酷爱，他们的日常生活与大自然、与植物的勃勃生机再也分不开。孩子们可以在生活中找到关于植物的趣事，可以在种植活动中发现植物细微的变化成长，最后在种植实践中收获满满。丰富多彩、富于创意的种植课程实践活动，把孩子们的学习活动从室内带到室外、从围在桌椅旁的学习转换为亲自动手实践的学习。种植实践活动的相关课程内容在不断调整中更加适用于孩子们，他们的观察力、动手操作能力、学习能力大幅提高。幼儿在种植课程中变得喜欢问问题、愿意表达、乐于助人，懂得合作与分享，热爱自然与生命，变得善于交往与合作，从而在不断的实践与探索中获得全面和谐发展。

2. 教师自身的专业技能随着课题的深入逐渐得到全面提升

教师是种植活动实践的具体实施者，在种植课程园本化中尝到了甜头。从对种植知识、植物生长习性的梳理，到尽心准备每一次种植活动的用具，以及开展多种形式的观察引导活动等，教师自身的专业技能随着课题的深入逐渐得到全面提升。在课题研究过程中，教师形成科学的回归自然灵性的理念，更加亲近自然，更加喜欢这些爱发问、爱动脑、不怕脏、爱劳动的孩子们。在种植活动中更加关注活动过程、幼儿个体发展，更加关注环境与资源的合力、幼儿园与家庭的合力。

3. 课题研究提高了家长对家园共育重要性的认识

家长们在合作参与中也更加关注大自然中的植物，更喜欢带孩子们到户外亲近花花草草，共享种植带来的亲子活动的愉悦心情。家长在多次家园互动的种植活动中，逐步了解了具备本园特征及现实意义的种植活动课程发展状况。看到孩子们在一系列种植活动中的转变与成长，家长们欢欣鼓舞、赞不绝口，这也促进了家长们对课题后续开展的支持。在种植课题组织开展过程中，老师与家长成为好朋友和共同受益者。教师专业成长飞速，学会积极自觉进行课题研究的反思，掌握适时调整课程进度的方法；家长看到孩子在种植活动中的成长变化也随之改变，提高了对家园共育及亲子陪伴重要性的认识。在种植课程实践过程中，家长能设身处地地为孩子们着想，更加愿意和教师共同讨论育儿经。家长在课题开展中期都做到了主动要求参与种植、提供种植的种子和工具，每天都会带孩子们到菜园里看看植物的生长情况，进而认同幼儿园让孩子多亲近自然的做法。家长成为师生快乐种植的强有力的后备力量，每每遇到难题，他们总是争着伸出援助之手。种植课程让家长、孩子和老师们成了一家人。在课题开展后期，家长会出谋划策，想出很多帮助孩子们完成种植获得大丰收的金点子，乐此不疲地参加班级的菜园维护除草工作，更加关注孩子们在参与种植活动中表现出的点滴进步。

七、讨论与思考

（一）种植课程园本化的思考

幼儿园教师必须敢于创新，乐于教研，在创新教研中探索研发适宜本园的课程，这也是幼儿园课程园本化最不可或缺的。在开发利用本园特有的课程资源时，就会逐步建立园本化课程。幼儿园选择具体、直观且形象的种植课程作为创新改革教学体系的课题，力求使课题越来越适合孩子们，使课程具有长久的生命力。本课题的研究就是要在进行切实可行的种植活动课程中，促成种植课程的园本化。在种植课程中可以培养孩子们对自然及生命的热爱，可以丰富孩子们对植物的认识，使孩子们有诸多意想不到的收获。

（二）幼儿园课程建设的思考

幼儿园课程建设首先是课程研究方向的选择，即经过资料搜集及反复推敲后确立课题；其次是进行详细的规划设计，并对课程组织实施做合理化预设和排序；最后确立课程标准，这些就是幼儿园课程建设不可或缺的重要环节。在课程的实施过程中，随着课题研究的推进解决凸现出来的问题，按照科学的辩证的思想和理论开发课程，结合不同的种植课程和孩子们的发展需求推进课程。在实践中及时反思总结，积累种植活动经验，编制科学的种植课程目标，构建丰富的种植课程内容体系框架，设立课程评价标准，让课程目标、课程内容、课程结构、课程组织、课程评价等诸多因素相辅相成，进而搭建相对稳定的课程系统。

（三）种植课题实践研究的思考

实践研究重在实践，绝不可以流于形式，必须在实践中探索，必须把课题架构在实践的基石上，做真实践真研究至关重要。探寻适合幼儿的种植知识体系，开拓他们对植物认识的视野，把既浅显易懂又遵循植物生长规律的课程渗透在每一次活动中。结合季节特点开展有序的种植活动，促进孩子们在形式多样、内容丰富多彩的种植活动中全面和谐发展。

关于幼儿园种植活动方面的论述及研究呈上升趋势，幼教同仁们达成了共识，大家对种植活动已经广泛关注。教师要认识到种植课程的价值，要做到准备充分，要及时鼓励幼儿探索，要重视种植活动中给孩子们释疑的活动环节，帮助幼儿不断积累种植经验。在幼儿园种植活动中，教师积极引导幼儿观察是开启他们深层了解植物特性之门的钥匙，绝对不能忽视，指导幼儿做好观察记录会使种植乐趣倍增，通过理论分析得到的结论还需要实践探索来支撑。

总体来说，本课题的研究基本上实现了预期研究的目标，积累了大量种植经验，形成了多主题的种植方案，撰写了各年龄阶段的学习故事集，园本化的种植课程系统初见雏形，研究成果显著。但课题研究过程中仍存在不足，整个种植实践环节还有待进一步拓展深入、分类别细化跟进，那样才能总结出更多更科学有效的园本化种植课程。

幼儿为本理念下幼儿园
特色活动课程策略与实践研究

东师附小中信幼儿园

张莹楠

《幼儿为本理念下幼儿园特色活动课程策略与实践研究》结题报告

东师附小中信幼儿园

张莹楠

一、问题提出

（一）国内外研究背景及现状

随着国家经济的飞速发展，国家、社会乃至每个家庭对幼儿的身心健康发展高度关注，幼儿园课程内容应当随着时代的发展而不断丰富和提升，那么，在传统的幼儿园课程基础上，发展具有园所特色的、符合幼儿身心发展需要及家长期望的特色课程则十分必要。通过对已有幼儿园课程的内涵、特点与国内外经典幼儿园课程的梳理，结合课题组成员多年的幼儿园管理与教学经验，我们认为，当前我市幼儿园课程的开展现状良好，课程内容和开展形式丰富多样，基本能够满足幼儿身心和谐发展需要，但仍然存在有待改进之处。虽然国内理论研究者和实践者均已确立了以幼儿为本的教育理念，但对实际活动课程设计的可操作性研究极少，以幼儿为本的教育理念并未在实际课程教育活动中落地，现有课程往往不符合幼儿身心发展规律，更难以为幼儿提供高质量的教学效果，没有践行"以幼儿为本"的教育理念。本研究基于园所的特有资源，利用园所内优秀的专业幼儿教师，为幼儿提供科学、专业、有效的特色课程活动，符合幼儿身心和谐发展需要，具有重要的现实意义。

（二）课题研究依据

1. 国外著名幼儿园课程方案

国外著名幼儿园课程方案主要有蒙台梭利课程模式、海伊斯科普课程和方案课程等。蒙台梭利课程形式多样、内容丰富，打破了传统的填鸭式教育方式。

要求活动室宽敞明亮，室内工作台、工作毯和丰富的教材教具可供孩子们自由使用。总体目标是在幼儿的发展关键期解放幼儿的大脑和双手，挖掘幼儿的内在潜力，使幼儿不仅获得知识，更获得方法和经验，不仅思维解放，更形成良好的社交习惯及适应现实社会的文明行为，成为一个优雅、肯负责、有担当的人。

海伊斯科普早期教育课程模式在美国和其他国家的早期儿童教育方案中得到广泛运用，基本原则是"有效促进儿童发展"，坚持从实际出发进行课程设计，并为幼儿创设有效环境，包括时间环境、空间环境、物理环境和心理环境，保证了高质量教育活动的实施。方案课程的核心观点是对一个方案或一个值得做更多学习的主题进行深入探究。探究通常在一个班级中以小组的方式进行，有时以整个班级的形式进行，偶尔也以个体的方式进行。方案的最重要特征是着意地将活动的努力放置于寻找问题的答案，而这些问题是由幼儿、教师或师生共同对主题的探究而提出的。

2. 国内著名幼儿园课程方案

我国老一辈学前教育家，在引进杜威的儿童中心课程的基础上，结合我国的国情和文化传统，进行了本土化的学前课程探索，最为著名的是陈鹤琴的"五指活动课程"和张雪门的"行为课程"。陈鹤琴打破了按学科编制幼稚园课程的方式，以大自然、大社会为中心选择和组织课程内容，形成了"五指活动"，包括健康活动、社会活动、科学活动、艺术活动和语言活动。张雪门的"行为课程"完全根据生活创设，不像一般的课程完全限于教材的活动。幼儿园实施的行为课程应注意幼儿实际行为，只要幼儿能自己做的，都应该给幼儿去做。唯有从行动中所得的认识，才是真正的知识；从行动中所产生的困难，才是真实的问题；从行动中获得的胜利，才是真正驾驭环境的能力。

随着时代不断发展，国内学者对幼儿园课程的理解逐渐深入和细化，对不同类型的幼儿园课程设计进行了深入的探讨，如幼儿园的文化课程、健康教育课程、音乐课程、活动课程等。但纵观对这些课程内容的探讨不难发现，国内幼儿园课程设计延续了老一辈学前教育家的设计理念，并在其基础上增加了时代性和文化性等方面的要素，做出了一定的拓展和延伸。国外学前课程方案可以为我国学前课程方案的设计提供借鉴和启示，以幼儿为中心、促进幼儿身心健康全面发展的观点已得到国内外学者的广泛认同，但同时我们也应当注意到，学前课程方案的设计应当具有文化性、时代性，国内的学前课程方案应当基于我国具体国情与文化背景来设定，这样既能够彰显我国学前课程的特色，又能够对我国优秀传统文化做出一定的延伸和拓展。

（三）研究意义及价值

本研究的意义和价值主要体现在以下两方面。

第一，现有的幼儿园特色课程的实践研究还很贫乏，大多数研究停留在理论思辨层面，本课题将弥补现有研究不足，在已有理论研究基础上，结合课题组成员所在幼儿园的多年实践经验，探索科学、系统的符合我市幼儿及幼儿家长需要的，以幼儿身心和谐发展为目标的特色课程体系，并将其应用于幼儿园课程实践，对幼儿园基本课程内容进行有益补充。课程设计紧密联系五大领域（健康、语言、社会、科学、艺术），丰富幼儿在幼儿园的一日生活，促进幼儿身心健康发展，提升幼儿教师教学能力，最终为幼儿园特色课程的推广等实践工作提供参考依据。

第二，近年来，功利主义教育观出现，幼儿家长缺乏专业判断且有从众心理，盲目为幼儿报名课外班。当前，学前培训机构盛行，这些机构的办学质量参差不齐，无办学资质、教师专业水平低、收费高等现象皆有，有的开设课程既不符合幼儿身心发展规律，也难以为幼儿提供高质量的教学效果。本研究基于园所的特有资源，利用园所内优秀的专业幼儿教师，为幼儿提供科学、专业、有效的特色课程活动，符合幼儿身心和谐发展需要，具有重要的现实意义。

二、概念界定

幼儿园课程是学前教育的核心问题，对幼儿的身心发展具有重要的影响。我国早期的学前教育家受杜威实用主义影响，将幼儿园课程看作幼儿的经验、活动与生活等，认为幼儿园课程的宗旨是让幼儿习惯社会生活，重视幼儿的发展和社会生活的关系。如陈鹤琴将"大自然、大社会都是活材料"概括为"活教育"的课程论，强调幼儿园应该给儿童一种充分的经验。凡是让幼儿适应社会的，则应当编入教材。大自然构成的自然环境和大社会构成的社会环境一道组成了学前教育课程的中心内容。张雪门提出："生活就是教育，五六岁的孩子们在幼稚园生活的实践，就是行为课程。"张宗麟认为"幼稚园课程者，由广义说之，乃幼稚生在幼稚园一切之活动也"。

与课程的概念一样，幼儿园课程的内涵也随着不同的时期、不同的理念变化和发展着。每一种定义背后都体现鲜明的时代特征和特有的价值取向。中华人民共和国成立以来，幼儿园课程的内涵经历了从分科到综合、从结果到过程、从知识到经验、从静态到动态等的变化过程。20世纪90年代以来，随着幼儿园课程改革的不断深入发展，幼教工作者在总结理论与实践经验的基础上，对幼儿园课程的理解呈现多样化。总的来看，对幼儿园课程的界定主要存在三种倾向：学科倾向、活动倾向、经验倾向。学科倾向的界定主要是将课程内容以各类科目的形式加以组织与安排，如卢乐山教授一方面将幼儿园课程看作幼儿园的整体教育，另一方面也指出幼儿园课程是某一科目教学的教学内容、教学过程及实践安排等。活动倾向的界定旨在凸显活动对于幼儿的重要性，对幼儿园课程持活动倾向的代表学者是冯晓霞教授，她认为幼儿园课程是幼儿在幼儿园教育环境中进行的，是旨在促进其身心全面和谐发展的各种活动的总和。经验倾向的界定强调幼儿在课程中要有新经验的获得，以虞永平教授的观点为代表，他认为幼儿园课程从幼儿身心发展的特点和特定的社会文化背景出发，有目的地选择、组织和提供综合性的、有益的经验。此外，赵寄石先生也曾指出，要用整体的观点、联系的视角看待幼儿园课程，看待幼儿某一发展领域的教育或学前教育机构的保育和教育，其核心思想是揭示教育的总体结构、内在联系、各部分之间的相互作用及整体功能。

通过对幼儿园课程概念的梳理，可以看出学前教育领域对幼儿园课程实质的认识，经历了从"学科"到"经验"、从重视"教育者"到重视"学习者"的转变。幼儿园课程的本质观由静态走向动态，从把课程理解为学科，理解为静态的知识、内容到把课程理解为动态的活动，儿童的学习活动，幼儿园所有活动的总和；确立了以促进儿童身心和谐发展为目的的价值取向。幼儿园课程的涵盖性有所增强。

进入21世纪以来，随着时代的发展，学者们对幼儿园课程的目标和内涵有了新的认识，促进幼儿身心全面、和谐发展成了当前幼儿园课程设定的总目标。目前，主导我国幼儿园课程的定义是活动论，把幼儿园课程定义为："幼儿园课程是实现幼儿园教育目的的手段，是帮助幼儿获得有益的学习经验，促进身心全面和谐发展的各种活动的总和。"尤其是教育部颁发的《幼儿园教育指导纲要（试行）》和《3—6岁儿童学习与发展指南》，明确了幼儿园课程是各种活动的综合，不是学科或者目标，幼儿园课程具有区别其他阶段课程的独特性。同时，以幼儿为教育对象，就要充分考虑每个幼儿的发展水平，尤其是在儿童早期，更要多采用具体的材料和活动，而非上课的形式加以组织。

三、研究目标及研究内容

（一）研究目标

1. 培养幼儿对特色活动课程的兴趣，促进幼儿全面和谐发展

特色活动基于对幼儿的充分了解和研究，有针对性地开展，从而丰富幼儿在园所的生活，开阔其视野。

2. 丰富各领域活动课程内容，为幼儿提供可操作、适宜年龄、有创造性的活动课程

依托五大领域的目标和建议，将活动课程内容分成五大类别，提出一整套幼儿学习与发展的完整体系，促进幼儿全面发展。

3. 探索幼儿园特色活动课程的有效组织与实施

关注幼儿学习与发展的完整性、可持续性，尊重幼儿发展的差异性，个性化地实施课程内容，在实践中开展以教师为主体的幼儿学习效果的过程性评价。评价的内容涉及幼儿参与活动的学习态度、对知识的理解程度、技能的掌握和能力的发展等。

（二）研究内容

本课题是以幼儿园活动课程设计为主体的实践研究，基于上述三方面的研究目标，制订如下主要研究内容。

1. 丰富幼儿园特色活动课程内容实践

园本活动课程的初步编制，依托我园作为省示范性幼儿园的平台，充分调动一线幼儿教师的主观能动性，发挥幼儿教师的专业特长，招募幼儿教师参与课题研究团队，编制园本的活动课程方案设计，针对学前教育的五大领域——健康、科学、语言、社会、艺术分别开展活动课程方案设计。

2. 幼儿园丰富的特色活动内容促进课程价值的策略研究

在活动课程正式投入教学之前，组织学前领域专家和富有经验的幼儿园园长、教师组成的专家团，对课程方案的设计进行全方位、系统的评估，并提出修改意见，根据专家建议，对课程方案进行修订，最终形成正式的课程方案。

3. 探索幼儿特色活动课程的有效指导策略

依据正式的活动课程方案，由幼儿教师具体进行课程活动指导。同时，在活动过程中，我们采取了动态评价的方式，每周对幼儿的学习效果及幼儿家长的满意程度进行评估，并以此作为依据，有针对性地改进活动课程的方案。

四、研究方法

文献法：利用学术数据库，检索、阅读、梳理国内外理论和实证研究，总结已有研究现状，为园本特色课程编制奠定理论基础。

个案法：个案法是对某一个体或群体进行长期的连续调查，能够了解、收集更为全面的材料。本课题中采用个案法对幼儿和教师的典型活动案例的开展、实施过程及实际效果等做出全面的分析。

观察法：观察法能够使研究者在自然状态下了解研究对象的较为系统和全面的信息。本课题研究采用观察法在不受控制的自然状态下，观察幼儿学习的状况，灵活调整教学方案。

问卷调查法：问卷调查法是通过问卷的形式向研究对象搜集资料、了解观点的一种调查形式。本课题研究采用自编的《家长满意度问卷》对幼儿家长施测，了解家长对特色课程的满意度。

五、研究步骤

本课题研究主要过程如下。

第一步，特色活动课程的编制。对国内外幼儿园课程及活动课程（包括特色课程）等相关理论和实证研究进行梳理，同时借鉴国内外优秀幼儿园特色课程方案，基于课题组成员所在幼儿园的基本特点及幼儿、幼儿家长的实际需要，利用园所幼儿教师的特长资源，以教育部颁布的《3—6岁儿童学习与发展指南》中确定的五大学习领域为基本框架，初步构建园本特色课程方案。课题组成员对课程初始方案反复进行讨论并修改，形成正式特色课程活动方案。

第二步，依据正式特色课程活动方案开展活动。以幼儿为主体、教师为指导，尊重幼儿兴趣，打破年龄限制，幼儿可以随意选择喜爱的活动参加，教师对幼儿的活动过程进行指导，同时通过观察等方法对幼儿的学习效果进行过程性评价。

第三步，学期末对特色课程的方案、实施、效果、评价等进行总结并整理，经过课题组的多次讨论，撰写相关成果。研究流程见下图。

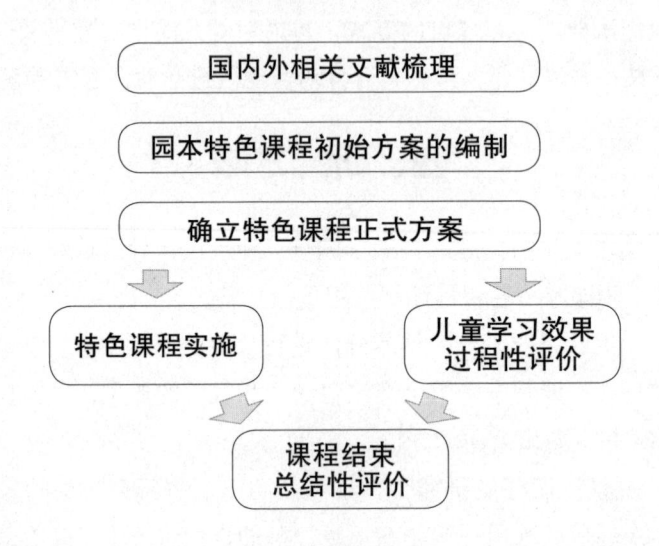

```
国内外相关文献梳理
        ↓
园本特色课程初始方案的编制
        ↓
确立特色课程正式方案
        ↓              ↓
特色课程实施    儿童学习效果
                过程性评价
        ↓              ↓
         课程结束
         总结性评价
```

图1　园本特色课程研究流程

六、研究成果及成效

（一）研究报告类

依据本课题设计的幼儿园活动课程方案，对活动课程实施的内容、过程、效果进行梳理，形成《阶段性成果展示》《成果展示、课例展示合集》等研究报告。

（二）学术论文类

在课题实施过程中持续对活动课程进行反思与总结，凝练总结出《幼儿园活动课程的理论、实践与案例研究》《幼儿园活动课程方案的设计与评估》等学术论文。

（三）专著类

对活动课程的方案进行汇编，整理为文字材料，形成《活动课程计划方案》《东师附小中信幼儿园活动课程设计方案》《幼儿园优质活动课程活动案例集》等专著。其可作为园本课程的指导方案，也能够为其他园所开展同类课程提供借鉴。

七、讨论与思考

本课题借鉴了多元智能理论。加德纳的多元智力理论将智能定义为"被一个社会认为是有价值的解决问题或生产产品的能力"。人类所有个体在不同程度上都具有相对独立、多元的智能。多元智能理论的提出符合一定的标准，如大脑损伤后技能局部丧失的可能性；掌握某智能的专家、奇才和其他特殊人群的存在；来自于心理训练和心理测量的研究证明，虽然不同智能之间相互独立，但也存在相互影响、协同作用的关系。我们借鉴了多元智能理论的理念，在开展活动课程的方案设计时，围绕幼儿发展的五大核心领域即健康、社会、科学、艺术、语言进行，以期达到促进幼儿多元智能全面发展的目的。

无论是从幼儿园课程设计的理念的角度来看还是从幼儿园课程评价的角度来看，以幼儿为本，基于对幼儿身心健康发展的关注来开展幼儿园活动课程的设计已经成为理论和实践界的共识，如何在以幼儿为本的基本理念下设计出符合目标的幼儿园活动课程则成为亟待关注的现实问题。

参考文献：

[1] 朱家雄. 幼儿园课程[M]. 上海：华东师范大学出版社，2011.
[2] 彭海蕾. 陈鹤琴教育思想研究的回顾与展望[J]. 北京广播电视大学学报，2015（4）：13-16.
[3] 于开莲. 张宗麟的社会领域课程建构思想述评[J]. 幼儿教育：教育科学，2006（5）：52-55.
[4] 虞永平，张帅. 从模仿借鉴到规范创新——新中国成立70年来幼儿园课程的发展[J]. 南京师大学报（社会科学版），2019（6）：34-48.
[5] 虞永平，张斌. 改革开放40年我国学前教育的成就与展望[J]. 中国教育学刊，2018（12）：18-26.
[6] 蒙台梭利. 蒙台梭利幼儿教育科学方法[M]. 任代文，译. 北京：人民教育出版社，1993.
[7] 张娜娜. 美国海斯科普课程及对我国幼儿园课程设置的启示[J]. 教育与教学研究，2014，28（2）：126-128.
[8] 靳美玲. 幼儿园园本课程方案现状研究[D]. 沈阳：沈阳师范大学，2012.
[9] 张颖，邹晖. 陈鹤琴"五指活动法"指导下的园本课程开发[J]. 江西教育科研，2004（3）：30-31.
[10] 王春燕. 张雪门幼稚园行为课程及其现代意义[J]. 华东师范大学学报（教育科学版），2008，26（4）：73-78.
[11] 赵海燕，杨晓萍. 幼儿园多元文化课程的实施理念[J]. 社会科学家，2013，（8）：119-122.
[12] LawtonD. CurriculumStudiesandEducationPlanning[M]. London：HodderandStoughton，1983.
[13] 徐雁. 论幼儿园课程改革的文化处境[J]. 湖南师范大学教育科学学报，2015，82（6）：97-101.
[14] 胡华. 回归儿童生活：幼儿园课程建构的本质[J]. 甘肃社会科学，2019（5）：230-236.

奥尔夫音乐教学法对幼儿多元化能力培养的实践研究

东师附小中信幼儿园

张莹楠

《奥尔夫音乐教学法对幼儿多元化能力培养的实践研究》结题报告

东师附小中信幼儿园

张莹楠

一、问题提出

（一）国内外研究背景及现状

多元化音乐教育是当代世界音乐教育领域所探讨的重要课题之一。20世纪20年代产生的奥尔夫音乐教学体系已经孕育着多元化音乐教育的萌芽。在探寻原本音乐、发展元素性音乐教育的过程中，奥尔夫越来越明确地认识到，音乐文化不应再以欧洲古典、浪漫主义音乐为中心，里曼的命题"我们乐制基础的普遍有效性是不容怀疑的"早已不再被不加反驳地接受。多元化音乐的思想不仅突出体现在奥尔夫的音乐创作中，更是其元素性音乐教育思想的基本观点，并渗透在其教学体系之中。奥尔夫教学法在世界上影响广泛，受到众多教师和学生的欢迎。1963年10月1日，他在奥尔夫学院建成典礼大会上的演说中呼吁道："人们应当倾听整个其他世界的音乐心脏跳动。这里正是比较音乐学诞生的时辰，这里，对自然性、原本性的理解第一次萌芽，这里，对一种全新的教育学的感官方才苏醒过来，反之，这全新的教育学正要扩展到整个世界上去。"事实亦是如此，奥尔夫的音乐教育思想和教学法在世界音乐教育领域越来越广泛地传播，对多元化音乐教育的研究和发展，特别是在课程实践方面，产生了相当大的推动作用。

早在20世纪70年代，国际音乐教育学会就提出要保存和维护各种传统音乐文化的独特声音，强调处理好世界音乐中本土与全球的相互关系，在该理念的指引下，将本土音乐文化与多元化音乐教育结合是我国目前发展多元化音乐教育的首要战略目标。朱叶在《当代音乐文化的文化取向》中指出：多元化音乐教育成为国际音乐教育的主流，中国的音乐教育在追随主流中应注重以中华文化为母语的音乐教育,将多元文化和本土文化相结合来发展中国的音乐教育。李闽在《在民族音乐教育中如何认识多元文化格局中的民族音乐》一文中也提出:中国在保护和弘扬民族传统音乐方面提倡中西结合。

然而,通过对国内外相关研究的梳理可以发现,国内奥尔夫教育在幼儿多元化能力的培养方面的研究较少,且多数研究集中在理论层面的探讨,尤其缺少对幼儿园课程的实践指导。据此,本课题研究利用奥尔夫音乐的多元化思想,设计相应课程并应用于实践教学,旨在启发幼儿对音乐的兴趣,提高幼儿对音乐的理解,增强幼儿对音乐的感受。

(二)课题研究依据

1. 奥尔夫音乐教育体系的相关研究

(1)奥尔夫音乐的基本思想。奥尔夫音乐的基本思想是鼓励个体自己去创造和编排。奥尔夫曾将他的《学校音乐教材》比喻为"野生物",也就是说,这部教材并不是许多学者所欣赏的那种传授"正宗""高雅"音乐的严谨的体系,但却是那些具有艺术素质和富有创造性的即兴者所感兴趣的,它永远不是最终的定稿和就此结束,而是永远在发展中、形式中、流进中。奥尔夫热衷于各地区的民族民间音乐,无论是巴伐利亚的民间歌曲,还是富于浓郁东方情调的中国乐舞;无论是非洲的木琴玛琳巴(Marimba),还是东南亚的打击乐合奏……这不仅因为它们富有泥土芳香和独特的风格,更重要的是它们都同样体现着音乐的本质和本源,是最"自然的"、最"富有活力的"。凡是那些"接近土壤的、自然的、机体的,能为每个人学会和体验的"各国家、地区的民族民间艺术都可以作为教学材料,以适合儿童参与体验的方式创造出各种各样的课程或课堂教学活动。

胡艺兰和罗立章对奥尔夫音乐思想进行的总结认为,奥尔夫音乐思想包含四个方面的内容:原本性的思想观点、参与性的思想观点、即兴性的思想观点、综合性的思想观点。刘丹认为,奥尔夫音乐教育的基本思想中,除原本性、参与性、即兴性外,还具有人本性的思想观点。

总之,奥尔夫音乐教学以注重幼儿的情感体验,强调激发幼儿自主性,使幼儿在轻松自由的氛围内学习为特色。在当前我国学前教育功利主义色彩较浓的时代背景下,其对改变当前教师的教学目标、提升教学质量具有积极的促进作用和启示意义。

（2）国内奥尔夫音乐教学的相关资料。2002年，由教育部社会科学发展中心组织的《学校艺术教育研究丛书》之一的《奥尔夫音乐教育思想与实践》出版，由李妲娜、修海林和尹爱青编著。作为全国教育科学"八五"规划项目的重要丛书之一，此书是中国第一本较全面介绍奥尔夫的专著。从奥尔夫的生平到其相应的音乐活动，此书有详细的第一手资料，比较准确地描述了奥尔夫音乐教育思想，通过大量的课堂实例来说明奥尔夫音乐教育体系在中国本土化的可能性。基于其重要性，《奥尔夫音乐教育思想与实践》已成为我国音乐教育专业学生的必读书籍。

左玲玲2004年编著的《音乐素质训练：国外音乐教育体系与中国教育实际的结合》出版。此书内容大都借鉴于奥尔夫音乐教育体系的相关理念且适用于奥尔夫音乐教学，可以被初中、高中、中专、大学音乐教师作为教学参考用，偏重于实践操作，相关的理论概念更多地隐藏于实际运用中。

除国内学者基于奥尔夫音乐思想编著的教材外，目前，奥尔夫音乐教学的音像资料也非常丰富，大致可以分为三类：一类是奥尔夫教学的影像资料，一类是奥尔夫教学的音响资料，一类是奥尔夫音乐表演的影像资料。很多奥尔夫音乐教师同奥尔夫一样，既是音乐教育家，也是作曲家，他们不仅从事教学，还根据教育对象和课程的需要创作了很多作品，然后出版、发行，供所有音乐教师使用，还有一些教师将自己的教学进行录制，供大家借鉴。

（3）奥尔夫音乐教学的效果。有学者认为，基于奥尔夫音乐思想的教学能够有力地促进幼儿成长。主要体现在以下几个方面。

首先，奥尔夫音乐教学以激发幼儿的自主性、能动性为核心，关注幼儿的创造性，能够提升幼儿参与音乐活动的内在兴趣，让幼儿主动地参与音乐学习，往往能够达到事半功倍的教学效果。

其次，奥尔夫音乐教学强调幼儿学习音乐的过程性体验，而非关注学习的结果，能够使幼儿的学习去"功利性"，摆脱学习效果的局限，能够让幼儿的音乐学习更加积极、快乐，有助于提升幼儿的情绪，丰富幼儿的情感体验，使幼儿的思维得到拓展和建构，从而为创造能力的发展奠定基础。

再次，奥尔夫音乐教学内容丰富，将舞蹈、肢体动作、音乐旋律有机整合，能够开发幼儿多方面的能力，尤其是对幼儿的音乐综合能力的提升非常有益，如音乐和肢体动作的协调能力、音乐鉴赏能力等。

最后，奥尔夫音乐教学有助于提升幼儿社会性的发展。奥尔夫理念框架下的音乐教学，强调幼儿的自发、自主、自动，尤其是在班级中开展奥尔夫音乐教学，能够为幼儿之间相互协作搭建平台，幼儿在相当自由、轻松的氛围内学习音乐，能够增加积极的人际互动体验，激发幼儿对他人的兴趣，培养幼儿的社会性。

2. 幼儿多元化能力

幼儿多元化能力的提升逐渐受到学前教育理论和实践界的重视。多元智能理论给学前教育带来的启示在于：每个幼儿都具备多种智能，每种智能只有程度上的差别，但没有优劣之分；在幼儿园课程设计方面应当摒弃传统的以提升两种核心智力（数理智力和语言智力）为目的的思想，同等对待幼儿的多种智力，在教育观念上进行转变，认识到多种智力同等重要。

我国教育部于2012年颁布的《3—6岁儿童学习与发展指南》对3—6岁的学龄前儿童需要发展的五个方面进行了明确的阐述，这五个方面包括健康、语言、社会、科学、艺术，这意味着我国教育主管部门对幼儿的多元化能力的发展内容指明了方向。学前教育是国民教育的基础，学前教育质量直接影响其他教育阶段的质量，对幼儿多元化能力的培养和提升是保证学前教育质量的核心内容，开展行之有效的学前教育课程以提升幼儿多元化能力具有重要的现实意义，这既是对国家学前教育要求的具体落实，也是能够满足幼儿身心全面、健康发展的现实需要。

（三）研究意义及价值

通过对大量相关资料的阅读和总结，笔者发现目前我国关于奥尔夫音乐教育体系的研究虽然很多，但是关于有针对性的个案研究还没有进行专门、系统的研究，在国内缺少同类研究的情况下，本课题的研究将具有一定的理论意义和实践价值。

理论意义方面，本课题有利于丰富和完善我国幼儿音乐教育教学理论。尤其为国外音乐教学法本土化的教学实践提供了理论参考和指导。

实践意义方面：首先，本课题为教师提供了崭新的教学方法。奥尔夫音乐教学法从节奏入手，结合语言朗诵，运用奥尔夫乐器，采用多声部结构，寓教于乐，给音乐提供了全新的、科学的、极富操作性的教学方法。该教学方法不是单纯在理论上提出以人为本的教育观、原本性教育理念等，还提供了具体的教学设计和策略。课题实践研究中设计的大量教学课例及教学光碟，会为一线教师提供方法上的指导。其次，提高幼儿的音乐审美能力，培养幼儿多元化的能力。在奥尔夫音乐教育令人愉悦的审美体验中，幼儿既是音乐的参与者、创造者，又是音乐的欣赏者和受教者，其音乐审美能力得到极大的锻炼和提高，通过即兴的表演激发了无限的潜能，从而发展多元化的能力。

二、概念界定

学前早期音乐教育对儿童智力的开发作用，要比晚期音乐教育大得多，也就是说早期的音乐教育可以大大地开发智力，挖掘大脑的各种潜在能力，而晚期的音乐教育则是对某一学科的学习和了解，对大脑智力没有多大的开发作用。因为音乐教育与幼儿的天性和能力的发展时机相吻合，是幼儿最感兴趣和最容易接受的一种教育形式。在亲切活泼、轻松悠扬的音乐声中，在融洽愉快的环境中，他们的智力得到开发启迪，心理得到健全和谐的发展。教育实践也充分地表明音乐教育对幼儿心理发展有其独特的作用。奥尔夫的音乐教育体系实践内容丰富，形式多样，教法灵活，在其教学实践中，多种形式是富有意义地相互融为一体的，每个教学过程对教师和学生来说，都是充满着创造性的活动。就奥尔夫音乐教育的自身来说，就是一个充满创造性的活动。

多元化能力起源于加德纳的多元智能理论。加德纳认为，已有仅关注数理能力和语言逻辑的传统智能观具有明显的局限性，人类的智能不仅体现在这些方面，还体现在某种社会环境或文化背景下，用以解决真正的难题或者是生产或创造出有效产品所具备的能力。加德纳的多元智能理论包括但不局限于语言智力、数理智力、空间智力、运动智力、人际交往智力、节奏智力、自省智力、自然观察智力和存在智力，同时，各种智力既相互独立又共同起作用。

三、研究目标及研究内容

（一）研究目标

1. 梳理相关文献，基于科学儿童观和教育观，设计奥尔夫音乐活动课程。
2. 实施奥尔夫音乐活动，培养幼儿主动学习音乐的兴趣和进行音乐创造的能力。
3. 构建奥尔夫音乐活动课程的过程性评价体系，对课程实施全过程进行有目的、有计划的评价。

（二）研究内容

针对以上三个方面的研究目标，确定如下研究内容。

1. 丰富奥尔夫音乐课程内容的实践研究

实施前，对国内外已有相关研究进行梳理和总结，重点梳理已有幼儿园课程的相关理论，确立课程实施的总体价值取向，树立以儿童的多元能力发展为目标的课程设计理念，确立以奥尔夫音乐教学法为载体的课程实施主体框架，总结已有幼儿园音乐活动课程的优势与不足，为本研究课程设计提供借鉴。同时，在本研究课程设计过程中，注意避开已有课程设计中存在的不足。

2. 适宜的课程设置促进幼儿音乐能力培养价值的策略研究

形成奥尔夫音乐活动课程的初始课程，随后邀请学前教育专家、教育经验丰富的一线幼儿教师成立专家组，对初始课程进行评价，提出建议。根据专家组反馈的建议，对初始课程进行修改与完善，形成正式课程并在实际教学中加以实施。

3. 探索有效的奥尔夫课程指导策略

依据已有的幼儿园课程评价的相关研究，确立本研究中奥尔夫音乐活动课程的评价目的、内容、指标和方法，构建课程评价体系。根据具体的评价内容和指标，编制相应的评价工具，为后续课程内容的优化提供依据。

四、研究方法

行动研究法：有目的、有计划地开展奥尔夫音乐教学活动，促进幼儿创新能力的发展。

文献法：查阅相关杂志，分析、整理国内外幼儿教育相关研究资料，寻求理论根据和国内外研究的现状。

个案法：收集幼儿和教师的典型活动案例，做出分析。

观察法：在不受控制的自然状态下，观察幼儿学习的状况，灵活调整活动方案。

总结法：对各种材料进行分析、综合、提炼。

五、研究步骤

课题的研究步骤分为资料收集和选题、具体内容实施、课题研究和阶段性总结、修改完善和结题五个阶段。在资料收集和选题阶段，主要了解研究课题确立的必要性，在提出课题的设想后，积极查阅与此有关的信息资料，并进行实地考察；具体实施阶段通过严谨的逻辑思维，去劣存优，去伪存真，对初选课题进行精加工，确定研究目的、研究内容、研究方法，并对课题进行论证，集思广益，完成选题工作；课题研究和阶段性总结阶段制订研究计划，并组织实施，不断修改和补充，使研究工作顺利实施；修改完善阶段，征求专家意见，修改论文，最终完成课题。

六、研究成果及成效

（一）研讨课例

【活动领域】艺术

【活动由来】

本节是以乐器为主的奥尔夫音乐活动课，是结合艺术领域而设计的奥尔夫特色音乐活动。大班幼儿正处于培养稳定节奏、开拓思维并学会与他人配合的年龄，在日常的音乐课中，我观察到幼儿对乐器十分感兴趣，因此，我根据他们的年龄特点和《3—6岁幼儿学习与发展指南》中大班幼儿的学习范围，以及在艺术活动中能与他人相互配合，也能独立表现的原则，设计了本节奥尔夫音乐课《乒乓交响乐》。

【设计思路】

本节课共分为三个环节：首先，以律动导入和谈话的形式带领幼儿融入活动中；其次，通过完成任务，在培养幼儿学会看图谱的基础上学习本节课的三种节奏，并用生活用品代替乐器跟着音乐打节奏；最后，引导幼儿与他人相互配合，分组完成合奏表演。

【活动目标】

1. 结合三组不同的节奏引导幼儿学会看图谱表演。

2. 通过《帮助小老虎》的游戏让幼儿掌握三组节奏，运用生活中常见的物品引导幼儿发挥自己的想象力和创造力共同完成合奏表演。

3. 让幼儿能够自主选择乐器，学会用常见物品为歌曲伴奏。

【活动准备】

PPT、音乐、垃圾桶、水杯盖、大锅盖、纸盒箱、小鼓棒、大鼓棒

【活动过程】

1. 律动导入

（1）《两只老虎》音乐律动进教室。

（2）导入主题，用生活用品为歌曲伴奏。

2. 图谱学习

（1）小鼓。

A. 小鼓图谱。

B. 引导幼儿先跟着图谱边唱边做动作，再拿鼓棒试一下。

C. 跟着音乐，教师指挥。

D. 通过表演找到鼻子，完成任务。

（2）小镲。

A. 小镲图谱。

B. 跟图谱徒手模拟。

C. 跟着音乐，教师指挥。

D. 通过表演找到眼睛，完成任务。

（3）大鼓／大镲。

A. 大鼓／大镲图谱。

B. 跟图谱徒手模拟。

C. 跟着音乐，教师指挥。

D. 通过表演找到脚丫，完成任务。

3. 合奏游戏

（1）给乐器找家：四间房子，每间房子里有固定的脚印，发现房间已满可

以换另一个乐器。

(2) 先试着分奏：第一遍小鼓，第二遍小镲，第三遍大鼓／大镲。

(3) 再试着合奏（强调分奏和合奏的区别）：跟音乐，教师指挥。

(4) 通过合奏表演，找到终极任务中的耳朵和尾巴，帮助小老虎完成任务。

4．回忆探索

(1) 回忆今天我们都用了哪些生活用品代替乐器。

(2) 生活中还有哪些用品可以发出声音代替乐器，一起探索。

【活动延伸】

和爸爸妈妈一起探索其他能够发出声音并代替乐器的生活用品。

（二）研究总结

在传统的音乐教学中，我们常用的形式是唱歌、律动、音乐欣赏、音乐游戏等，后来流行起了打击乐。唱歌就是反复地教唱，律动也是一味地模仿老师，即便是游戏，也过多地受了目标的影响，显得太格式化。因此，根据以上音乐教学中的缺点和弊端，总结以下几点。

(1) 加入多元化的奥尔夫音乐教学，让幼儿在玩耍中学习，在学习中感受。

(2) 培养幼儿的自主参与能力和自主创新能力，打破以往的传统教学，将多种形式和多种教学相结合，以幼儿为主导，利用多元化奥尔夫音乐教学启发幼儿对音乐的兴趣，提高幼儿对音乐的理解，增强幼儿对音乐的感受。

(3) 在多元化奥尔夫音乐教育的倡导下，不断涌现出全新的教学理念，这对幼儿和教师来说都是极大的挑战。

七、讨论与思考

通过对奥尔夫音乐教学基本理念和幼儿多元化能力的内涵分析，我们可以发现，奥尔夫音乐教学法从学理的角度能够提升幼儿的多元化能力，能够作为幼儿园教学实践的指导。虽然已有研究对于奥尔夫音乐教育体系进行了有益探索，但综合来看，相关研究仍存在以下有待推进之处。

第一，缺少切实可行的奥尔夫音乐教学指导方案的国内研究。目前，国内大多数研究者都是从理论方面加以研究，缺乏对一线幼儿教师可操作性教学方案的关注，而教学实践恰恰是教育活动的核心和具体体现。更重要的是，奥尔夫音乐教学理念与模式来源于西方，是否适用于当前我国文化与时代背景下的音乐教育，在实践中可能遇到哪些阻碍、需要进行哪些调整尚未可知。

第二，国内学者对奥尔夫音乐教育理论的理解不够深入。很多国内学者的研究观点都很统一，个别研究存在生搬硬套现象，缺乏对这些理论的深层分析和实践预测。多数相关研究停留在文献研究和理论思辨层面上，导致研究内容重复、研究结论类似等问题，缺乏新意。

第三，已有研究的视角较为单一，呈现碎片化样态。多数研究集中于奥尔夫音乐教育的某个方面，以局部研究为主。比如相当多的研究集中于奥尔夫音乐教育体系的内容介绍等方面，缺乏对其整体性、系统性的研究。

基于对已有文献的梳理和以上思考，本课题研究利用多元化奥尔夫音乐的思想，设计相应课程并应用于实践教学，旨在启发幼儿对音乐的兴趣，提高幼儿对音乐的理解，增强幼儿对音乐的感受，从而最终实现提升幼儿多元化能力的目的。

参考文献：

[1] 朱家雄. 幼儿园课程 [M]. 上海：华东师范大学出版社，2011.
[2] 彭海蕾. 陈鹤琴教育思想研究的回顾与展望 [J]. 北京广播电视大学学报，2015（4）：13-16.
[3] 于开莲. 张宗麟的社会领域课程建构思想述评 [J]. 幼儿教育：教育科学，2006（5）：52-55.
[4] 虞永平，张帅. 从模仿借鉴到规范创新——新中国成立70年来幼儿园课程的发展 [J]. 南京师大学报（社会科学版），2019（6）：34-48.
[5] 虞永平，张斌. 改革开放40年我国学前教育的成就与展望 [J]. 中国教育学刊，2018（12）：18-26.
[6] 蒙台梭利. 蒙台梭利幼儿教育科学方法 [M]. 任代文，译. 北京：人民教育出版社，1993.
[7] 张娜娜. 美国海斯科普课程及对我国幼儿园课程设置的启示 [J]. 教育与教学研究，2014，28（2）：126-128.
[8] 靳美玲. 幼儿园园本课程方案现状研究 [D]. 沈阳：沈阳师范大学，2012.
[9] 张颖，邹晖，陈鹤琴. "五指活动法"指导下的园本课程开发 [J]. 江西教育科研，2004（3）：30-31.
[10] 王春燕. 张雪门幼稚园行为课程及其现代意义 [J]. 华东师范大学学报（教育科学版），2008，26（4）：73-78.
[11] 赵海燕，杨晓萍. 幼儿园多元文化课程的实施理念 [J]. 社会科学家，2013，（8）：119-122.
[12] LawtonD. CurriculumStudiesandEducationPlanning [M]. London：HodderandStoughton，1983.
[13] 徐雁. 论幼儿园课程改革的文化处境 [J]. 湖南师范大学教育科学学报，2015，82（6）：97-101.
[14] 胡华. 回归儿童生活：幼儿园课程建构的本质 [J]. 甘肃社会科学，2019（5）：230-236.

家长参教在家园共育教育模式中的实践研究

东北师范大学附属实验学校

张 啸

《家长参教在家园共育教育模式中的实践研究》结题报告

东北师范大学附属实验学校

张 啸

一、问题提出

（一）国内外研究背景及现状

1. 国外现状分析

在国外，家长义工、助教日已经常态化。国际组织伯纳德·范·利尔基金会近20年的研究结果显示，家长是否参与学前教育、参与的程度如何，直接关系到学前教育质量的高低。美国学前教育专家赫林格指出，家长的参与水平是属于"听众""观众"，还是属于"孩子的教师""班级的志愿者"，或是属于"教师的助手""活动的共同决定者"，所产生的效果截然不同。所以，教师应重视对家长参教水平的评估，帮助家长从支持者、学习者的水平过渡，发展到参与者、决策者的水平，使他们能自愿为学前教育机构提供服务，自觉参与幼儿教育决策的形成、执行和监督等各个环节的运作过程，不断丰富合作的内容，提高共育的质量。

2. 国内现状分析

家园合作是必不可少的，也是密不可分的，家园合作不仅有利于幼儿园的发展，有利于幼儿身心的全面发展，更有利于教师与家长间的相互学习和良好关系的建立，为幼教工作提供了进一步发展的空间，为我国新《幼儿园教育指导纲要（试行）》《3—6岁儿童学习与发展指南》的实施提供了有力的保障。以《幼儿园教育指导纲要（试行）》和《3—6岁儿童学习与发展指南》为抓手，以家长参教作为切入点，可更加完善而有实效地做好家园共育工作。

3. 幼儿园现状分析

幼儿园在净月位置，坐拥大学城，家长以教师职业居多。家长职业是教师的统计：一班62%、二班48%、三班43%。幼儿家长普遍学历高，素质高，知识与专业背景雄厚，这对幼儿园来说是一笔丰富的幼儿教育资源。

我们在研究中逐渐认识到家长资源对幼儿发展影响的深刻性，以及家长参教的重要性和必要性。我们不是要把家长变成幼儿园的帮工、材料提供商，而是希望在孩子成长的关键时期，家长正确地参与其中。

（二）课题研究依据

我国著名的教育家陈鹤琴先生说："幼儿教育是一种很复杂的事情，不是家庭一方面可以单独胜任的，也不是幼稚园一方面能单独胜任的，必定要两方面共同合作方能得到充分的功效。"《幼儿园教育指导纲要（试行）》也明确指出："家庭是幼儿园重要的合作伙伴。应本着尊重、平等、合作的原则，争取家长的理解、支持和主动参与，并积极支持、帮助家长提高教育能力。"

我们以家长参教的形式，促进家园合作和谐发展。幼儿园家长参教活动，促进了幼儿身心的全面发展。家长参教活动，帮助家长了解幼儿教育，更新了教育观念。

（三）研究意义及价值

我国的教育法规提出：幼儿园、家庭及社区教育应有机结合。我们认为，家长是基本的教育者，孩子的成长是家长和教师共同的责任。家长将孩子送到幼儿园，不是其教育责任的移交，而是家长在教育孩子方面增加了专业的合作者。而作为教师，不是要家长做些什么，而是希望家长与自己合作做些什么，要让家长看到家长的努力与教师的努力的关系，看到家长的努力与幼儿成长的关系。

完善家长参教在幼儿园家园共育活动中的运用，建构具有特色的家长参教形式活动。拓宽幼儿的知识结构，丰富幼儿的兴趣爱好，使其感受来自父母的教育力量。挖掘丰富的教育资源，利用家长参教激发本土化优势，具有可操作性。促进幼儿与家长的亲子关系，提高幼儿与成人之间的交往能力。

二、概念界定

家长参教，顾名思义，是请家长走进幼儿园，参与幼儿教育工作。每一位幼儿家长都来自不同的行业，从事着不同的职业，其中还不乏行业的精英，有着丰富的人生阅历、广泛的兴趣爱好，为课程内容提供了多元化的视角。这是每一位幼儿身边最宝贵的资源。

三、研究目标及研究内容

（一）研究目标

(1) 运用家长参教形式开展家园共育活动，促进亲子亲密关系。
(2) 丰富家长参教活动的内容，促进幼儿能力发展。

（二）研究内容

(1) 家长参教在家园共育中的意义。
(2) 丰富家长参教活动内容的实施策略。

四、研究方法

文献研究法：在课题研究准备阶段，搜集、鉴别、整理文献，并通过对文献的研究形成对事实的科学认识的方法。

问卷调查法：家长调查问卷，汇总家长问卷，广泛了解家长参教的意愿和想法。

数据分析法：以实地调研得出的数据为基础，进行科学的定性定量分析。

教育观察法：在课题研究的整个过程中，通过在一定时空的自然状态下的有目的的、有计划的考察并针对家长教育的内容，及时发现问题，总结经验，从而提供有效的指导。

调查研究法：在实验开始前实施前期调查，在实验的过程中实施过程调查，在结题前进行效果调查，了解家长学习现状及幼儿发展情况，以便对方案的实施提供依据和进行动态调整。主要采用谈话、问卷、检测等形式进行。

行动研究法：在课题实施阶段采取的主要研究方法，融教育理论与教育实践为一体，体现一个循环往复、螺旋上升的研究过程，遵照"计划—行动—反馈—

调整—再行动"的研究步骤和要求，提高研究的实效。

五、研究步骤

本课题研究拟用一年半完成，一般分四个阶段进行。

（一）第一阶段（准备阶段）

1. 成立课题研究小组

2. 制订切实可行的课题研究实施方案与计划

方案计划从研究目标、研究内容、组织机构及职责、任务分解落实、实验工作要求等方面做出详细的安排，把任务从时间与人员方面进行具体落实。

3. 组织课题组成员研究相关教育教学理论，全面系统准确地掌握各类情况

（二）第二阶段（实施阶段）

1. 前期调查问卷，拟定有针对性的具体的研究实施内容与方式

（1）向幼儿家长下发问卷。
（2）根据问卷调查，撰写相应的调查报告。
（3）根据以上调查报告中存在的问题，提出具体的实验研究内容与方式。

2. 开展有针对性的研究活动，兼顾个案研究

3. 深入开展有针对性的研究活动，参教、助教、进课堂的活动，有针对性地研究，跟踪个案研究，进一步完善成果论文与个案分析

4. 对研究成果进行终结性问卷测评，完成第二阶段研究工作总结

（三）第三阶段（成果汇集阶段）

1. 收集整理各类研究资料

2. 认真分析、研讨和总结，初步形成结论

3. 写好调查报告

4. 撰写结题研究报告与工作报告

（四）第四阶段（成果鉴定阶段）

1. 邀请专家进行成果鉴定

2. 与他校交流完善研究经验（成果）

六、研究成果及成效

（一）研究成果

本课题研究有效带动了幼儿园的教学科研气氛，同时提升了教师的教学科研能力，为优化幼儿园办学条件起到了推动作用。

研究过程中，课题组共梳理高质量的区域游戏案例、观察记录325份，个案分析及反思35份，教育叙事30份，课题组成员撰写论文52篇，形成了园本特色的案例集、优秀论文集。

（二）研究成效

1. "家长进课堂"活动促进幼儿对父母的崇拜与自豪

父母是孩子最好的老师，这种老师的作用更重要的是向导性的。这种师生的关系是本能的、自发性的，同样也是纯洁的、无私的。严父慈母，这是先辈对父母和孩子之间的关系，进行得最简单而又最朴素的表述。在孩子们的眼中，自己的爸爸妈妈是无所不知、无所不能的。下面与大家共同分析案例。

【案例1】

幼儿姓名：浩瑞

平时表现：浩瑞是个比较内向的幼儿，说话声也较小，喜欢和好朋友做游

戏，但和老师主动沟通的次数极少。

家长进课堂之后的表现：在进行"干净小超人"主题时，浩瑞妈妈提前报名参加家长参教活动。在浩瑞妈妈报名之前，浩瑞每天都会对小朋友、老师主动说："我妈妈要来上课啦！""我妈妈周四来！"

几日后，浩瑞妈妈走进班级，为孩子讲了一个生动有趣的小故事：一个小女孩因为不爱洗手而导致肚子痛，从而影响了自己的身体健康。浩瑞虽然在家中听过这个故事，但依旧保持了良好的专注力，而且身边小朋友有不懂的地方还主动给其解释故事的经过。

活动结束后，在教师组织的《为什么洗手》活动中，在老师出示挂图后，浩瑞非常自豪地对老师与小朋友说："我妈妈讲过这个课！""我妈妈周四讲的！你们听过呀！"一边说一边笑呵呵的，充满了自豪与满足。

行为分析：幼儿从3岁开始对父母或身边的人开始有了崇拜的意识，这个时期也是家长树立形象的黄金期。我们及时提醒家长明确自己的角色，指导家长正确地带领孩子进行活动。家长参与幼儿园的教育活动，使幼儿把对教师的崇拜转移到对家长的崇拜。因为，在幼儿心中，教师的位置是不可替代的，而像老师一样站在前面组织活动的人也一定是充满智慧与威严的，而作为幼儿最亲密的人来参加家长参教活动，会使孩子对活动的积极性大大提高，对父母更加崇拜，从而更加自信、自豪。

2. "家长进课堂"活动帮助幼儿树立自信

自信是成功的前提，也是孩子的天性。但是，由于后天的家庭教育不得法，很多孩子却缺乏自信，还未做事之前就否定自己的能力，未经努力就放弃尝试，使自己丧失了宝贵的成功机会。有的甚至变得胆怯、羞涩、孤僻、多疑。而"家长进课堂"的活动会让孩子们在爸爸妈妈面前变得敢于表现自己，敢于说出自己想说的话，也乐于证明自己是很棒的！下面举例进行分析。

【案例2】

幼儿姓名：沛瑶

平时表现：这个孩子是本学期新插班的，平时家里人对她比较溺爱，基本上是饭来张口，衣来伸手。所以来到幼儿园之后，当她什么事情都需要自己做时，就总是少言寡语，不爱和周围的人说话、交流，也有害怕老师或小朋友批评她而尽量少说话，以减少甚至避免挨说的可能。因此，平时的她不论是在课堂上还是在与小朋友的交往中都很少表达自己的想法，基本上都是按照他人的想法做事情，即使与她的意愿相违背，她也从来没有和任何一位小朋友发生过争抢等不愉快的行为。

家长进课堂之后的表现：在她的爸爸到班级为小朋友们讲课的那一刻起，沛瑶小朋友几乎一直都是用微笑回应她的爸爸，在爸爸提问题或进行小互动的时候，她都会积极地举手参与，这与平时的她几乎判若两人。虽然回答问题的声音还不是很大，但是积极性明显增高，并且能够感觉到她非常轻松和愉快。从那天以后，她明显比之前开朗了许多，敢于在活动中举手发言，并且自己遇到问题也会向老师或其他小朋友求得帮助，她在爸爸参教之前与参教之后的表现差别较大。

行为分析：

（1）造成孩子缺乏自信心的原因是什么

A. 家长的过度保护。家长溺爱和娇惯孩子，很多事情都替孩子包办，养成孩子饭来张口、衣来伸手的坏习惯。孩子依赖性强，缺乏锻炼的机会，成功的体验从何而来？当然自信心也就无从谈起，孩子的自信是家长在身边时才有的"你可以替我完成"的自信，当离开父母过集体生活时就会因为掌握的技巧太少而事事落后于其他孩子。案例2中的李沛瑶小朋友平时就是因为家里人的溺爱才总觉得自己没有家长的帮忙就肯定做不好，所以总显得唯唯诺诺、躲躲闪闪。

B. 家长的过多批评。有些家长对孩子的期望过高，常常喜欢拿自己的孩子与其他孩子进行比较，一味以"高标准"来要求自己的孩子。孩子因为很难达到父母的要求，遭受失败，缺乏成功的体验，即使偶尔得到了成功的体验，也没有得到家长的鼓励，反而是更难更高的目标，面对的是父母永无止境的要求，在成功后也得不到幸福的感觉体验。在成功变得毫无意义的前提下，自信心也在一步步削弱，因为在父母眼里"我"是什么也做不好的，于是渐渐养成了遇事畏惧退缩的习惯，当然也就对自己缺乏自信心。

C. 家长与孩子缺乏交流。家长只注重孩子的衣食住行等物质上的需求，忽视了孩子精神上的需求。家长很少与孩子交流沟通，也很少对孩子进行意志性格的培养。甚至有的家长因为工作忙碌而放任自己的孩子，对孩子没有一定的行为规范。孩子生活散漫、缺乏自制能力和上进心，就会导致孩子产生偏激的认识："我"是一个没人管的孩子，没有人关心"我"，在孩子的内心深处也就很容易产生一种自卑心理，从而影响自信心的健康发展。

(2)"家长进课堂"后,孩子为何会有如此大的改变

缺乏自信心的主要原因还是缺乏安全感,而谁才会给孩子带来最大的安全感呢?当然是从小一直陪伴着自己的爸爸妈妈,爸爸妈妈一直都是孩子们最信任的人。当他们最信任的人跟他一起进入幼儿园、一起进行活动的时候,孩子们会感到无比的放松与开心,这时的孩子就会完全展示自己而不会担心其他人对自己有任何的伤害,因此,这时的孩子会表现得比平时兴奋、开心、积极,甚至无拘无束。

3."家长进课堂"活动使幼儿获得不一样的体验

在孩子们的眼中,爸爸妈妈是那个照顾自己、陪自己玩耍、哄自己开心,能够满足自己愿望的朋友。他们看到的一直都是爸爸妈妈在家里的温馨画面,并没有在其他场合见过爸爸妈妈的另一面。而"家长进课堂"的活动让孩子更多地了解了爸爸妈妈的另外一面,让他又对自己的父母有了新的认识。请家长进课堂,会使孩子们获得不一样的体验。

【案例3】

幼儿姓名:惟中

平时表现:惟中是一个非常乐观的孩子,在他的眼里任何事情都没有什么大不了的。只不过他语言发展得比较慢,所以分析与理解比较困难,经常听不懂老师在讲些什么,需要老师手把手地进行指导。

家长进课堂之后的表现:惟中的爸爸和妈妈也都是很乐观的人,他的爸爸在进入课堂时,为每位小朋友准备了一个红绿灯操作器。在了解了红绿灯的作用及使用方法之后,孩子们都玩得不亦乐乎。惟中也不例外,他兴奋地问爸爸:"你怎么这么厉害?还会做红绿灯啊?你真是太厉害了!"两人相视大笑起来。

行为分析:父母应该是子女最亲近的人,在孩子们的印象中,爸爸妈妈是关心体贴、和蔼可亲、爱护子女、理解子女的家长。当他们发现原来自己的爸爸妈妈还可以做这么棒的事情的时候,他们会从心底由衷地佩服自己的爸爸妈妈,更多地了解自己的爸爸妈妈平时看不到的另一面。这会让家长和孩子之间有进一步的了解,让孩子们对自己的父母更加崇拜和爱戴。

4."家长进课堂"活动让更多的幼儿乐于表现自己

4岁的幼儿,注意力集中的时间较短,通常只有10分钟左右,超过10分钟之后的表现为凝视一处,走神,发呆,眼望老师,但脑子里不知想些什么。像这种

注意力不集中的现象是经常发生的,但在"家长进课堂"的活动中,孩子们普遍会延长注意力的集中时间,以案例来举例说明。

【案例4】

幼儿姓名:隋博

平时表现:隋博是个活泼好动的幼儿,了解各个活动规则,但自我约束能力较差。

家长进课堂之后的表现:隋博爸爸来进行家长参教活动,给大家展示"水瓶里的龙卷风",爸爸在操作器材时,隋博专注地看着,一直坐在椅子上,并没有随意溜达的情况。爸爸及时地表扬了宝贝在活动中的表现,这让隋博更加地想表现出自己的规则意识,从而得到爸爸、老师的认可。

行为分析:对孩子来说,敢于表现是一种珍贵的品质。而自己最亲的人来到幼儿园,像老师一样组织活动,并展示有趣的东西给别的小朋友看,会对孩子形成新的刺激,使其兴奋。由于孩子大脑神经系统的抑制功能尚不完善,一旦兴奋就难以控制。因此幼儿的表现欲就会非常强烈,会表现出异常行为。这种表现大多与日常表现不同,如徐一心在状态不好的情况下能够长时间集中注意力,隋博在兴趣极高的情况下依旧遵守上课的秩序,静坐在椅子上,他们都与日常的表现不同。

通过以上的案例分析,我们了解到"家长进课堂"的活动不论对于幼儿、家长还是老师来说,都获益颇多。我们会继续开展此项活动,让更多的家长参与活动,家园共同携手,为幼儿共创美好明天。

七、讨论与思考

在课题实施阶段采取的主要研究方法,融教育理论与教育实践为一体,体现一个循环往复、螺旋上升的研究过程,遵照"计划—行动—反馈—调整—再行动"的研究步骤和要求,提高研究的实效。

（一）家长参教对育儿经验的促进

在幼儿教育过程中，强调建立平等合作的伙伴关系，强调以幼儿发展为中心进行经常性的双向沟通。幼儿园视家长为促进孩子学习的积极合作者。"参教"要求家长的专业知识具有广度、深度，要求家长多才多艺，这潜移默化地影响了教师，使广大教师不断进行知识更新。活动使家长对幼儿园教育、教学工作有了较深的了解，而且对幼儿教育的正确理念和方法也有了更好的把握。

（二）调查问卷的使用

第一次向家长发放调查问卷，使我们对幼儿的发展情况有了初步的了解，为方案的实施提供了依据。家园合作的满意度高，教育观基本达成一致。

第二次向家长发放调查问卷，围绕参教活动、家长的反馈、幼儿和家长的收获三个维度展开。幼儿在家长参教中的整体收获还需再次细致地追踪整理，进一步深入挖掘。

家长参教现状分析与实施途径

东北师范大学附属实验学校

张 啸

摘 要：伟大的教育家陈鹤琴先生曾经说："幼儿教育是一件很复杂的事情，不是家庭一方面可以单独胜任的，也不是幼稚园一方面能单独胜任的，必定要两方面共同合作方能得到充分的功效。"一直以来，幼儿园为了加强"家园合作"，促进家园和谐沟通，尝试了很多的"家园沟通方式"，如"家长开放日"活动，"亲子活动""讲座活动""家长会"等，为了让家长更进一步了解幼儿在班级的各项活动，我们又开展了"家长进课堂"的活动，让家长进入孩子的课堂，组织孩子开展各项活动。

关键词：家园共育；家长参教；家长助教；合作

一、家长参教现状分析与实施途径

家园共育：家庭的早期教育是其他教育不能替代的，家庭教育的贡献在一定程度上是大于幼教机构的，它对幼儿的发展，特别是幼儿在个性方面的发展，有着不可取代的作用，所以要对学前教育的质量进行不断的提高。幼儿园及家庭这两者必须同步，进而形成教育的合力，只有这样才能促进幼儿的发展。

（一）家园共育的现状

1. 家长的基本情况（学历、工作）

班级幼儿人数为28人，分发28份调查问卷，并全部收回。通过调查显示，研究生和本科毕业的家长占70%，博士与硕士的各占5%，大专毕业的占10%，中专毕业的占5%，其他的占5%。家长的学历普遍偏高。本班级的家长，大部分都是从事教育工作的，只有20%左右的家长是从事个体事业的。

2. 家长对家园共育的观念认识不够

有些家长对于幼儿园组织的开放日活动不以为然，有些家长来到幼儿园只是想看看老师对活动的组织，或者看看老师对孩子是否照顾，用各种挑剔的目光审视，根本不注重组织活动本身的意义。

3. 家长对家园共育的实效性不强

家长由于工作繁重，对于幼儿园布置的亲子作业总是显得心有余而力不足，比如家长参教活动，我们有参教和助教两种，对于某些家长来说更愿意选择助教，因为无须准备任何事情，但也不能否定他们，可能这些家长不知道怎么带领幼儿做活动，也可能不知道该怎么准备，更有可能是他们害怕。但是对于幼儿来说，他们更愿意让爸爸妈妈给其他小朋友做一次精彩的活动，这样他们会很自豪，可以在其他小朋友面前洋洋得意地说：这是我的妈妈或者爸爸。

（二）调查结果与分析

1. 家园最有效的沟通途径

（1）网络沟通。家园最有效的沟通途径就是电话交流、家长会、亲子活动、QQ群和微信平台。的确，在这个信息时代，电子信息已经成为我们生活中不可或缺的一部分，比如，"微信平台"：第一，幼儿教师可以通过语音的形式与家长进行沟通，这样可以节省教师的时间；第二，教师可以通过微信朋友圈发布幼儿园的通知、幼儿的日常表现和心情；第三，在微信群里，家长们也可对教师进行私聊，有助于家长与教师更快地了解幼儿的表现，促进家园的有效合作。

（2）专家讲座与家长开放日活动。现代的家长不同于很多年以前的家长，以前的家长将孩子送到学校只需对老师说："老师，孩子交给你了，随便打，随便踢。"但是现在的家长们懂得很多的教育理念，这不仅体现在与老师沟通时，在家长参教时也展现得一览无余。所以，幼儿园在每年开学初都会请来学前教育专家，通过专家的讲座让家长明白，将在书中看到的理念运用到自己的孩子身上其实是没有用的，因为每个孩子的成长过程是不一样的。在教育专家举例证明的情况下，家长们更易懂，更能运用于生活。所以专家讲座也是此次调查中比较受青睐的。

家长开放日，是幼儿园定期邀请家长来园参与幼儿活动及教师保育工作的家园沟通形式。很多家园沟通障碍来源于家长对幼教工作缺乏了解，即使有所了解，也因缺乏细致观察和深入体验而难以改变已有观念，当教师没有满足个别幼儿的需求时，有的家长就会对教师产生一些意见。参加开放日活动，家长就有机会设身处地地感受到不是教师不愿意满足个别幼儿的需求，而是集体环境决定了幼儿应增强适应能力。

2．家长参与幼儿园活动的次数及态度

（1）家长参与幼儿园的活动次数。每位家长都想参与幼儿园活动，一来是想看看教师组织一日活动，二来是想看看自己家孩子在园的表现。所以通过调查显示，每位家长来园参与活动最多4—5次，最少1—2次，参与度还是很高的。

（2）家长参与幼儿园活动的态度。每位家长对来到幼儿园参与活动都很重视，所以在活动准备的过程中都是极度紧张的，在活动的过程中都是开心快乐的，在结束活动时都是放松的。但是尽管在这么"折磨"的过程中，家长们的态度仍是积极的。有的家长会对我们说"老师你们太不容易了"或者"我这个心，终于落底了"。

二、家长参教的实施途径

《幼儿园教育指导纲要（试行）》明确指出，家庭是幼儿园重要的合作伙伴。应本着尊重、平等、合作的原则，争取家长的理解、支持和主动参与，并积极支持、帮助家长提高教育能力。

家园合作是必不可少的，也是密不可分的，家园合作不仅有利于幼儿园的发展，也有利于幼儿身心的全面发展，更利于教师与家长间的相互学习和良好关系的建立，为幼教工作提供了进一步的发展，为我国《幼儿园教育指导纲要（试行）》《3—6岁儿童学习与发展指南》的实施提供了有力的保障。以《幼儿园教育指导纲要（试行）》和《3—6岁儿童学习与发展指南》为抓手，以家长参教作为切入点，更加完善而有实效地做好家园共育工作。

我们认为，家长是基本的教育者，孩子的成长是家长和教师共同的责任。家长将孩子送到幼儿园，不是其教育责任的移交，而是在教育孩子方面增加了专业的合作者。而作为教师，不是要家长做些什么，而是希望家长与自己合作做些什么，要让家长看到家长的努力与教师的努力的关系，看到家长的努力与幼儿成长的关系。

我们在研究中逐渐认识到了家长资源对幼儿发展影响的深刻性、家长参教的重要性和必要性。我们不是要把家长变成幼儿园的帮工、材料提供商，而是希望在孩子成长的关键时期，让家长正确地参与其中。家园合作能够真正开展，并取得一定的成效就必须在原有的家园合作的形式上取得突破。原来的家长参与的家园合作多是家长和幼儿园的交流、家访、校园开放等活动，但是这些活动日益显示出其局限性。为了家园合作深入有效地开展，我们在家园合作的形式上做出了深入的探索，把家长请进来，使其走近幼儿，走近幼儿教育，并参与幼儿的教育。

（一）结合实际情况，突出本土化优势

1. 坐拥大学城，家长职业教师居多

调查问卷显示，从事教师职业的家长所占比例大。

家长职业是教师的统计：一班62%、二班48%、三班43%。

2. 家长普遍学历高，素质高

学历	博士	研究生	本科	大专	中专
比例	14%	23%	42%	8%	5%

家长的知识与专业背景，对幼儿园来说是一笔丰富的教育资源。

（二）确定家长参与的内容和形式

1. "家长参教"

家长参教，顾名思义，就是请各位家长走进幼儿园，参与幼儿教育工作。

每一位幼儿家长都来自不同的行业，从事着不同的职业，其中还不乏行业的精英，他们有着丰富的人生阅历、广泛的兴趣爱好。这为课程内容提供了多元化的视角，是每一位幼儿身边最宝贵的资源。为了让孩子们近距离地接触生活、亲近生活、感受生活，获得更多的课外知识，拓宽视野，在学习中理解生

活的真谛,养成良好的品德,本园邀请每一位幼儿家长走进我们的课堂。

2."家长参教"活动内容

家长参教的活动内容既可以是与幼儿园课程有关的,也可以是课程外的内容,如关注生态环境、体验生命成长、提高生存技能、发明创造、倡导文明礼仪、身体的秘密、科学活动、名画赏析、劳动教育、责任感教育、理想教育、诚信教育、孝顺教育、生命安全教育、诗歌朗诵,或是结合自身职业特点、兴趣爱好等的内容。

3."家长参教"的形式

(1)日常教育与家庭教育的互动参教,如亲子学习单元、亲子体验时间等,可促使家长了解幼儿教育的方式方法,促进亲子的亲密感,使家长持续地参与幼儿园教育。

(2)家长助教日活动中,家长不但了解了幼儿的一日生活,观察了平日里幼儿的教育教学,又深入了解了老师的工作,和老师一起制作体育器械,体会教师的辛苦。家长助教的表格填写,也为我们及时反馈了宝贵的信息。

(三)家长参教的具体措施

1. 家长进课堂

充分调动家长的积极性使其发挥个人优长。高素质的、不同性别的家长助教提升了幼儿园的教学实力,丰富了幼儿的在园生活。现在的家长素质高,育儿理念新,深知家园共育的重要性,所以我们的进课堂活动得到了家长们的支持。本学期3、4月份主要以家长的专长作为自选参教。主要与主题相衔接,与课程相联系,围绕幼儿园的课程展开进课堂活动。我们在了解家长的职业、爱好和特长的基础上,积极请家长为不同的课程服务。

比如,结合"车子叭叭叭"主题,进行了家长进课堂活动:漪漪爸爸在汽车厂工作,讲解了汽车构造;音乐专业培训教师张家一妈妈为班级带来了奥尔夫音乐《汽车滴滴》。又如,结合传统节日的主题,刘子晴妈妈结合端午节上了一节生动有趣的"快乐端午节"。结合植物生长,邀请大学专业教授豆骁鹏妈妈讲解种子的秘密。邀请小学美术教师赵建勋妈妈上了一节"立体水果树"绘画课，等等。丰富多彩的家长参教，弥补了教师专业的不足，也使得家长从另一个视角为幼儿呈现不一样的课堂。

2. 家长义工

利用家长资源进行家园合作，创设美好班级环境，服务班级工作，丰富主题课程教学资源。也可以根据幼儿园和班级的需要，家长给予帮助和支持，挑选自己的空闲时间为班级当义工。

3. 家长志愿者

幼儿园或班内组织各种活动时，可招募家长为志愿者，使其成为班级的后备力量，参与整个活动。

家园共育现状调查问卷（一）

尊敬的各位家长：

您好！

幼儿教育必须家庭教育、幼儿园教育并举，实施家园教育同步化。为了使家园沟通更具实效性，方便我们有目的地开展研究，让沟通真正成为家园合作的桥梁，我们需要了解您对目前本组家园沟通的形式和方法的评价。真诚地希望各位家长认真填写，您的答卷对我们非常重要，回答没有好坏之分，只需按照实际情况作答。完成这份问卷可能要耽误您的宝贵时间，对于您的认真配合，我们万分感谢！

请您在选项的括号内打√，可多选。

一、家长的基本情况

1. 父亲职业：＿＿＿＿＿＿＿。

   学历：博士（ ）研究生（ ）本科（ ）
   　　　大专（ ）中专（ ）初中以下（ ）

2. 母亲职业：＿＿＿＿＿＿＿。

   学历：博士（ ）研究生（ ）本科（ ）
   　　　大专（ ）中专（ ）初中以下（ ）

3. 主要由谁接送孩子？

   爸爸（ ）妈妈（ ）爷爷（ ）
   奶奶（ ）姥姥（ ）姥爷（ ）其他（ ）

4. 平时共处的家庭成员有谁？

   爸爸（ ）妈妈（ ）爷爷（ ）

奶奶（　） 姥姥（　） 姥爷（　） 其他（　）

二、家园共育情况（请把选项填在括号里，可多选）

1. 在家庭和幼儿园教育孩子的问题上，您持怎样的看法？（　　）

A. 幼儿园是专业的教育机构，承担主要教育责任
B. 家庭是幼儿的第一课堂，对幼儿的教育影响最大
C. 家庭教育与幼儿园教育在幼儿成长中相辅相成

2. 您觉得您和教师之间是一种什么样的关系？（　　）

A. 幼教专家与普通家长的关系　　B. 服务与被服务的关系
C. 教育孩子的合作伙伴关系　　　D. 说不清楚

3. 您如何看待幼儿园与家庭在教育孩子方面的关系？（　　）

A. 教师受过专业培训，育儿经验丰富，需要指导家长的教育理念
B. 每个家庭有各自不同的教育理念，幼儿园需要配合家庭的教育方式
C. 幼儿的成长是家庭和幼儿园共同作用的结果，两者需要密切合作
D. 教师主要负责幼儿在园期间的教育，而家长主要负责家庭中的教育

4. 您认为以下的家园共育途径，哪些方式最有效？（　　）

A. 家长会　　　B. 家园联系册　　C. 家长半日开放活动
D. 电话交流　　E. 接送时交流　　F. 家访
G. 幼儿园网站　H. 家长园地　　　I. 手机短信或家校通
J. 电子邮箱　　K. 园长信箱　　　L. 亲子活动
M. QQ群或微信平台　　　　　　　N. 家长经验交流会、家长沙龙
O. 家庭教育讲座或家长学校　　　P. 家长志愿者或家长助教
Q. 其他（请写出：_____）

5. 您每学期专程到幼儿园参加活动的频率是多少？（　　）

A. 每学期1—3次　　B. 每学期4—6次
C. 每学期7—9次　　D. 从来没参加过

6. 您对参与幼儿园活动的态度是?（　　）

A. 非常乐意参与，每次都有收获

B. 有时间的话就会参与

C. 不参与也问题不大，孩子发展都很好

7. 您参与幼儿园活动时，频率最高的三种方式是哪些?（　　）

A. 来园参与亲子活动　　B. 来园旁听、观看活动

C. 为幼儿园提供物品　　D. 担任家长志愿者或家长助教参与活动

E. 进课堂当教师　　　　F. 家长委员会

G. 其他（请写出：_____）

8. 老师会经常和您进行沟通吗?（　　）

A. 经常　　B. 有时　　C. 偶尔　　D. 从不

9. 老师一般在什么情况下与您沟通?（　　）

A. 了解幼儿在家的情况时

B. 当幼儿取得进步时

C. 当幼儿出现问题时（如身体健康、行为习惯等问题）

D. 需要家长配合教育教学活动时

E. 希望与您的教育理念达成共识时

F. 其他（请写出：_____）

10. 您觉得阻碍您和老师沟通的主要问题是什么?（　　）

A. 自己工作太忙，没时间和老师沟通

B. 总觉得老师工作太忙，不好意思打扰他们

C. 和老师的教育理念难以达成共识

D. 觉得和老师沟通有压力

E. 不沟通也没什么影响

F. 其他（请写出：_____）

11. 您认为和老师进行沟通的最大收获是什么？（   ）

A. 老师的指导帮助自己解决了在教育孩子过程中的问题

B. 与老师建立了良好的关系

C. 与老师的教育理念逐渐达成共识，提高了孩子教育的有效性

D. 了解了孩子在园期间的表现，对自己的孩子有更多的认识

E. 其他（请写出：_____）

三、家长教育理念

1. 您是否了解教育部颁布的《3—6岁儿童学习与发展指南》的内容？（   ）

A. 是   B. 否   C. 听说过，但不了解

2. 您对《3—6岁儿童学习发展指南》有何看法？（   ）

A. 非常好，让我们家长明确了教育孩子的正确方向和目标，不再揠苗助长

B. 要求的内容比较简单，面对社会竞争压力，担心孩子输在起跑线上

C. 对《3—6岁儿童学习与发展指南》的内容还不太了解，不能提出看法

3. 您认为让孩子在幼儿园学习拼音、识字、算数、英语这些内容是否有必要？（   ）

A. 很有必要，不然以后会跟不上

B. 学一学也无妨，但不会对孩子有硬性的要求

C. 这些都不是幼儿园阶段该让孩子掌握的内容，建议取消

D. 幼儿园开设就学，没有也无所谓

4. 您认为让孩子回家后还需完成书面的家庭作业是否有必要？（   ）

A. 有必要，巩固所学知识

B. 没有必要，幼儿园阶段的孩子不应该有书面的家庭作业

C. 大班幼儿比较有必要，能够提前适应小学的状态

D. 无所谓，布置就完成，没有也可以

5. 您认为孩子在学习过程中是一种什么状态？（　　　）

　　A. 孩子什么都不会，就像白纸，需要老师和家长不断地教导才行

　　B. 孩子天生具有学习能力，是积极主动的学习者

6. 您如何看待游戏与孩子学习的关系？（　　　）

　　A. 光玩游戏学不了什么东西，还是需要正规的教学

　　B. 游戏是孩子的天性，孩子能在游戏中探索、发现和认识世界

7. 周末您经常会和孩子做什么？（　　　）

　　A. 待在家里或是去祖父母家里

　　B. 去培训机构上一些辅导班、才艺班

　　C. 带孩子走进大自然（如农村、公园、山川、湖泊等）

　　D. 去游乐场或是儿童剧院、电影院之类的地方

　　E. 去亲戚朋友家里玩

8. 您期望在家长会上得到解决的问题是什么？或者需要了解哪些方面的情况？

9. 您对家园共育有什么好的建议或意见？请列出。

10. 您有什么特长？（包括幼儿的亲属）如果您进课堂，您能够带给孩子哪方面的知识？或您想展示哪方面的专业技能？

家园共育现状调查问卷（二）

幼儿姓名		观察时间		观察地点		
主题名称		活动名称		主题领域		
活动兴趣	○活动中主动回答问题两次以上 ○在教师提示下能回答问题和参与游戏 ○不愿意回答问题和参与游戏					
合作交流	○活动中主动回答问题两次以上 ○在教师提示下能回答问题和参与游戏 ○不愿意回答问题和参与游戏					
表现能力	○能积极表现或表现活动的主要内容 ○能表现出自己最感兴趣的内容 ○不表现					
自律能力	○活动中能控制自己的言行 ○在教师提示下能控制自己 ○不能控制自己的言行					
创新意识	○能举一反三，积极进行创新，并有新作品 ○能在教师提示下进行创编 ○不能创新，没创新举动					
专注度	○注意力集中10—20分钟 ○注意力集中5—10分钟 ○注意力很难集中，不关注活动					
观察记录与反思评价						

幼儿园团体活动观察表

幼儿姓名		观察时间		观察地点	
主题名称		活动名称		主题领域	
活动兴趣	○活动中主动回答问题两次以上 ○在教师提示下能回答问题和参与游戏 ○不愿意回答问题和参与游戏					
合作交流	○能愉快地主动和同伴合作 ○能和同伴合作3—5分钟 ○不和同伴交流合作					
表现能力	○能积极表现或表现活动的主要内容 ○能表现出自己最感兴趣的内容 ○不表现					
自律能力	○活动中能控制自己的言行 ○在教师提示下能控制自己 ○不能控制自己的言行					
创新意识	○能举一反三,积极进行创新,并有新作品 ○能在教师提示下进行创编 ○不能创新,没创新举动					
专注度	○注意力集中10—20分钟 ○注意力集中5—10分钟 ○注意力很难集中,不关注活动					
观察记录与反思评价						

家长参教记录表

活动日期：2016年3月30日	班级：豆豆一班		记录人：张啸	
活动内容	推推乐蛋糕杯： 通过制作推推乐蛋糕杯，让幼儿体会亲手制作蛋糕的乐趣 发展幼儿的动手能力，并简单了解制作蛋糕所用的材料及蛋糕的制作流程 让幼儿更加热爱生活，更加喜欢通过操作材料获得乐趣			
准备物品	蛋糕胚、新鲜水果、进口淡奶油、推推乐蛋糕杯、打蛋器、一次性手套及一次性桌布			
需要配合	需要一个可以插电的电源			
参教人	家长姓名	子琪	幼儿姓名	漫溪	与幼儿关系	母女
	联系电话	略	职业	略	工作单位	略

活动过程：
1. 提前将打蛋器通电，将淡奶油打发备用
2. 将蛋糕胚和新鲜水果摆在小桌子上，开始教幼儿制作蛋糕杯
3. 每个幼儿分发空的推推乐蛋糕杯，指导幼儿开始动手制作
4. 制作好蛋糕杯以后，可以开心品尝自己的劳动果实

导语：
亲爱的小朋友们，相信很多小朋友都喜欢吃蛋糕，但是小朋友们知道蛋糕是怎么制作出来的吗？
提问的同时，鼓励小朋友们参与回答

结束语：
甜蜜的蛋糕制作课程即将结束了，相信聪明的小朋友们都学会了怎样制作推推乐蛋糕杯。阿姨希望有机会小朋友们可以与爸爸妈妈一起在家里制作安全放心的蛋糕，但是甜品吃多了是会长蛀牙的，所以小朋友们不要太贪吃噢。最后祝小朋友们永远健康、快乐地成长！阿姨爱你们！

幼儿的反响：

　　幼儿在课堂上表现得非常积极，反响也很热烈，每个小朋友都认真积极地参与制作，从了解蛋糕的材料到动手制作，整个教学过程非常融洽和谐。最后每个小朋友都带着自己的劳动成果回家了，有的说要跟妈妈分享，有的说要带回去给爸爸品尝，看得出小朋友们非常有成就感，也品尝到分享的快乐。

活动感悟：

　　这是第一次走进小朋友的课堂，没进课堂之前，挺有压力的，因为是第一次面对小孩子，不知道是否能跟他们沟通好，也担心交流上有问题。但事实证明，这些担忧都是多余的，小朋友们的语言感悟能力特别强，接受事物的能力也非常快，我想这跟平时三位老师的悉心教导是完全分不开的。这堂推推乐蛋糕的制作课是经过深思熟虑后定下来的，觉得这个更贴近小朋友的日常生活，也更能调动小朋友参与的积极性。事实证明这个课程选对了，小朋友们全程积极参与的小模样和认真制作的过程，以及他们制作好蛋糕以后要跟爸爸妈妈分享的那份喜悦，让我从心里感觉到孩子的世界真美好。

　　为了能把这堂课上好，在进课堂之前我做了非常充分的准备，从材料到制作流程，一遍遍过筛，直到自己认为没有纰漏了，才敢站到讲台上。毫不夸张地说，为了这次参教，我还特意给自己买了一身新衣服，因为我不但要尊重小朋友们的审美，同时作为漫溪的妈妈第一次正式出现在她的同学面前，我更要给漫溪做一个好榜样。

　　漫溪昨天放学回来的路上，在车里就抑制不住兴奋，一个劲儿地对我说："妈妈，我今天特别特别开心，你能来教我和小朋友做蛋糕真的是太好了。谢谢你，妈妈！"在漫溪用稚嫩的声音表述出她真挚的情感的那一刻，我的心都融化了。我真的没想过，自己一点点的努力就可以带给孩子这么大的触动和这么强烈的感动！真后悔去年家长进课堂我没参与，没能早点意识到家长参与她们的世界会带给她们怎样的快乐！

　　课程结束后我特别感慨，孩子真的就是一张白纸，我们大人在上面写什么就是什么。她们那幼小的心灵、纯真的眼睛，无不充满着对知识的渴望。平时我们都希望老师给小朋友一个良好的教育，其实最好的教育是家长的言传身教。通过这堂课，我不但体会到幼儿教师的责任有多重，更加提高了对自己的要求。

　　短暂的参教结束了，我的回味却久久不能散去。今天我真正地体会到了在孩子当中，和孩子一起成长的快乐，这样的体验实在是太幸福了！最后感谢学校及老师和小朋友们的信任！以后，只要老师和小朋友需要，我将随时做好准备，再次投入其中、义无反顾！

家长进课堂

活动名称：奇妙的绘画		班级：豆豆一班		记录人：张啸	
活动目标	通过颜色、笔法、画法的结合运用让孩子发现不同的绘画艺术			活动日期：2016年4月6日	
准备物品	水彩颜料、蜡笔、水彩笔、调色盘、盐、水、粉纸				
需要配合	请准备调色盘、涮笔筒				
参教人	家长姓名	子琪	幼儿姓名	漫溪	与幼儿关系	母女
	联系电话	略	职业	略	工作单位	略

活动过程：
导语：
　　小朋友们下午好，你们喜欢画画吗？你们喜欢画什么？（请幼儿讲述自己最喜欢画的事物，最喜欢的颜色，锻炼孩子的表达能力）
一、认识颜色
　　三原色是红黄蓝，让孩子从生活中寻找这三种颜色，并且说出自己认识的其他颜色，培养孩子的观察能力
二、水彩画
　　水彩画是非常美丽却又非常多变的一种绘画方法，时而浓墨重彩，时而宁静致远。带着孩子一起欣赏水彩画作品，让孩子发现水彩画的魅力，提高欣赏能力
三、各种笔法和画法的融合（蜡笔结构、水彩打底、撒盐画法、吹画法）
　　和孩子们一起画画，让孩子选择自己喜欢的颜色、喜欢的绘画方式方法来作画，让孩子发挥想象力，在创作中发现绘画的乐趣
结束语：
　　小朋友们，今天的艺术课结束啦，你们开心吗？回到家之后可以和爸爸妈妈一起画画，把你们喜欢的、想说的都画出来，今天阿姨和你们一起画画也很开心，谢谢你们，我们下次再见啦！

幼儿的反响：
　　孩子们对颜色的认识非常丰富，非常喜欢尝试三原色之间的色彩变化。在学习了各种画法融合后能非常好地接受并发挥自己的想象力去作画，孩子们非常喜欢新鲜的融合画法，还有撒盐画法带来的不一样的视觉感受，每个孩子都开心地画，有的小朋友画送给妈妈的花，有的小朋友画火箭发射，还有的小朋友画自己的家。因为孩子们快乐，我也度过了一个美妙的下午

活动感悟：
　　通过这堂艺术课，让我发现了孩子们对颜色的观察比大人更敏锐，艺术会让孩子更快乐，和孩子们一起发现艺术的奇妙会让孩子和我们更亲近，让孩子感受艺术，进而享受艺术带来的快乐，多多接触艺术，可以培养孩子的审美能力，锻炼孩子的发现能力及创造能力。我认为艺术不是工具，艺术是沃土，在这块沃土上成长的孩子一定是快乐的、开朗的，希望所有小朋友都快乐健康地成长。同时作为妈妈也希望所有的家长能够多抽出时间来陪伴孩子，让孩子快乐地成长！

幼小衔接的策略与实践研究

长春市九台区苇子沟中心小学

袁 颖

《幼小衔接的策略与实践的研究》结题报告

长春市九台区苇子沟中心小学

袁 颖

一、问题提出

（一）国内外研究背景及现状

我国关于幼小衔接的研究已进入发展时代，也有了一定的研究成果。比如，在幼小衔接课程研究方面，研究者们从不同的角度进行了探究，从研究的维度来看，主要有教育方式、培养目标、学习品质等。在幼小衔接的策略研究方面，陈静凡认为，要尊重幼儿时期的学习特点，注重引导，培养孩子的学习兴趣，重视情商发展，注重能力衔接，把个性化和社会化紧密结合，为孩子进入小学后的社会适应性做准备；在小学与幼儿园的衔接上，苏伟认为幼儿园大班在管理上应该实行幼小一体化，幼儿园老师应该定期参加小学一年级的听课评课教研活动，有意识地对大班幼儿进行听说读写能力的培养；在家庭方面也有很多研究，如徐海棠认为小学是做好幼小衔接的重要因素，小学要全面深入了解幼儿园，了解幼儿在家的表现、父母的态度、家教环境，指导家长为幼儿进入小学做好必要的准备。

（二）课题研究依据

新《幼儿教育指导纲要（试行）》在总则中明确指出，幼儿园与家庭、社会密切合作，与小学相互衔接，综合利用各种教学资源，共同为幼儿的发展创造良好的条件。

《幼儿园工作条例》指出，搞好幼儿园和小学的衔接工作，为进入小学做好准备，是幼儿园的重要任务，是衡量幼儿园教育质量的重要标志之一。

《3—6岁儿童学习与发展指南》指出，以为幼儿后继学习和终身发展奠定良好素质基础为目标，促进幼儿体、智、德、美各方面的协调发展，建立对幼儿发展的合理期望，严禁"揠苗助长"式的超前教育和强化训练，避免"小学化倾向"。

（三）研究意义及价值

1. 促进幼儿社会适应性的培养

合理综合组织小学与幼儿园各方面的教育内容，充分发挥各种教育手段的交互作用，提供活动和表现能力的机会和条件，满足幼儿的好奇心和求知欲，使其展示自我价值。根据小学一年级在整个教育历程中的特殊地位，在开展丰富活动的同时营造幼小衔接的氛围。

2. 促成幼儿良好行为习惯的养成与学习适应的衔接

幼小衔接是针对以往新生入学所反映的种种弊端而进行的，是以往教学经验的总结。针对过去的一些弊端，我们应立足学生的养成教育，以培养学生学习兴趣与创新能力为目标，使幼儿养成珍惜时间和乐于学习的好习惯，用小学生的行为规范自己，逐步养成自律的能力。

3. 充分做好入学前应有的良好心理准备

通过有目的、有计划的家庭、社区密切合作，做好与小学相互衔接。综合利用各种教育资源，共同为幼儿的发展创造良好的条件，促进幼儿在入学前具有良好的心理准备，养成良好的学习习惯和掌握使用工具的能力，减缓两学段的坡度，培养探索能力，使幼儿园教育与小学教育形成一个不间断的整体，促进幼儿和谐发展，这也是研究幼小衔接的意义所在。

二、概念界定

幼小衔接是幼儿教育与小学教育的衔接，处于幼儿园与小学阶段的学童具有不同的身心发展特征。幼小衔接的顺利过渡能使儿童的学校教育有一个良好的开端，将会提高儿童未来的学习成绩和智力，是每一个儿童连续性发展的基本要求，从终身教育的角度看，甚至对儿童的一生都有重要影响。

三、研究目标及研究内容

（一）课题研究的目标

（1）培养幼儿学、思、做、写的学习习惯，促进幼儿良好学习习惯的养成。

（2）探索幼小衔接教育的有效组织与实施，形成愉快的教育模式。

（3）探索幼小衔接中家、园、校三位一体进行配合教育的策略。

（二）课题研究的内容

（1）幼小衔接中，幼儿学、思、做、写的学习习惯途径的研究。

（2）幼小衔接中，愉快的教育模式的实践研究。

（3）幼小衔接中，家、园、校三位一体教育方式的策略研究。

四、研究方法

文献法：通过对《幼儿园教育指导纲要（试行）》《幼儿园工作规程》《3—6岁儿童学习与发展指南》等研究，进行整理和分析，明确该研究的目标和大致内容。

行动研究法：通过实践，践行幼小衔接研究中的观察发现和反思想法，从而为理论提供依据，最终反哺行动。

观察法：潜心观察、记录幼儿园教育和小学教育在教育性教学方法、生活制度方面的不同，详细了解具体方法。分析目前幼小衔接的现状，查找问题产生的原因，找出最有效的衔接途径，总结可行的纠正方法。

问卷调查法：通过问卷调查以及访谈，全面了解小学教育阶段和幼儿园教育阶段的差异，并对存在的问题以及造成的危害做细致全面的记录。通过对家长、教师发放相关问卷，并对其进行深入的总结和分析，全面了解家园方面在幼小衔接中的观念以及现状做法，并对其采取相应的措施。

五、研究步骤及措施

（一）研究步骤

1. 准备阶段（2016年5月—12月，申报、审批、立项）

（1）根据实际情况成立研究组。
（2）研究组根据情况选定子课题，并填写课题申报表。
（3）各研究小组根据研究课题和自身情况选定研究方法，提交初步研究方案。
（4）初步研究方案通过后，按照研究组的要求，各研究小组撰写开题报告。

2. 实施阶段（2017年1月—2018年6月，研究、实施）

按照课题负责人的阶段性安排展开课题研究，搜集研究过程中的数据、资料，积极探索课题研究中遇到的问题及其解决途径和方法，寻求有效的解决策略，总结研究的经验、成果。及时、有针对性地组织学习，对存在的问题进行研讨，给教师以人文关怀，尊重并保护教师课题研究的积极性和创造性，增强教师的研究信心。

3. 总结阶段（2018年7月—2018年12月，结题阶段）

根据前期所收集的资料与数据，进行认真的比对与研究，提炼各个阶段具有代表性的研究成果，找到具有重要价值与意义的措施、方法、经验，并形成书面研究材料。同时，将研究的成功策略和经验与其他研究小组进行横向交流探索与实践，进一步在实践中检验研究的效果，然后提升总结理论，撰写出课题研究的阶段性成果。认真总结研究成果并进行整理，编辑课题研究成果集，规范档案，写出课题结题报告。

（二）研究措施

1. 身体方面的准备

（1）通过阳光体育活动、疾病预防增强幼儿体质，使他们能够身心健康地迈入小学。
（2）为了让幼儿能够较快地从幼儿园过渡到小学生活，我们将适当采取延长幼儿学习时间、减少游戏时间等方法。

(3) 在日常活动中培养幼儿正确的读书、写字、握笔姿势，同时让幼儿懂得保护好自己的眼睛及各种感觉器官。

(4) 注重安全方面的教育，让幼儿懂得并遵守交通规则，学会看红、绿灯，走人行道；有困难找警察，记住各种急救电话；知道不能玩水、玩火、玩电。

2. 独立生活能力的准备

(1) 通过谈话、故事、社会实践培养幼儿的独立意识，增强独立解决问题的能力。让幼儿感知到，"我"即将成为一名小学生了，生活、学习不能完全依靠父母和老师，要学会自己的事自己做，遇到问题和困难要自己想办法解决。

(2) 培养幼儿的时间观念，在学习生活中要学会自我观察、自我体验、自我监督、自我批评、自我评价和自我控制等，让他们懂得什么时候应该做什么事并一定做好；什么时候不该做什么事并控制自己的愿望和行为。

3. 学习方面的准备

(1) 培养孩子学习方面的动手操作能力。本学期，结合主题模仿学校，让幼儿学习有关的常规知识：学习整理自己的书包、铅笔盒，爱护并看管好自己的物品，学会使用铅笔、橡皮、尺子和其他学习工具。

(2) 培养孩子良好的学习习惯。首先，请家长配合幼儿园，让幼儿养成遵守作息时间的习惯，例如不迟到早退、不随便请假等；其次，在教学活动中让幼儿养成爱想、爱问和认真回答问题、注意倾听的习惯；再次，培养幼儿正确地握笔写字、看书、读书的习惯；最后，通过适当地布置作业培养幼儿的任务意识，在游戏、活动中加强幼儿规则意识的培养。

(3) 知识经验的积累。首先，课前阅读的渗透。为幼儿创设一个良好的阅读、书写环境。例如，将活动室的物品都注上汉字，以图文结合的方式布置活动室，以语言区为重点精心设计制作有关读写方面的材料供幼儿操作，同时在各区域中进行渗透，让幼儿初步了解汉语拼音，坚持开展餐前的认读识字活动等。其次，数学方面的渗透。通过每次的数学活动、数学区工作对幼儿进行分类、统计、简单运算的培养，提高幼儿的逻辑思维能力。在日常活动中引导幼儿学习运用数学经验解决问题，提高幼儿独立思考问题的能力。

4. 心理方面的准备

带幼儿到小学参观，让幼儿了解小学的课堂学习生活，课间十分钟，升旗仪式，参观食堂、宿舍等，并邀请一年级的老师来园为幼儿上课，让幼儿体验小学的学习生活。

5. 家长工作

开学初召开家长座谈会，为大班家长举办有关幼小衔接的专题讲座，发放幼小衔接家教材料，使家长正确了解幼小衔接的意义和重点，掌握入学前的习惯培养、能力培养的具体方法与途径，了解除了学习能力等入学准备以外还应重视幼儿心理、生理上的入学前准备工作，从而对幼小衔接工作有一个较为全面的了解。继续加强电话联系，取得家园教育的一致性。要求家长配合老师，让孩子养成良好的学习习惯、生活习惯，为进入小学打好基础。

六、研究的成果与成效

一直以来，我们注重课题研究工作的日常化。每次研讨我们都要达成几条共识，活动以后我们互相交流资料，努力把研讨时的认识变成行动，并让这些认识或想法接受实践的检验，在实践中进一步完善。

（一）教学效果

1. 加强了与小学之间的联系

开展"幼小衔接"课题研究以来，我园的教师与小学教师交流了教学的主要内容，帮助老师们更好地构建幼小知识体系，为小学低年龄段教学打开新局面提供保障。小学一年级教师听大班的课，幼儿园大班教师听小学一年级的课，在相互的交流中我们明确了幼儿园应以游戏娱乐为主，着重培养孩子的听说等口语能力、学习习惯和行为习惯，而一年级有明确的教学任务，课堂以知识的传授为主，以游戏为辅。无论是幼儿园教师还是小学教师，都认识到衔接工作做得如何直接影响儿童入学后的适应情况和今后的健康成长。

2. 获得了家长的支持

《家长如何做好幼小衔接准备工作》的专题讲座，让许多家长都深深地感受到幼小衔接的重要性，更体会到幼小衔接不仅依靠园方，还需要自己的密切配合。同时，家长们也提出了很多宝贵意见：围绕幼小衔接工作能否每月组织一次家长会,针对每月重点有效地开展家园共育;能否以更有趣的形式引导幼儿进行拼音的学习;可否每月组织一次幼儿到小学的活动,让幼儿提前熟悉环境;可否加大早期阅读教育,增大幼儿的识字量,为小学学习做准备,等等。

(二)时效性成果

(1)课题的研究,提高了教师对幼小衔接的深层意义的认识,使教师掌握了幼小衔接的有效策略,并能在日常的教学中有效地实施。

(2)改变教师的教学方式和学生的学习方式,激发学生的求知欲,形成良好的课堂学习氛围,促进幼儿素养的形成。

(3)不同层次的教师得到了不同的发展。经过两年多的课题研究,老师之间相互学习,师生之间教学相长,教师的教学意识有了改变,方法有了提升。本课题在转变教师的教学观念上取得了较明显的效果,在提升教师的教学策略上也取得了较大的进步。

(4)课题组成员有2人获得"区级骨干教师"荣誉称号,1人获得"省级骨干教师"荣誉称号,4人撰写的论文获奖。

七、讨论与思考

就现在幼儿园和小学的教学情况来看,幼小衔接难度很大,幼儿园教育和小学教育的差距太大,而二者差距大的主要原因是幼教理念和小学一年级教学任务的差距太大,而对于这两者,我们一线教师都很难突破,因此幼小衔接显得尤为重要、尤为紧迫。

我们现在的组织形式是,幼儿园的老师是幼小衔接课题组主要成员,负责与小学衔接。这样的组织形式更有利于发现问题,但是不利于解决问题。下一届的一年级的老师又得重新来过,如何组织课题成员更有效?如何改变在幼小衔接方面存在的片面性?在互相听课的活动中,我们不约而同地选择了语文(语言)和数学课,可见在形式上重视"智"的衔接,特别是数学、语文知识的衔接,忽视学习兴趣、学习能力、学习习惯的衔接和生活经验的积累。小学和幼儿教师的相互交流也多汲取对方在教学方法、课堂组织形式方面的优点,而在教育观念、师生关系等方面很少沟通。

转变幼儿家长"小学化"育儿观念的策略研究

长春市农安县三盛玉镇中心小学幼儿园

赵艳波

《转变幼儿家长"小学化"育儿观念的策略研究》结题报告

长春市农安县三盛玉镇中心小学幼儿园

赵艳波

一、问题提出

（一）国内外研究背景及现状

幼儿教育"小学化"可以说是"中国特色"，国外鲜少有这方面的研究。"小学化"是我在浏览国家教育部提出的第一个学前教育"三年行动计划"时关注到的，作为一名学前教育工作者、一名学前教育专业毕业的本科生，我希望能够在幼教领域对幼儿实施科学的教育教学活动。"小学化"教学现象遍及全国各地，网络中关于"小学化"教学的问题和危害比比皆是，有的孩子还没有上学就已经厌学，有的孩子因为过早地读书写字而弯腰驼背、近视、手指变形。但是，这些并没有引起家长的关注，家长依然希望幼儿园多教小学知识，哪家幼儿园教的小学知识多，就去哪家。这样的心理导致很多幼儿园拼命教授小学知识，公办幼儿园为了招生也毫无例外地开展"小学化"教学。"小学化"现象的产生，家长起了推波助澜的作用。经过长时间地关注、观察，我觉得幼儿园要想扭转"小学化"教育，转变家长"小学化"育儿观念尤为重要，因此，我提出了《转变幼儿家长"小学化"育儿观念的策略研究》这一课题。希望通过这一课题的研究，找到转变幼儿家长"小学化"育儿观念的有效策略。这一课题被吉林省教育学会批准立项为"十三五"科研规划课题。

（二）课题研究依据

本课题研究的主要依据是教育部颁布的《幼儿园教育指导纲要（试行）》《3—6岁儿童学习与发展指南》和《幼儿教师专业标准（试行）》。

（三）研究意义及价值

本课题着重于转变幼儿家长"小学化"育儿观念的研究。幼儿家长"小学化"育儿观念的转变，有助于幼儿园家园共育工作的开展；有助于幼儿教师科学实施教育教学活动；有助于促进幼儿体、智、德、美全面发展。卢梭在《爱弥儿》中明确主张儿童的身心教育观念应该是顺应社会自然的，以促进社会儿童的成长为教育本位。而"小学化"教学完全背离了幼儿的生理和心理的发展规律，对幼儿的生理和心理已经造成了许多隐性和显性的伤害。因此幼儿园和家长"小学化"育儿观念的转变，对于幼儿在幼儿期和小学期健康发展，对于幼儿园科学有序地开展科学规范的、符合幼儿身心发展规律的教育教学具有深远的影响和意义。

二、概念界定

幼儿教育"小学化"注重知识的传授而没有关注幼儿的生理及心理发展，直接向幼儿传授小学阶段才应该接受的具体教科书知识，它强调向幼儿"灌输"知识，忽视幼儿在游戏中的主动的、探索性的学习，忽视了语言能力、数理逻辑能力、初步的音乐欣赏能力、身体各部分的运动能力、人际交往能力、自我评价能力、空间想象能力、自然观察能力等多智能的全面开发。这种教育违背了幼儿身心发展的特点，带来了很大的负面影响。根据这些具体的表现，我们就可以判断一个幼儿园开展的教育教学活动是否"小学化"。

三、研究的目标及研究内容

（一）研究目标
（1）通过系列科学育儿活动，帮助家长树立正确的育儿观念。
（2）转变教师"小学化"教学方式，积极探索游戏化教育模式。

（二）研究内容
（1）转变幼儿家长"小学化"育儿观念的实践探究。
（2）探索集体活动"游戏化"有效方法的策略研究。

四、研究方法

研究的具体操作方法有：行动研究法、案例分析法和问卷调查法。

五、研究步骤

为了保证课题的顺利开展与实施，我采用循序渐进、分步实施的策略开展研究。整个研究分为三个阶段。

（一）第一阶段：研究准备阶段（2018年7月—2018年9月）

1. 组建研修小组，进行课题研究前的准备工作，包括问卷调查分析、制订研究方案

课题立项成功后，我组建了针对课题研究的研修小组。同时在研究开始之初，我做了家长需求问卷调查，了解家长的需求才能有的放矢地开展转变幼儿家长"小学化"育儿观念的策略研究工作。为此，我做了一份家长育儿需求调查问卷，问卷主要围绕家长年龄、是否留守儿童、家长文化层次、家长育儿需求及对提前学习小学知识的看法等几个方面，共发放问卷98份，收回有效问卷94份。在仔细整理问卷并统计后，我通过对每一个问题的分析，了解到幼儿家长的幼儿教育理念等科学育儿知识急待提高，幼儿教育"小学化"的主要原因在幼儿园，幼儿园的教育师资队伍是可以科学地实施教育教学活动的，但是为了招生，被动地迎合家长，实施"小学化"教学活动。家长只是缺乏科学的育儿知识及观念，在他们的认知里，提前学习小学知识对幼儿来讲有百利而无一害，因此家长才极力推崇幼儿园"小学化"教学。因此，只要我们多向家长宣传科学的育儿理念和知识，让家长认识到"小学化"教学对幼儿成长的危害，是完全可以转变幼儿家长"小学化"育儿观念的。

通过对调查问卷的分析，我计划从以下几个方面开展"转变幼儿家长'小学化'育儿观念"的研究。

（1）以《3—6岁儿童学习与发展指南》为纲，转变幼儿学习方式，消除"小学化"倾向。

教师和家长共同学习《3—6岁儿童学习与发展指南》，方便沟通，有利于幼儿的健康发展。教师和家长如果掌握了幼儿每个年龄段的心理特点和发展目标，

就能够准确有效地实施教育活动，并能够及时调整教育活动方案，达到事半功倍的效果。同时也督促负责各年龄段教育活动的教师，以《3—6岁儿童学习与发展指南》为参照，掌握本年龄段幼儿对五大领域知识学习的特点，每班建立家长学校，争取让每位家长都参与幼儿教育，做到家园共育，促进幼儿各方面能力的发展。

（2）强化《幼儿教师专业标准（试行）》的学习，科学开展教育教学工作。

鼓励教师积极参加各类培训，并注重在本园内开展实用的课堂专业技能技巧的培训。幼儿园教师是对幼儿实施保育和教育职责的专业人员，需具有特定的专业素质，良好的职业道德与态度，专业的教育知识和技能。《幼儿教师专业标准（试行）》强调合格的幼儿园教师必须富有爱心、责任心、耐心和细心，必须关爱幼儿，尊重幼儿，做幼儿健康成长的启蒙者和引路人。同时对当前社会反映的教师专业意识或行为中薄弱、不足的方面，予以关注与强调。

（3）开展以游戏为主的教学活动模式，替代"小学化"教学中生硬的知识讲解和灌输。

游戏作为一种内容和形式融入幼儿园课程，实现幼儿园课程游戏化是幼儿园课程发展的必然趋势。这不仅符合幼儿形象思维的认知发展特征和需要，同时还满足了幼儿童年幸福生活的需求。事实证明，游戏不但能促进幼儿体、智、德、美的全面发展，同时也培养了幼儿各方面的能力。

因此，用游戏替代之前"小学化"教学中生硬的知识讲解和灌输，玩中学，学中玩，才是真正地重视幼儿的年龄特点，有利于培养幼儿探索、合作、分享的能力，从而让幼儿在积极的情绪中认识世界，养成良好的学习、生活习惯。游戏化教学模式会让幼儿学得开心，教师教得愉悦。

（4）利用网络促进家园共育及家长育儿能力的提高。

每学期除了定期召开两次家长培训会之外，每班创建家长QQ群（微信群），及时针对家长育儿过程中遇到的问题给予指导，每周发布三到五篇育儿文章，并以任务为驱动，根据文章内容提出问题，让家长在学习单上写好问题答案，由幼儿带给老师，老师统计后在微信群里表扬及时完成作业的家长，并及时地对每次学习做出评价与总结，公布在微信群里。此种方法能激发家长的学习积极性，提高家长科学育儿能力，推动家长"小学化"育儿观念的改变。

（5）通过对幼儿的个案观察与分析，探究幼儿家庭教育中存在的问题，帮助家长找出解决问题的办法。

让家长相信和尊重教师的专业性，能让家长意识到学习育儿知识的重要性，从而根据教师的教育建议，主动学习育儿知识，提高自己的育儿能力，促进家园共育。

2. 进行课题开题论证，修正课题研究方案

做好课题研究的准备工作后，我把课题组成员集中到一起，进行课题开题论证。在会议中，大家畅所欲言，说出了自己的意见和建议，修正了课题研究方案的不足。

3. 根据研究任务分工，教师制订自己的具体研究实施方案

为了提高教师们的科研能力，在课题研究的准备阶段，我根据教师的专长，做了研究意见征求，让教师发挥专业特长开展研究，这有利于课题研究的顺利开展，提升专业技能。根据家长问卷调查分析和制订的研究策略，制订出个人课题研究实施方案。

（二）第二阶段：课题实施阶段（2018年10月 — 2019年6月）

1. 课题组成员开展理论学习和实践研究工作，掌握研究进展情况，及时制订改进措施

推荐教师学习《教师如何开展课题研究》《3—6岁儿童学习与发展指南》《幼儿教师专业标准（试行）》《幼儿游戏新编》等书。课题主持人利用课余时间随时和研修组成员研讨交流，掌握课题研究进度，及时了解每个成员的研究进展情况，了解其是否需要帮助，对于成员遇到的问题，大家共同探讨，找寻解决问题的路径，及时制订改进措施，保障课题研究顺利进行。

2. 课题中期的研讨交流

课题组针对突出问题，每学期开展一次课题集中交流研讨活动，在实践中不断论证课题，探究方法，有效推进。

在课题研究活动中，课题组成员积极踏实地按照课题计划有条不紊地开展研究，对于研修中遇到的问题，我们学期末会集中研讨交流一次。对于课题中期的进展情况，再次进行交流研讨，找不足，说经验，再实践，再研究。在研究过程中，对于发现的问题，课题组成员可以和组里其他成员随时沟通交流，共同探讨，及时归纳总结经验，解决问题，相互促进，共同进步，不断深入课题研究。

（三）第三阶段：课题总结阶段（2019年7月—2019年8月）

1. 整理课题研究成果，形成书面材料

在课题研究之初，我给每个课题组成员准备了一个档案袋，让其及时把自己的成果资料整理保存到档案袋里，并把电子版成果资料上交给课题组负责资料整理的教师。该教师做好每个课题组成员的研修成果电子版资料的保存和汇总，最后交给课题负责人。

2. 撰写结题报告，在一定范围内开展结题展示活动

根据课题研究计划，采取边研究、边总结、边记录、边整理的方法，撰写课题研究结题报告，并在校级教研会上展示研究成果，做课题结题的展示活动。

3. 申请结题，做好研究成果的推广工作

经过近一年的时间，我们的课题研究已经基本达到了预期的研究目的，向上级课题部门做出结题申请，并在幼儿园做研究成果的推广工作。

六、研究成果及成效

历时一年的认真研究，我们课题组收获了累累硕果，达到了课题研究的预期目标，获得的具体成果如下。

（一）研究成果

赵艳波老师参与研究的《扭转幼儿教育"小学化"倾向策略研究》课题入选全国基础教育科学研究课业改革系列。

赵艳波老师撰写的论文《农村幼儿园家庭教育存在的主要问题和解决策略》获得吉林省教育科学院基础教育研究所全国课业改革实验优秀成果一等奖。

赵艳波老师负责研究的《转变幼儿家长"小学化"育儿观念，促进幼儿全面发展》课题在"2018—2019年度小课题研究优秀成果"评比中，荣获三等奖。

汇编成果集一本，包括教学设计、教学反思、研修心得、案例研究、教学随笔、教育叙事、研究总结、幼儿及家长作品等。

（二）研究成效

1. 幼儿家长"小学化"育儿观念得到转变

通过一系列有规划的学习，家长认清了"小学化"教学的危害，成为幼儿教育的支持者、合作者；同时也意识到学习育儿知识的重要性，积极地参与幼儿园和幼儿班级组织的育儿知识学习活动。

2. 师生双向成长

教师在游戏化教学实践中，转变教学方式，教学效果非常好，孩子们在游戏中掌握了知识，发展了技能，开发了智力，养成了习惯。有了幼儿家长的支持，教师能够有更多的精力投身到幼儿教育科研当中，积极地探索适合幼儿发展的教育教学活动，更多地关注幼儿生活活动、运动活动、游戏活动、学习活动等一日活动对幼儿发展的特殊价值，做到在生活中学习，在游戏中学习，使一日活动成为真正的教育主体。幼儿在活动中，体、智、德、美各方面得到充分的发展，为后续的学习和终身发展奠定了良好的素质基础。

3. 研究成果惠及全园

目前这个研究模式已经在全园展开，研究成果已经在全园各班级应用。利用微信平台，为家长提供学习资源，利用家长学习登记表和留作业的形式，推动家长学习，这种方式得到了家长的认可，是一种切实可行、效果显著的家长学习方式。个案研究的方法使家长认清了科学育儿的重要性，以及学习育儿知识的必要性。教师通过学习，专业技能明显提升，集体教学游戏化教学方法的探究开始在幼儿课程五大领域全面展开。教师在研究中获得了极大的专业成长、专业自信和职业幸福感。

七、讨论与思考

（一）存在的问题

1. 农村幼儿家长的文化程度偏低，需要幼儿园长期关注，幼儿园需要担负起教育孩子和教育家长的重任

在问卷调查中，我了解到家长们的文化偏低，多数都是小学、初中毕业，高中、大学毕业的寥寥无几。这让我们的研修人员很担忧，我们只能陪孩子一年，如果没有了我们的引领，家长们还能继续学习吗？如果小学部也能够继续承担起家长教育的责任就更好了。

2. "游戏化"教学模式缺少专业的示范和引领，一直是在摸石头过河

对于集体教学"游戏化"教学模式的探究，我们依赖的仅仅是几本游戏化教学的书籍，是在照书学样，还缺少专业性的引领。希望以后有机会能够获得专家们的专业引领与指导。

3. 一年的研究时限，研究成果不够显著和深入

校属幼儿园的孩子都是念一年学前班就升入一年级了，家长们的学习成长刚见成效就随着幼儿升入小学而中断了，这个问题是我们无法解决的。

（二）下一步设想

1. 希望有机会走出去参加权威的"游戏化"教学方式学习

一名教师要想成长，就应该多学习，多参加培训；一名教师要想成为名师，就应该去做教研。我想我们还会在这个课题研究结束后，根据课堂教学中存在的问题，确立新的研究方向，让每一名教师都成为专业的幼儿教师。

2. 做更多的提高家长育儿能力的实践尝试，进一步促进家园共育

本次课题研究对于提高家长育儿能力的方法的尝试还是有一定的局限性，家园共育是幼儿园教育教学工作顺利进行的保障，我们不会因为课题研究的结束而放弃提高家长育儿能力的方法的探索，家长教育工作也应该成为我们必须

重视的一项教育工作。本课题虽然已经结题，但是我还会继续就这个课题做更深层次的研究，进一步挖掘转变幼儿家长"小学化"育儿观念的更多教育途径，也会更加深入地研究"游戏化"教学的有效性策略，为促进幼儿的全方面发展做好奠基教育。

最后，恳请各位专家对于我们的研究提出宝贵意见，这对我们教师的专业成长非常重要，非常期待专家们的指导建议！

农村幼儿园家庭教育的主要问题与解决对策

长春市农安县三盛玉镇中心小学幼儿园

赵艳波

摘　要：随着国家对幼儿教育的重视，幼儿教育的问题逐渐突显，尤其是农村幼儿园的家庭教育问题。父母文化程度低，单亲家庭和留守儿童的增多，使农村幼儿园家庭教育面临巨大挑战。如何面对农村幼儿园家庭教育的问题，如何解决这些问题，给孩子适当的教育，促进孩子身心和谐发展，是广大教育工作者应重视和积极探索的问题。

关键词：幼儿；家庭教育；策略

家园共育一直是许多教研工作者探讨的话题，一个孩子的健康成长离不开幼儿园的教育，更需要家长的支持，只有幼儿园和家庭通力合作，才能保障幼儿健康成长。但是在快速发展的经济社会，农村幼儿的家庭教育存在的问题越来越突出，直接影响着幼儿的教育和发展。在最近做的一项幼儿园在园儿童家庭状况调查中，我发现幼儿家庭教育存在以下三个主要问题。

一、家长幼儿教育"小学化"观念严重，影响幼儿园科学实施幼儿教育

农村的很多家长认为，孩子上幼儿园就要学习小学课程，这样可以减轻孩子上小学后的学习负担。这种心理促使家长在给孩子选择幼儿园的时候，不选不教小学课程的幼儿园，哪个幼儿园教的小学课程多就送孩子去哪个幼儿园。这样的观念导致好多幼儿园为了迎合家长心理进行"小学化"教学，严重地影响了幼儿的身心健康。

二、父母文化程度低，家园共育难

在对本园180名幼儿家长的调查中，小学文化程度的父母约占46%，中学文化程度的父母约占45%，高中文化程度的父母约占7%，大学文化程度的仅占2%。这种文化程度的分布，导致幼儿园开展各项教育活动特别困难，幼儿教师的压力很大，跟家长很难沟通幼儿教育的问题。这些家长只关注幼儿的知识学习，很少关注幼儿良好习惯、兴趣爱好、行为品质等方面的培养。绝大多数幼儿家长不懂得如何科学育儿，很少接触、学习幼儿教育方面的知识，觉得教育孩子是幼儿园的事，个人很少关注。有的家长有学习家庭教育方法的愿望，却缺少学习途径，不知道从何学起。

三、留守儿童增多，隔辈教养导致问题幼儿增多

在一个学前班级里，全班有33名幼儿，居然有12名双亲均不在身边的留守儿童，这些儿童由长辈看护。这些老人普遍文化程度较低，有的甚至没有读过书。这样的文化程度除了能够保证孩子吃饱穿暖外，对孩子的教育问题是没办法关注的。由不懂教育的长辈照顾孩子，他们要么是宠溺无度凡事包办；要么是放任自流，让孩子为所欲为；还有的认为棍棒底下出孝子，对孩子的教育就是打骂斥责。这种养育方式势必会使儿童形成许多不良的习惯，对儿童的心理也会造成一定伤害。

幼儿期是人的一生成长的奠基阶段，儿童期的成长经历会影响孩子的一生。一棵小树的成长尚且需要阳光、雨露、土壤、肥料和人们的悉心照料，更何况一个人的成长呢？要彻底有效地解决幼儿家庭教育存在的问题，我认为可以从以下两个方面入手。

1. 建立班级微信群，随时和家长沟通幼儿教育的问题，促进家园共育

智能手机的普及，使微信成为人们沟通交流的常用工具，几乎每个家长都有微信，所以利用班级微信群和家长沟通是省时省力省钱的一种方式。通过微信，教师可以随时掌握班里特殊儿童的情况，随时和家长进行沟通联络，及时地解决幼儿出现的问题，这有助于家园形成教育合力。

我们班有一个由爷爷奶奶照顾的留守幼儿，一年只有春节的时候才可以和爸爸妈妈团聚几天，问他想不想爸爸妈妈，他毫不迟疑地说："不想！"在孩子幼小的心灵里，爸爸妈妈离他太遥远。他的爷爷只有小学文化，对于孩子的教育就是一个字："打。"他对我说："老师，我家的孩子该打就打，我不心疼。"但是这样的教育方式导致孩子性格冷漠，不会与别人沟通与相处，他和别人的相处模式就是打架，不知道怎样表达自己的想法，经常有家长或者小朋友告他的状，而面对别人的告状，他的表情是恨恨的，很不服的样子。针对孩子的这一问题，我在微信上跟孩子的父母进行了交流，给出了教育建议，建议他们经常和孩子联系，让孩子感受到来自父母的关爱。同时在班里关注孩子的行为，告诉孩子应该怎样和别人说话、交流，发现孩子身上的优点，鼓励认可孩子。一段时间后，孩子有了很大的进步和改变，孩子的家长感受到了孩子的变化，对我非常感激，也让我感受到运用一种行之有效的教育方法之后所获得的成就感。

另外，我们还可以每周在班级微信群里发布三到五篇幼儿教育的文章，带领家长一起学习，提高家长的科学育儿意识，使家长意识到学习育儿知识的重要性。

2. 建立家长培训学校，定期进行家庭教育知识培训，改变家长教育观念

新时期的社会形势的发展，使教育以促进全民进步、为社会输送合格人才为目的。针对幼儿家庭教育存在的问题——幼儿家长"小学化"育儿观念对幼儿园教育的影响，幼儿园可以建立家长培训学校，根据幼儿家长存在的问题，从家长的教育需求入手，制订教育内容，采取线上线下相结合的方式，定期由园长或者教师对幼儿家长做家庭教育培训。让家长认识到"小学化"教学对孩子成长的危害，了解幼儿教育，懂得幼儿教育，知道幼儿期孩子成长所需要的心灵养分，给孩子适合的爱，保证幼儿健康成长，激励家长学习幼儿教育的积极性，提高家长的教育能力。通过培训让家长懂得家园共育的重要性，从而全力支持幼儿园的教育工作，促进幼儿的健康发展和成长。

幼儿家庭教育问题的有效解决，不仅需要家长、教师、幼儿园的全力配合，更需要社会给予农村幼儿园更多的关注和扶持。

促进托班幼儿自我服务能力的行动研究

东北师范大学附属实验学校

白 晶

《促进托班幼儿自我服务能力的行动研究》结题报告

东北师范大学附属实验学校

白 晶

一、问题提出

（一）研究背景及现状

我国著名教育家叶圣陶指出："什么是教育？简单一句话，就是要养成良好习惯。"2—3岁是幼儿成长发展的关键期，是他们走出家庭、接触幼儿园大环境和集体生活，学会独立应对生活、提高生活自理能力和形成自立意识和心理素质的关键阶段，生活自理能力的培养能够促进幼儿自信心和独立性的发展，对其今后的发展有着极其重要的意义。

幼儿自我服务能力是孩子在日常生活中照料自己生活的自我服务性劳动的能力，包括自由饮水、独立进餐、独立大小便、自己穿脱衣裤及鞋子并能叠放整齐、会洗手、保护自己及简单整理等。它是一个人应该具备的最基本的生活技能，幼儿生活自理能力的形成，有助于培养幼儿的责任感、自信心及自己处理问题的能力。对于2—3岁的幼儿来说，他们的家庭、父母或养育者，在他们的成长与发展中起着不可估量的作用。在现实生活中，众多独生孩子的父母尤其是爷爷、奶奶溺爱孩子，许多生活中的事都由成人包办，养成孩子事事依赖他人的坏习惯，妨碍了他们的自理能力和独立性的发展。本课题旨在通过一系列的教育和情景操作练习，以家园互动的形式，有效地指导家长如何提高孩子的生活自理能力，同步探索提高幼儿良好生活自理能力的有效手段和组织形式，促进幼儿健康发展。

（二）课题研究依据

1. 幼儿素质教育的理论

以全面提高人才素质为目标的教育是时代的需要，是提高我国综合国力的根本，也是基础教育深入改革的方向与核心。要实现社会主义现代化的宏伟目标，在未来的国际竞争中占据有利的战略地位，就必须走提高全民族素质的道路。《中国教育改革和发展纲要》明确指出：要全面提高学生的思想品德、科学文化、劳动技能和身心健康。素质教育要求教育者以符合教育规律的教育措施对新一代的素质按现代化社会的需要实现开发、完善、提高和再创造。认真开展并强调对幼儿的素质教育不仅仅是面向21世纪、面向现代化的远期目标的需要，也是幼儿教育领域自身的深化改革，是认真落实与深入贯彻《幼儿园工作规程》和促进幼儿发展的需要。

2. 幼儿早期教育的理论

早期教育的本质特点是在0—6岁人脑迅速生长发育期给孩子以丰富有趣的生活，以及恰当的信息刺激和训练，提高人的基础素质，这是与普通教育的根本区别之所在。早期教育是人的智力开发最佳期，是影响最深远的教育。这是诺贝尔奖获得者劳伦茨经过大量研究后得出的结论——最佳期理论，其在世界上发展为一种叫智力发展的"递减学说"，即孩子年龄越小，智力发展可能性越大，随着年龄增长，智力发展可能性随之递减。如果一个人有优良的性格品质，那么他将终身受益，相反，如果人养成了不良的性格，或者染上恶习，那也必将贻害终生。

人性格中的基础部分是在早期生活中形成的，早期获得的信息会像血肉一样长在脑内，长期发挥作用。

（三）研究意义及价值

《幼儿园教育指导纲要（试行）》中明确指出，幼儿的身体健康以具备基本的生活自理能力为主要特征，要培养幼儿具有基本的生活自理能力。因为2—3岁是培养幼儿基本生活自理能力的关键期，如果这个时期幼儿不能好好掌握生活自理能力，不仅会影响幼儿现在的生活和发展，还会影响他们以后的生活、学习。所以幼儿园和家长应抓住这个关键时期让幼儿做一些力所能及的简单劳动，培养其生活自理能力，让孩子从小学会生存，学会独立和自主。家园必须共同努力教育和共同培养幼儿的生活自理能力，促进幼儿健康和谐及全面发展。

二、概念界定

自我服务能力：自我服务能力是自己帮助自己，即自己的事情自己完成。而通常所说的"幼儿自我服务能力"就是幼儿在平时生活中不需要别人照顾，自己管理自己，这也是所有人都应拥有的基本技能之一。

生活自理能力：所谓的"生活自理"，其实就是人们在平时的生活中能够做到自己照顾自己、自己打理自己，包括能够自己吃饭、能够自己穿衣、能够自己清理卫生等。主要与生活方面的细节有关，而幼儿的生活自理含义也是如此。

三、研究目标及研究内容

（一）研究目标

了解托班幼儿发展的规律和特点，关注幼儿经验的获得机会和幼儿的发展潜能，积极提供适宜的刺激，诱发其多种经验，让幼儿在快乐的游戏和生活中健康地成长。使幼儿在按照"自身发展大纲"发展的同时，让环境、教育成为其发展过程中的重要支撑，所以，本研究确立了以下三个目标。

（1）建构托班幼儿生活自理能力培养的基本框架，组织与实施以生活培养为主题的教育方案。

（2）探索在日常生活中提升幼儿自理能力的方法和策略，促进幼儿个体最大化、最优化的身心和谐发展。

（3）提高教师家教指导的质量，家园合力，共促幼儿发展。

（二）研究内容

（1）日常生活中观察和引导，促进幼儿生活自理能力的发展。

（2）设计研发教具，在区域游戏中提高幼儿的动手能力。

（3）设计丰富的活动，有效提高幼儿的自我服务能力。

（4）家园共育，形成教育合力，有效提高幼儿的生活自理能力。

四、研究方法

调查法：利用调查问卷，了解家长的教育抚养态度及幼儿的生活自理能力的实际水平。

观察法：在幼儿的一日生活活动中，教师注意观察，并记录幼儿的表现。有的放矢，因材施教，及时改进，调整教育手段和方式。

行动研究法：在日常的教学中创设一些情景活动，进行幼儿自我服务技能的训练和内在意识的培养，以达到研究的目的。

五、研究步骤

（一）研究过程

1．准备阶段（2015年8月—2015年11月）以调查研究法和文献研究法为主

（1）通过查阅国内外相关资料，参考相关成果，结合学校办学的总体思路，进行综合分析，寻求理论与实践创新的突破口。

（2）在对2—3岁幼儿家庭教育现状进行调查、分析的基础上，发现问题，寻找可能解决的策略。

（3）完成课题研究方案的制订、申报工作，在理论学习和实践探索的基础上设计课题方案与实施方案，并进行专家论证；组织各层面的学习和研讨。

2．实施阶段（2016年1月—2016年8月）以行动研究法、个案研究法、实践反思法为主

（1）借助开题论证、中期评估和结题鉴定等活动，邀请高层次专家进行指导。

（2）采取多方位、多途径的家庭教育指导，提高指导的有效性研究，边实践、边探索、边反思、边重建，并在研究中积累过程资料，采取案例撰写的方法收集叙事案例，将其作为课题研究的重要资料。

（3）根据实施计划进行研究、广泛交流，并整理分析，撰写阶段结题报告、经验总结等，提高研究效能。

3. 总结阶段（2016年8月—2016年10月）以经验总结法为主

（1）收集整理资料，进行归类分析，及时总结体会和经验。

（2）做好结题报告的提纲和结题申报工作，完成课题终期研究报告，并做好推广工作，为开展进一步研究奠定基础。

（二）具体措施

1. 开展现状调查与分析

调查对象：宝宝班（托班）幼儿与家长（各45名）。

调查方法：采取全班幼儿家访、家庭教育调查问卷、日常观察等方式进行综合分析，共印发45份问卷调查表，全部收回后，进行综合分析。

调查内容：开展2—3岁托班幼儿家庭教育基本情况的调查问卷，主要从家庭养护人的情况、幼儿入园前的生活习惯、家长的教育方法三个方面设计。

附调查问卷结果。

2~3岁托班幼儿家庭教育基本情况的调查

项目	百分比
培养处理能力很重要	100%
2岁开始培养自理能力	87%
有意识地让孩子自己做事	67%
孩子要完成力所能及的事	95%
孩子遇到困难急于帮助	56%
孩子大便后帮助孩子擦	74%
知道孩子会寻求帮助	79%
孩子知道危险的事情	72%

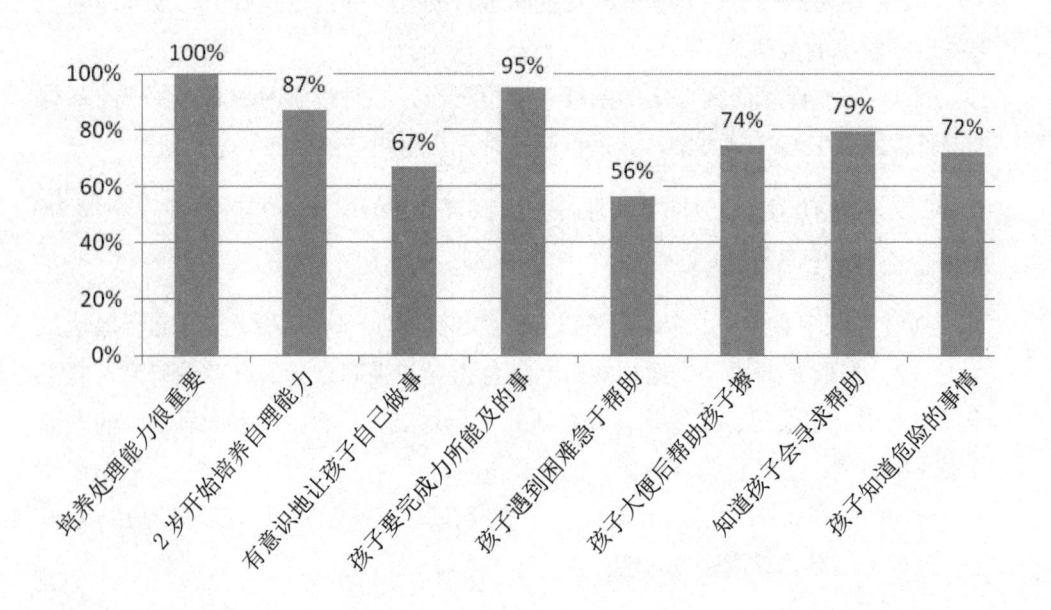

进餐方面

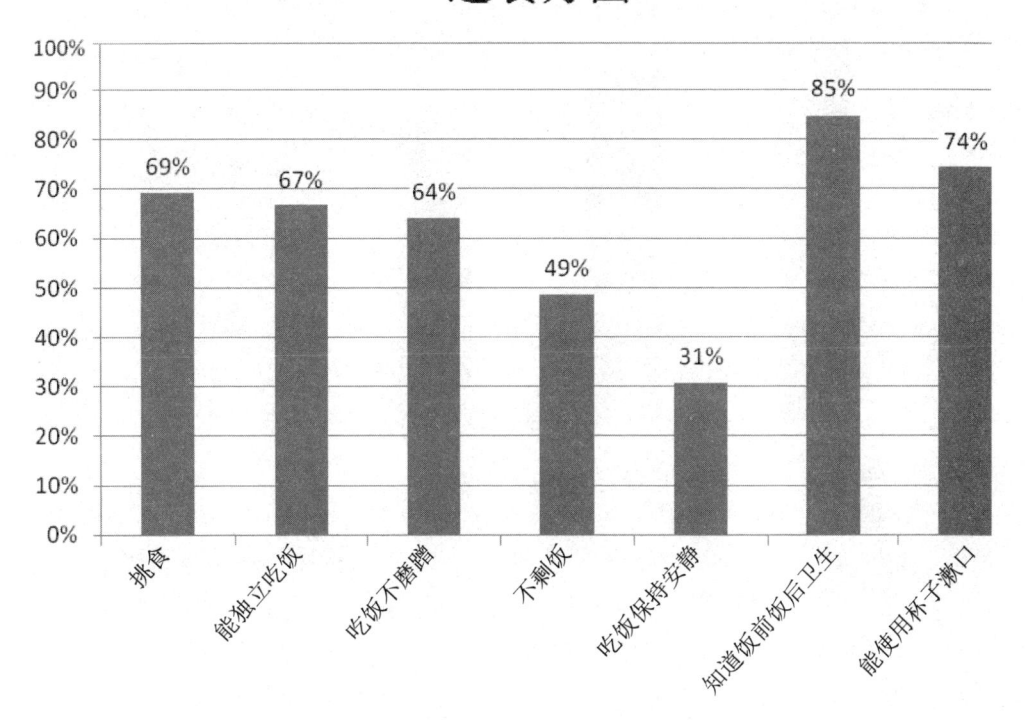

项目	百分比
挑食	69%
能独立吃饭	67%
吃饭不磨蹭	64%
不剩饭	49%
吃饭保持安静	31%
知道饭前饭后卫生	85%
能使用杯子漱口	74%

穿衣方面

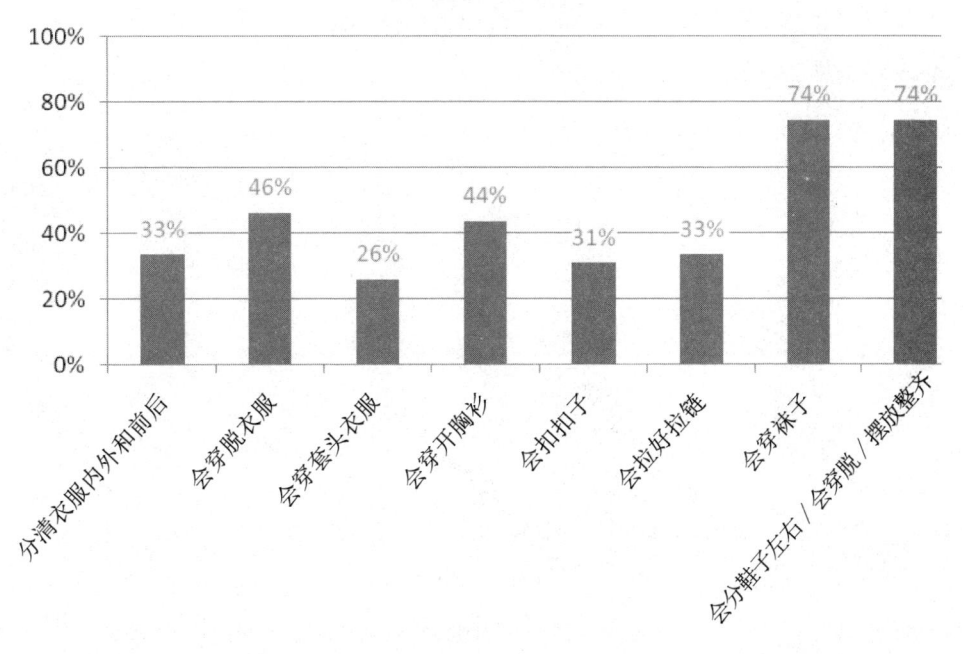

项目	百分比
分清衣服内外和前后	33%
会穿脱衣服	46%
会穿套头衣服	26%
会穿开胸衫	44%
会扣扣子	31%
会拉好拉链	33%
会穿袜子	74%
会分鞋子左右/会穿脱/摆放整齐	74%

如厕方面

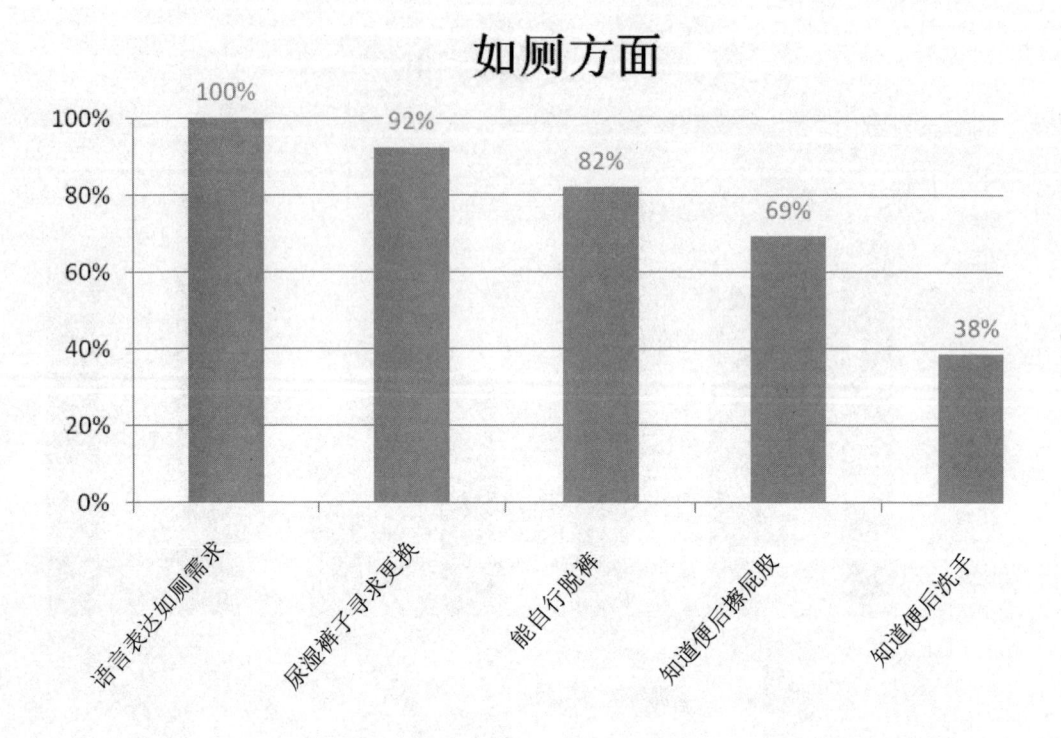

项目	百分比
语言表达如厕需求	100%
尿湿裤子寻求更换	92%
能自行脱裤	82%
知道便后擦屁股	69%
知道便后洗手	38%

午睡方面

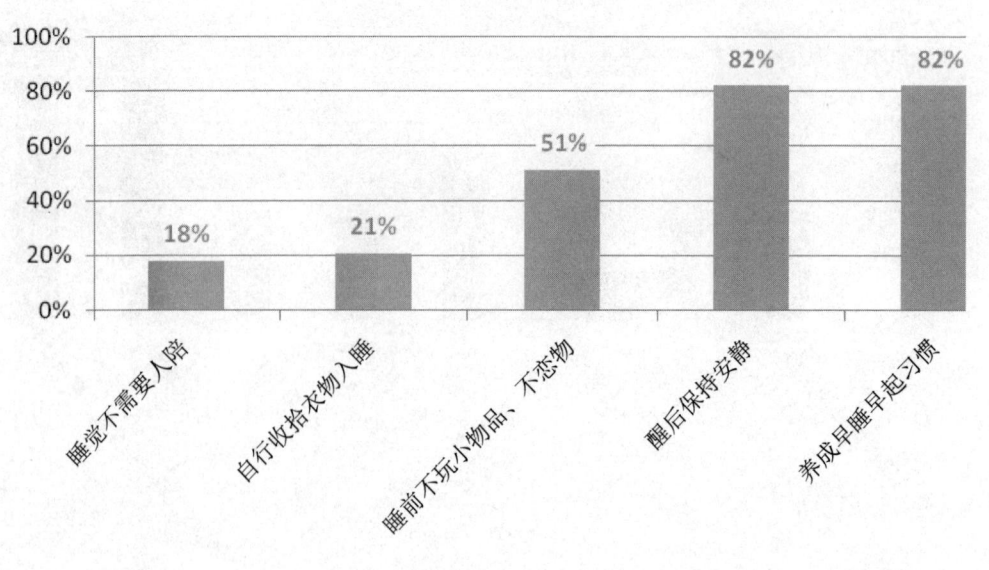

项目	百分比
睡觉不需要人陪	18%
自行收拾衣物入睡	21%
睡前不玩小物品、不恋物	51%
醒后保持安静	82%
养成早睡早起习惯	82%

自我保护方面

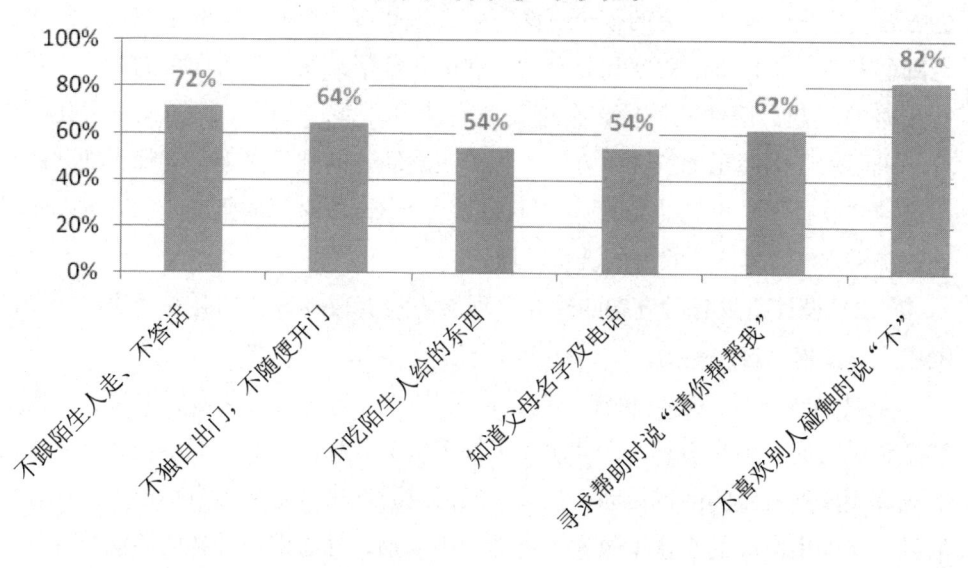

项目	百分比
不跟陌生人走、不答话	72%
不独自出门，不随便开门	64%
不吃陌生人给的东西	54%
知道父母名字及电话	54%
寻求帮助时说"请你帮帮我"	62%
不喜欢别人碰触时说"不"	82%

（1）了解家长的教育抚养态度和幼儿生活自理能力的实际水平。

对家长进行问卷调查，从进餐、穿衣、如厕、午睡、自我保护等方面进行了分析调查，根据幼儿完成情况（会做、不会做、偶尔会做）的三个层次进行调查，分析45名幼儿独立生活自理能力的现状，为探索幼儿生活自理能力培养寻求有效手段和组织形式。

（2）巩固幼儿的生活自理行为，对个别自我服务能力较弱的幼儿进行跟踪指导。

（3）针对幼儿在不同阶段的表现交流看法、沟通信息、调整教育策略，在家园协作配合中体验"合力效应"。

2．具体实施阶段

（1）注重日常生活的观察和培养，在一点一滴中促进幼儿生活自理能力的锻炼和提高。

自理技能不是与生俱来的，也不是一朝一夕就能获得的，需要教师在日常生活中对幼儿进行细致的观察和引导。在日常生活中，课题组的老师们对幼儿的日常生活进行了细心的观察，针对幼儿常见的生活自理能力方面的问题进行干预和反思，仔细地分析孩子出现某种生活自理能力的问题，运用恰当的方式帮助孩子改进不足。如大部分幼儿在洗手时对洗手的程序不够清楚，不能较好地运用正确的方法打肥皂、搓手，有的孩子在洗完手之后袖口是湿的，有的手腕还有污渍。老师们在进行了仔细的观察和分析后，利用儿歌帮助幼儿学习洗手的方法，并进行正确的示范，请幼儿模仿；在进餐前的洗手环节，老师组织幼儿复习儿歌内容，巩固幼儿掌握正确的洗手方法。为了激发幼儿的洗手兴趣，老师为幼儿的小手涂抹"香香"，提高幼儿的洗手积极性。经过一段时间的坚持，幼儿掌握了正确的洗手方法，养成了良好的洗手习惯。

（2）设计研发各种有趣的幼儿自理能力培养教具，让幼儿在轻松的区域活动中进一步提高自理能力。

玩具是孩子最亲密的伙伴。在日常工作中，课题组的老师们用自己的聪明智慧和灵巧的双手为孩子们设计研发了许多精美有趣的玩具，老师们将这些好玩的玩具投放到班级的区域活动，让孩子们通过游戏来锻炼生活自理能力。如在生活区，老师用废旧的小盒子做成了可爱的小动物，通过喂小动物吃不同尺寸的饼干，幼儿可以练习手部的精细动作；在娃娃家，老师放置了仿真娃娃、小衣服、小裤子、小鞋等，让幼儿练习为仿真娃娃穿衣服、穿鞋子；老师们请幼儿练习使用夹子；用彩布缝制果树，让幼儿练习扣扣子、解扣子。在区域活动中，幼儿根据自己的兴趣爱好选择不同的操作材料，充分尝试练习各种生活自理能力的技能，较好地发展了幼儿手眼协调的能力，锻炼了肌肉的发展，并使幼儿的生活自理能力得到了巩固和提高。

（3）设计丰富的教育教学活动，有针对性地开展幼儿生活自理能力培养，有效提高幼儿的自我服务能力。

本学期，课题组的老师们通过日常工作中的仔细观察，找出班级幼儿在生活自理能力方面需要重点学习和练习的内容，设计并实施了丰富的幼儿生活自理能力培养的教学内容。老师们通过搜集资料、制作幻灯片或观看视频等方式引起幼儿对活动的兴趣，再通过具体形象的示范和练习，帮助幼儿掌握正确的自我服务的经验。如小班活动"擦鼻涕"，老师结合季节特征，发现班级中的很多幼儿在有鼻涕时不能正确地处理，有的将鼻涕抹在衣服上，有的将鼻涕抹在桌子上，或者用手乱抹，于是为幼儿专门设计了学习和练习擦鼻涕的活动。在活动的开始部分为幼儿播放生动有趣的视频，通过看视频，幼儿清楚地明白有了鼻涕不可以随便乱抹，这样不但不讲卫生，而且还会传播疾病。老师给每个小朋友准备了仿真娃娃，并在娃娃的鼻子下面形象地贴上了鼻涕，孩子们觉得非常有趣，练习时兴趣特别浓厚。通过练习给自己擦鼻涕，给小娃娃擦鼻涕，孩子们掌握了正确的擦鼻涕方法。通过观察，我们发现在生动有趣的活动中，班级中90%以上的幼儿都学会了自己擦鼻涕。此外，老师们设计的"我会抹香香""叠衣服""漱口""我会穿衣服""睡觉好习惯""小鞋找朋友""穿鞋""剥橘子""整理玩具"等教学活动，有效地提高了幼儿的生活自理能力，发展了孩子的自我服务能力及为集体服务的意识。

（4）家园共育，通过多种形式与家长沟通交流，达成共识，形成合力，有效提高幼儿的生活自理能力。

父母是孩子的贴身教师。孩子的所有不足在家长身上都有体现。在跟踪调查和观察中发现，有些幼儿生活自理能力弱和家庭的成长环境有很大的关系，有的家长不舍得放手让孩子劳动，有的家长则是嫌孩子笨手笨脚做不好，干脆自己代劳……这种矛盾冲突就致使幼儿形成了一种普遍现象：园里家里两个样。不统一的两种教育理念、教育方式势必培育出"双面娇儿"。家长是我们的合作伙伴，幼儿生活自理能力的提高需要家长树立正确的育儿观念，家园同步，共同帮助幼儿养成良好的生活自理习惯。在日常工作中，老师们利用入园、离园、电访、网络等多种方式和家长交流幼儿生活自理能力方面的表现，使家长清楚地了解孩子在自理能力方面的优点和不足，并向家长介绍好的幼儿生活自理能力培养经验，促使家长能够积极地配合老师，在家庭中注重为孩子创造动手能力的机会，树立家园共育意识，家园携手，使孩子养成持之以恒的良好习惯。

巩固教育成果的首要任务就是统一家长与幼儿园的教育理念，促使家长积极地配合幼儿园的培养工作。如利用家园共育板块、家长会讲座向家长做好幼儿自理能力养成重要性方面的宣传工作，让家长们摒弃错误的包办式的教养方式，充分认识到让孩子拥有独立自主的能力才是孩子未来面对困难、适应社会、参与竞争的资本；除了让孩子做力所能及的事外要鼓励家长坚持和孩子进行亲子互动，如周末爬山、家庭大扫除、假期外出游玩，让孩子亲自参与物品的准备、劳作、行程的安排等，锻炼幼儿的自理能力，同时也能提高孩子做事的能力，更增强其"我能行"的自信。

（5）开展多种形式的观摩、研讨、交流活动，及时总结课题研究经验，形成园本教材及教研成果，达到资源共享。

本学期，课题组开展了形式多样的教科研活动。先后两次组织课题组教师进行了教学观摩，为教师搭建了互相学习及交流的平台；组织教师开展教学研讨，及时发现课题研究过程中出现的问题并进行调整。在课题研究的过程中，课题组教师撰写了观察记录及教学活动设计，积累了课题研究资料，整理优质教案39篇，搜集整理幼儿生活自理能力儿歌86首，课题组的老师们通过资源共享积累了丰富有效的培养幼儿生活自理能力的教学经验，使自己在教学实践中少走弯路、事半功倍。其中一名老师撰写的论文发表在学校的《地平线》刊物上。除此之外，我们还利用幼儿园的节日庆祝活动为幼儿创造动手的机会，组织开展了制作饼干、制作水果沙拉，以及母亲节制作汉堡的亲子活动，请家长和幼儿共同进行简单的小手工，不仅让幼儿在剪剪、折折、贴贴的活动中提高了动手能力，还让其充分地感受到自己动手的乐趣和成就感。

六、研究成果及成效

（一）研究成果

经过一年的研究与探索，参与课题的几名老师对幼儿的生活自理能力的培养都有了自己的研究与发现，老师们整理了相关的论文，其中姚雪娇老师的论文已经发表，我们的研究也作为理论支持参与了东北师范大学传媒学院的科研项目研究，《教育技术研究前沿的现状与趋势：主题、方法和工具》《TPACK——"自主学习"模型理论框架及实证》两篇文章在教育部主管的杂志《中国信息教育》上发表。我们将继续研究与实践，将提升幼儿生活自理能力落实到实处，让幼儿终身受益，让教育真正地落地生根。

（二）研究成效

一年的实践研究证明，家园共育对提高幼儿的自理能力是可行的，它不仅有利于幼儿提高生活自理能力，也有利于培养幼儿的自信。

原来班里，大部分幼儿的生活琐事都是家长代劳，现在幼儿自理能力的意识得到了提高，样样事情都争着做，在家里也不要大人帮忙，有时还帮助家长做一些力所能及的事情。幼儿养成了良好的生活自理习惯，现在班里所有的孩子都是自己用餐、喝水、洗手洗脸、小便，饭前便后能够主动洗手，午睡时大多数孩子能把小衣服折叠好，把鞋子摆放整齐。但是由于个别幼儿年龄小，还不能很好地掌握这些技能，有时还需要老师的帮助。家长们对幼儿的自理能力培养的意识也提高了，能够积极配合老师，对幼儿采取一些科学的方法来进行教育，有效地促进了幼儿自理能力的提高。我想只要家园携手，多给孩子锻炼的机会，孩子经过努力，一定会变得更加能干。

七、讨论与思考

（一）家园共育还需更及时、更紧密

通过一段时间的研究，孩子们在生活习惯和礼仪方面有明显进步，但是部分幼儿出现了反复，我们的研究还需继续，孩子们还需继续练习。因为各种原因，家长与教师之间的交流还是很少。我们的研究还停留在针对集体和个别问题较大幼儿的层面上，对幼儿整体发展的细节的把握还不够，所以，在以后的课题实施中，教师应该利用各种途径，让家长更加及时地了解我们的课题内容、实施方法等，使家长能够及时有效地配合我们的研究，共同促进幼儿的全面成长。

（二）研究方案还需要进一步修改和完善

初期，我们重点针对幼儿的生活习惯进行研究。随着幼儿独立自理能力的增强，幼儿的日常生活交往礼仪也随之发展，我们将及时地将研究中的不足和发现的问题进行梳理与总结，细化幼儿的行为习惯，分阶段、有针对性地对幼儿进行培养。不断地补充方案，加强课题的操作性、科学性和可行性。使课题研究真正为幼儿服务、为教育服务，发挥其特有的作用。

参考文献：

[1] 中华人民共和国教育部. 幼儿园教育指导纲要（试行）[M]. 南京：江苏教育出版社，2001.
[2] 丁连信. 学前儿童家庭教育[M]. 北京：科学出版社，2007.
[3] 金岚. 幼儿习惯养成教育探索[M]. 杭州：浙江教育出版社，2015.
[4] 廖莉，吴舒莹，袁爱玲. 幼儿园生活活动指导[M]. 福州：福建教育出版社，2014.
[5] 晏红. 幼儿教师与家长沟通之道[M]. 北京：中国轻工业出版社，2011.
[6] 晏红. 幼儿园家庭教育指导形式与方法[M]. 北京：中国轻工业出版社，2013.
[7] 晏红. 宝宝入园完全手册[M]. 北京：中国妇女出版社，2009.
[8] 宋文霞，王翠霞. 幼儿园一日生活环节的组织策略[M]. 北京：中国轻工业出版社，2013.
[9] 费舫. 重视2—3岁幼儿生活自理能力的培养[J]. 中国校外教育，2012（7）.
[10] 邹平. 在游戏中对2—3岁幼儿自理能力的培养方法[J]. 科学大众，2009（1）.
[11] 马捷. 如何指导家长进行幼儿生活自理能力的培养[J]. 科技风，2011（2）.
[12] 颜棱植. 教育评价与幼儿园教学[J]. 成功教育，2011（3）.
[13] 顾硕. 多媒体在幼儿园教学中的尝试[J]. 文学教育（中），2011（12）.
[14] 殷静. 关于幼儿园教学活动有效性的思考[J]. 教育与教学研究，2012（2）.

促进托班幼儿精细动作发展的策略研究

东北师范大学附属实验学校

韩 露

《促进托班幼儿精细动作发展的策略研究》结题报告

东北师范大学附属实验学校

韩 露

一、问题提出

（一）国内外研究现状

顾伟文等人曾对婴幼儿时期儿童的精细动作进行过实验研究，在研究过程中发现精细动作的训练对于婴幼儿动作协调、平衡及动作灵活度等方面的发展都有非常明显的效果。精细动作的训练对婴幼儿的诸多方面能力的提升、发展及未来的发展都有极其重要的意义。精细动作发展的作用如下：精细动作的发展有利于婴幼儿生活自理能力的养成，促进婴幼儿认知能力的发展，促进婴幼儿神经系统的生长发育。精细动作融入亲子游戏中，还能够促进婴幼儿社会性的发展。

布鲁纳、皮亚杰等人指出，主体对客体的动作是婴儿心理的丰富来源和必备工具。我们认为：首先，动作可以为个体提供认知经验，扩大其认知范围，使个体有更多的机会从事物不断变化的外在表现中鉴别出不变的特性，进而获取对事物本质的认识。其次，动作不断强化、不断丰富、不断提高，可以不断完善大脑的结构，从而为个体早期心理的发展奠定良好的基础。包括精细动作在内的各种动作能够使婴幼儿的认知结构不断改造和重组。最后，动作是婴幼儿认知结构的基础，这不仅表明动作是个体心理的起源，同时也告诉我们，如果一个人的早期心理要持续向前发展就需要动作不断高级化、复杂化、灵活化。

艾德尔曼、吉布森、考夫曼等人的研究还发现，婴幼儿只有在动作中才能建立事物外形、大小、高矮、前后、左右等空间知觉。动作是婴幼儿与外界世界接触沟通的纽带。婴幼儿早期主要是通过动作与外界进行接触，从而获得丰富的感知。

（二）研究背景

1. 政策背景

《3—6岁儿童学习与发展指南》围绕幼儿肌肉动作的发展提出了"手的动作灵活协调"的发展目标。指出："幼儿手部动作的发展对于社会生活以及实现自身发展具有重要的意义。"

2. 现实背景

托班幼儿动作发展得较迟缓，手眼不够协调，此研究能够帮助幼儿进行手部动作的训练，提高手眼协调能力，从而促进手部动作的发展，提高自我服务能力。幼儿的生活离不开手上的活动，如穿衣、吃饭、使用工具等。

（三）研究意义及价值

1. 研究意义

促进托班幼儿神经系统发育。科学家研究发现，手部动作的完成是以许多复杂功能的神经元为支撑的。促进托班幼儿精细动作发展，能够对幼儿的神经元起到刺激作用，有利于托班幼儿神经系统发育，进而强化其思维能力。另外，托班幼儿在重复同一手部动作的时候，能够在大脑中形成深刻记忆，实现心理结构的突破与重建，从外界事物中获得良好的感知和认知体验，在提高认知能力方面也有所成效。

2. 研究价值

从我园2—3岁托班幼儿的实际需要出发，提高手部动作的灵活性，掌握一些生活技巧。2—3岁的托班幼儿不断长大，越来越愿意自己动手做事情，比如自己的事情自己做、自己穿脱衣物等。而这些活动都需要幼儿手部肌肉群的共同协作来完成。托班幼儿在温馨、放松的环境中开展有关精细动作的活动，不但可以使手眼协调发展、提高动手能力，还能提升自我服务的能力。纵观我园的托班课程，其主要以生活课程为主，精细动作学习的内容还不够系统，没有形成序列化。在研究过程中，不但要提高幼儿的能力，让幼儿受益，还要借助研究，以研促教，完善园本课程，为后续的托班教师提供较完善的课程蓝本，以促进托班幼儿全面发展。

二、概念界定

精细动作发展指个体主要凭借手及手指等部位的肌肉或肌肉群的运动，在感知觉、注意等多方面心理活动的配合下完成特定任务的能力，它不仅是个体早期发展的重要内容，而且是个体其他方面发展的重要基础。

三、研究目标及内容

（一）研究目标

（1）探索托班幼儿精细动作发展的策略，促进托班幼儿手部动作的发展。
（2）完善托班生活化园本课程，丰富托班课程内容。

（二）研究内容

（1）了解本班幼儿精细动作发展现状。
（2）探索托班幼儿精细动作发展的策略。
（3）丰富托班幼儿生活课程的实践内容。

四、研究方法

文献研究法：借助图书馆和网络资源，搜集大量与本选题相关的和已出版的有代表性的实证材料。在文献与数据中查找有关课题研究的支点，梳理研究思路，在研究中借鉴、参考。有了文献的理论支撑，可以对幼儿进行科学有效的系统指导。

数据对比法：研究结束后，对研究初测查过的幼儿再次进行测查，对两组数据进行比对，用数据证明研究的策略是否有效。

比较分析法：主要对托班20名幼儿进行研究之前和研究之后的数据进行对比分析。从两个测查表中了解研究之前和研究之后幼儿发展的状况。

行动研究：制订一整套的实施计划，在班级开展精细动作的研究。边研究边总结相关经验，为丰富园本课程内容、形成园本课程积累资料。

五、研究的过程

（一）准备阶段

收集、查阅相关的论文、文献、书籍，就托班幼儿的年龄特点、心理、生理发展特点、精细动作发展顺序等问题，从理论上进行借鉴和参考。

（二）实施阶段

（1）借鉴蒙氏日常活动和幼儿园托班生活课程设计出2—3岁托班幼儿精细动作发展的测查量表。使用量表了解托班幼儿在课题研究初期的发展状况。学期初期对班级20名幼儿进行蒙氏活动检测，结果如下。

表1 2—3岁幼儿精细动作发展现状测查表——蒙式活动测查量表

具体操作内容	结果
倒水不洒	
团纸球	
垒高六块积木	
夹豆子	
扣扣子	
穿珠子	
用筷子夹豆子	
滴管吸水	
使用剪刀剪纸条	
涂色	
撕纸	
贴贴纸	

表2 2—3岁幼儿自理能力测查量表

具体操作内容	结果
剥果皮	
撕糖果包装	
剥虾皮	
脱衣服	
脱裤子	
脱鞋子	
脱袜子	
穿衣服	
穿裤子	
穿袜子	
穿鞋子	
叠衣服	
穿外套大衣	

（2）使用自制的测查量表，对班级的幼儿进行研究初期的测查，掌握幼儿手部动作发展的原有水平。

表格左侧是测查的内容，右侧结果中显示的数据是能够完成此项活动的幼儿人数。

促进托班幼儿精细动作发展的策略

东北师范大学附属实验学校

韩 露

摘 要：在托班幼儿教育工作中，提高幼儿手部灵活能力，促进幼儿精细动作发展，不仅可以促进幼儿骨骼关节、手部肌肉及神经系统发育，还可以培养并提高幼儿的动手能力和生活自理能力，对于托班幼儿的身心全面发育及健康成长具有重要意义。所以，在托班幼儿教育教学工作中，必须明确促进托班幼儿精细动作发展的重要性，并采取有效策略对其手部能力进行锻炼，从而促进托班幼儿精细动作的良好发展。

关键词：托班幼儿；精细动作发展；重要性；促进策略

手作为人类肢体的重要部分，其动作能力会对生活和工作形成较大影响，要想具备较强的动手能力，就需要从幼儿阶段抓起，促进手部精细动作发展，进而提高幼儿动手能力。现阶段，托班中的很多幼儿都是独生子女，对父母的依赖性较强，很多力所能及的事却不是自己动手完成的，手部精细动作发展不理想，动手能力弱，生活自理能力较差，不利于身体和智力发育，严重影响了托班幼儿的健康成长及全面发展。为改善这种现状，需要采取有效的策略，以促进托班幼儿精细动作发展。

一、促进托班幼儿精细动作发展的重要性

据大量研究显示，促进托班幼儿精细动作发展，对于托班幼儿的健康发育和成长是尤为重要的，其作用主要体现在以下几方面。首先，托班幼儿正处于自我意识培养和发展的关键时期，在生活中渴望通过自己的努力来完成各种动作，如穿衣服、系鞋带、使用筷子等，这些都是生活自理的必要内容，需要通过手部动作来完成。促进托班幼儿精细动作发展，可以增强其动手能力，使其更加熟练地完成各项动作，这样幼儿的生活自理能力就能得到显著的提升。其

次，手部动作的完成是以许多复杂功能的神经元为支撑的，促进托班幼儿精细动作发展，能够对神经元起到刺激作用，并且这种作用与手部动作的娴熟程度呈正相关关系，有利于促进托班幼儿神经系统发育，进而强化其思维能力。最后，托班幼儿在重复同一手部动作的时候，能够在大脑中形成深刻记忆，实现心理结构的突破与重建，从外界事物中获得良好的感知和认知体验，从而有效增强认知能力。

二、促进托班幼儿精细动作发展的策略

要想真正促进托班幼儿精细动作发展，提高托班幼儿的动手能力和自理能力，就需要借助有效的策略，对幼儿的手部动作进行锻炼和提高。

（一）蒙氏日常生活活动中的精细动作养成

蒙氏日常生活活动，是提高托班幼儿精细动作发展的有效手段，托班教师应该充分地利用蒙氏生活材料，为幼儿创造更多的动手机会，有梯度、有计划地在活动中进行实践。如在整只手拿碗倒豆、整只手抓豆、杯子倒豆、海绵运水、水杯倒水、团纸球、拧毛巾、漏斗倒水等活动中，让幼儿的整个手掌和五指参与活动，提高幼儿手的抓握能力和控制能力。如在大滴管取水、针管取水、切水果、筷子夹豆、镊子夹豆、剪刀剪纸、穿珠子等活动中，促使幼儿的拇指、食指、中指三指配合，进一步促进幼儿精细动作的发展。在这个过程中，幼儿手脑并用，身心得以协调发展，幼儿的专注力、观察力、秩序感和社会感也得到发展。

（二）开展游戏化的精细动作练习

游戏是幼儿园的基本活动，托班幼儿精细动作的良好发展，是在不断动手实践过程中实现的，这就需要利用丰富多彩的游戏活动来培养幼儿的自主操作意识和能力，使幼儿在游戏过程中做到对相关动作的熟练掌握。例如，在"给瓶宝宝找帽子"的游戏中，教师为幼儿提供多个瓶口大小不同的饮料瓶和大小不同的瓶盖，让幼儿把相应的瓶盖拧在饮料瓶上，为"瓶宝宝"戴好帽子；在"给瓶宝宝喂食物"的游戏中，为幼儿准备多种豆子、夹子和勺子，让幼儿自由选择工具，用舀、夹的方式把豆子放进瓶子里；在"给毛毛虫穿衣服"的游

戏中，让幼儿将小夹子夹在毛毛虫图片上，为"虫宝宝"穿衣服；在"给果宝宝找家"的游戏中，教师利用废旧的床单制作大树，在上面钉好纽扣，用剩下的边角料制作苹果并在上面做好扣眼，让幼儿把苹果扣在苹果树上，帮助"果宝宝"回家。这些游戏活动易于被托班幼儿接受，其精细动作也在玩玩乐乐中得到了提高。

（三）生活课程中精细化动作的提高

随着年龄的增长，托班幼儿的自我服务意识不断增强，比如，愿意自己穿衣服、自己进餐等。而要完成这些事情，需要幼儿手部肌肉的协同合作。为了提高托班幼儿的动手能力，要结合托班生活课程，为幼儿提供发展精细动作和提高动手能力的机会。比如，利用儿歌"小衣服，三个门。中间大门钻出头，两扇小门钻出手，哧溜哧溜下山喽"帮助幼儿掌握穿衣物的方法；利用儿歌"两列小火车，一起钻山洞。钻呀钻呀钻，看谁先出洞"帮助幼儿掌握穿裤子的方法；利用儿歌"抱一抱，弯弯腰，点点头，叠整齐""弯弯腿，并并拢，小裤子叠叠好"帮助幼儿掌握叠衣服、叠裤子的方法；在"好吃的香肠卷"活动中，让幼儿利用团、压、卷、捏的方法，自己制作面点；抓住日常生活契机，鼓励幼儿自己使用勺子进餐、使用口杯喝水，自己拿取毛巾擦手擦嘴，自己动手剥果皮、剥虾皮、剥豌豆、端餐盘等。托班幼儿在轻松、自然的生活氛围中，自己动手做事情，日积月累，精细动作、动手能力在潜移默化中得以发展，自我服务能力和生活自理能力也能得到持续提高。

（四）根据幼儿特点，因材施教

幼儿在发展的过程中存在个体差异，教师要根据幼儿的发展特点，有层次、有目的、有计划地实施活动方案，让不同水平的幼儿均有发展。注重各领域间的融会贯通，将游戏、托班课程与精细动作的练习有机结合。

（五）培养幼儿自主操作意识和能力

托班幼儿心智发育不成熟，在开展各种活动的时候，对方法、规则等不够熟悉，所以教师应该先对要开展的活动进行详细的介绍，必要时亲自进行演示，让幼儿真正掌握活动的方法和规则等。另外，当幼儿出现疑惑的时候，应该借助图片或者视频等进行积极的解答，确保幼儿能够更加规范、有序地进行活动。在活动中，教师要多给予鼓励，增强幼儿的自信心，提高其自主动手的能力。除此之外，教师还应该选用不同类型的活动材料，避免连续使用同一种操作材料，以此来激发幼儿的操作欲望，让幼儿在动手过程中体验更多乐趣，变得更加喜欢动手操作。

三、总结

由于促进托班幼儿精细动作发展有极其重要的地位，因此要提高重视力度，结合托班幼儿的心理、生理特点，采取有针对性的策略，将其落实到教育教学工作中，切实强化幼儿的动手能力，提高幼儿的生活自理能力。通过结合托班生活课程、利用蒙氏日常生活活动，因材施教，培养幼儿自主操作意识和能力，这对于真正实现托班幼儿精细动作的良好发展，具有一定的指导和借鉴作用。

参考文献：

[1]耿达,张兴利,施建农.儿童早期精细动作技能与认知发展的关系[J].心理科学进展,2015,(2):261-267.
[2]虞永平.幼儿园活动整合课程[J].中国学校卫生,2016,(5):644-646.

宝宝班区域安排
（五指活动1）第一周

时间	活动名称	材料投放	观察要点
星期一	倒豆子	大芸豆、小碗、托盘	1. 双手捧着碗倒豆子 2. 豆子不掉在盘子里
星期二	舀豆子	大芸豆、小碗、托盘	1. 用勺子舀豆子 2. 豆子不掉在盘子里
星期三	抓豆子	大芸豆、小碗、托盘	1. 能够大把抓豆子 2. 豆子不掉在盘子里
星期四	杯子倒豆子	大芸豆、带把杯子、托盘	1. 双手握住杯子把手，杯子不能碰在一起 2. 豆子不掉在盘子里
星期五	杯子倒豆子	大芸豆、一次性纸杯、托盘	1. 杯子不能碰在一起 2. 豆子不掉在盘子里

宝宝班区域安排
（五指活动2、3）第二、三周

时间	活动名称	材料投放	活动目标	观察要点
星期一 星期二	海绵取水	海绵、小碗、托盘	1. 加强手部肌肉的控制力 2. 手眼协调，专注力的培养	1. 将碗里的水运到空碗里 2. 双手挤压海绵 3. 水不洒在托盘上
星期三 星期四 星期五	大滴管取水	大滴管、冰块盒、托盘、小碗、注射器、海绵	1. 锻炼双手的肌肉，增强灵活度 2. 专注力、观察力的培养	1. 会正确使用大滴管 2. 能用大滴管运水
星期一	倒水	两个杯子（一个装水，一个贴有控制线）、海绵、托盘	1. 锻炼左右手肌肉 2. 培养做事的顺序性和逻辑性	1. 将水倒入空杯的控制线停止 2. 能够左右手交替倒水
星期二 星期三	漏斗倒水	漏斗、小矿泉水瓶、托盘	1. 学习使用漏斗 2. 发展手眼协调能力	1. 将水倒入空杯的控制线停止 2. 双手拿杯子把水倒回水壶中
星期四 星期五	拧手帕	小手帕、两个碗、托盘	1. 学习拧的方法 2. 发展调整肌肉运动的能力	1. 是否能将手帕折叠 2. 将手帕拧干

宝宝班区域安排
（五指活动4）第四周

时间	活动名称	材料投放	活动目标	观察要点
星期一	沿直线剪纸	画有黑色直线的纸、剪刀、托盘、小碗	1. 学习使用剪刀 2. 提高幼儿调整肌肉运动的能力 3. 增强幼儿手眼协调能力	1. 正确使用剪刀 2. 沿直线将纸剪开 3. 将剪下来的纸放在小碗里
星期二	沿直线剪纸	画有黑色直线的纸、剪刀、托盘、小碗	1. 学习使用剪刀 2. 提高幼儿调整肌肉运动的能力 3. 增强幼儿手眼协调能力	1. 正确使用剪刀 2. 沿直线将纸剪开 3. 将剪下来的纸放在小碗里
星期三	沿斜线剪纸	画有黑色斜线的纸、剪刀、托盘、小碗	1. 学习使用剪刀 2. 提高幼儿调整肌肉运动的能力 3. 增强幼儿手眼协调能力	1. 正确使用剪刀 2. 沿斜线将纸剪开 3. 将剪下来的纸放在小碗里
星期四	沿斜线剪纸	画有黑色斜线的纸、剪刀、托盘、小碗	1. 学习使用剪刀 2. 提高幼儿调整肌肉运动的能力 3. 增强幼儿手眼协调能力	1. 正确使用剪刀 2. 沿斜线将纸剪开 3. 将剪下来的纸放在小碗里
星期五	沿直线、斜线剪纸	画有黑色直线和斜线的纸、剪刀、托盘、小碗	1. 学习使用剪刀 2. 提高幼儿调整肌肉运动的能力 3. 增强幼儿手眼协调能力	1. 正确使用剪刀 2. 沿直线和斜线将纸剪开 3. 将剪下来的纸放在小碗里

宝宝班区域安排
（五指活动5）第五周

时间	活动名称	材料投放	活动目标	观察要点
星期一	沿直线剪纸	画有黑色直线的纸、剪刀、托盘、小碗	1. 学习使用剪刀 2. 提高幼儿调整肌肉运动的能力 3. 增强幼儿手眼协调能力	1. 正确使用剪刀 2. 沿直线将纸剪开 3. 将剪下来的纸放在小碗里
星期二	沿直线剪纸	画有黑色直线的纸、剪刀、托盘、小碗	1. 学习使用剪刀 2. 提高幼儿调整肌肉运动的能力 3. 增强幼儿手眼协调能力	1. 正确使用剪刀 2. 沿斜线将纸剪开 3. 将剪下来的纸放在小碗里
星期三	沿斜线剪纸	画有黑色斜线的纸、剪刀、托盘、小碗	1. 学习使用剪刀 2. 提高幼儿调整肌肉运动的能力 3. 增强幼儿手眼协调能力	1. 正确使用剪刀 2. 沿斜线将纸剪开 3. 将剪下来的纸放在小碗里
星期四	沿斜线剪纸	画有黑色斜线的纸、剪刀、托盘、小碗	1. 学习使用剪刀 2. 提高幼儿调整肌肉运动的能力 3. 增强幼儿手眼协调能力	1. 正确使用剪刀 2. 沿斜线将纸剪开 3. 将剪下来的纸放在小碗里
星期五	沿直线、斜线剪纸	画有黑色直线和斜线的纸、剪刀、托盘、小碗	1. 学习使用剪刀 2. 提高幼儿调整肌肉运动的能力 3. 增强幼儿手眼协调能力	1. 正确使用剪刀 2. 沿直线和斜线将纸剪开 3. 将剪下来的纸放在小碗里

宝宝班区域安排
（切的活动）第一周

时间	活动名称	材料投放	活动目标	观察要点
星期一	用刀切菜	小锯齿餐刀、小碗、托盘、香蕉、擦手巾	1. 学习使用刀具 2. 增强秩序感 3. 发展幼儿手眼协调能力 4. 发展专注力和协调能力	1. 用右手握住刀柄，将刀刃按在香蕉上，用力切割 2. 将切下来的香蕉片用手抓起来放在小碗里 3. 工作完成后，将手擦干净，将物品摆回原位
星期二	用刀切菜	小锯齿餐刀、小碗、托盘、香蕉、擦手巾	1. 学习使用刀具 2. 增强秩序感 3. 发展幼儿手眼协调能力 4. 发展专注力和协调能力	1. 用右手握住刀柄，将刀刃按在香蕉上，用力切割 2. 将切下来的香蕉片用手抓起来放在小碗里 3. 工作完成后，将手擦干净，将物品摆回原位
星期三	用刀切菜	小锯齿餐刀、小碗、托盘、香蕉、擦手巾	1. 学习使用刀具 2. 增强秩序感 3. 发展幼儿手眼协调能力 4. 发展专注力和协调能力	1. 用右手握住刀柄，将刀刃按在香蕉上，用力切割 2. 将切下来的香蕉片用手抓起来放在小碗里 3. 工作完成后，将手擦干净，将物品摆回原位
星期四	用刀切菜	小锯齿餐刀、小碗、托盘、香蕉、擦手巾	1. 学习使用刀具 2. 增强秩序感 3. 发展幼儿手眼协调能力 4. 发展专注力和协调能力	1. 用右手握住刀柄，将刀刃按在香蕉上，用力切割 2. 将切下来的香蕉片用手抓起来放在小碗里 3. 工作完成后，将手擦干净，将物品摆回原位
星期五	用刀切菜	小锯齿餐刀、小碗、托盘、香蕉、擦手巾	1. 学习使用刀具 2. 增强秩序感 3. 发展幼儿手眼协调能力 4. 发展专注力和协调能力	1. 用右手握住刀柄，将刀刃按在香蕉上，用力切割 2. 将切下来的香蕉片用手抓起来放在小碗里 3. 工作完成后，将手擦干净，将物品摆回原位

宝宝班区域安排
（夹的活动1）第二周

时间	活动名称	材料投放	活动目标	观察要点
星期一	使用筷子	筷子、小碗2个、托盘、糖果	1. 学习使用筷子 2. 发展幼儿手眼协调能力 3. 发展专注力和独立性	1. 用右手握住筷子 2. 将左边碗里的糖果运到右边碗里 3. 工作完成后，将物品摆回原位
星期二	使用筷子	筷子、小碗2个、托盘、糖果	1. 学习使用筷子 2. 发展幼儿手眼协调能力 3. 发展专注力和独立性	1. 用右手握住筷子 2. 将左边碗里的糖果运到右边碗里 3. 工作完成后，将物品摆回原位
星期三	使用筷子	筷子、小碗2个、托盘、糖果	1. 学习使用筷子 2. 发展幼儿手眼协调能力 3. 发展专注力和独立性	1. 用右手握住筷子 2. 将左边碗里的糖果运到右边碗里 3. 工作完成后，将物品摆回原位
星期四	使用筷子	筷子、小碗2个、托盘、糖果	1. 学习使用筷子 2. 发展幼儿手眼协调能力 3. 发展专注力和独立性	1. 用右手握住筷子 2. 将左边碗里的糖果运到右边碗里 3. 工作完成后，将物品摆回原位
星期五	使用筷子	筷子、小碗2个、托盘、糖果	1. 学习使用筷子 2. 发展幼儿手眼协调能力 3. 发展专注力和独立性	1. 用右手握住筷子 2. 将左边碗里的糖果运到右边碗里 3. 工作完成后，将物品摆回原位

宝宝班区域安排
（夹的活动2）第三周

时间	活动名称	材料投放	活动目标	观察要点
星期一	使用小镊子	小镊子、小碗2个、托盘、红豆20颗	1. 学习使用小镊子 2. 发展幼儿手眼协调能力，锻炼肌肉 3. 发展专注力	1. 用右手三指配合使用镊子 2. 将左边碗里的红豆运到右边碗里，不掉在盘子里 3. 工作完成后，将物品摆回原位
星期二	使用小镊子	小镊子、小碗2个、托盘、跳棋棋子	1. 学习使用小镊子 2. 发展幼儿手眼协调能力，锻炼肌肉 3. 发展专注力	1. 用右手三指配合使用镊子 2. 将左边碗里的跳棋棋子运到右边碗里，不掉在盘子里 3. 工作完成后，将物品摆回原位
星期三	使用小夹子	小夹子、小碗2个、托盘、毛线球	1. 学习使用小夹子 2. 发展幼儿手眼协调能力 3. 发展专注力和独立性	1. 用右手三指配合使用小夹子 2. 将左边碗里的毛线球运到右边碗里 3. 工作完成后，将物品摆回原位
星期四	使用小夹子	小夹子、小碗2个、托盘、乒乓球	1. 学习使用小夹子 2. 发展幼儿手眼协调能力 3. 发展专注力和独立性	1. 用右手三指配合使用小夹子 2. 将左边碗里的乒乓球运到右边碗里 3. 工作完成后，将物品摆回原位
星期五	夹夹子	塑料衣服夹子10个、小碗1个、托盘	1. 学习使用衣服夹子 2. 发展幼儿手眼协调能力 3. 发展专注力和独立性	1. 用右手三指捏紧打开小夹子 2. 将夹子夹在碗的边缘 3. 工作完成后，将物品摆回原位

宝宝班区域安排
（夹的活动2和拧的活动）第四周

时间	活动名称	材料投放	活动目标	观察要点
星期一	夹夹子	塑料衣服夹子10个、小碗1个、蛋糕纸盘、托盘	1. 学习使用衣服夹子 2. 发展幼儿手眼协调能力 3. 发展专注力和独立性	1. 用右手三指捏紧打开小夹子 2. 将夹子夹在纸盘的边缘 3. 工作完成后，将物品摆回原位
星期二	拧螺丝	玩具螺丝4组、托盘（红、黄、蓝、绿）	1. 锻炼手眼协调和拧的动作 2. 加强手腕的运动 3. 发展专注力和独立性	1. 左手拿螺丝，右手拿螺钉 2. 将螺母从螺钉上拧下来 3. 再用左手拿螺钉，右手拿螺母，把螺母拧在螺钉上 4. 工作完成后，将物品摆回原位
星期三	拧螺丝	玩具螺丝4组、托盘（红、黄、蓝、绿）	1. 锻炼手眼协调和拧的动作 2. 加强手腕的运动 3. 发展专注力和独立性	1. 左手拿螺丝，右手拿螺钉 2. 将螺母从螺钉上拧下来 3. 再用左手拿螺钉，右手拿螺母，把螺母拧在螺钉上 4. 工作完成后，将物品摆回原位
星期四	拧瓶盖	不同大小的瓶子5个、托盘	1. 锻炼手眼协调和拧的动作 2. 加强手腕的运动 3. 发展专注力和独立性	1. 左手拿瓶子，右手拧下瓶盖 2. 左手拿瓶子，右手拧上瓶盖 3. 工作完成后，将物品摆回原位
星期五	拧瓶盖	不同大小的瓶子5个、托盘	1. 锻炼手眼协调和拧的动作 2. 加强手腕的运动 3. 发展专注力和独立性	1. 左手拿瓶子，右手拧下瓶盖 2. 左手拿瓶子，右手拧上瓶盖 3. 工作完成后，将物品摆回原位

宝宝班生活课程
第一周

时间	活动名称	材料投放	活动目标	游戏支持
星期一	脱裤子	幼儿自己的裤子	1. 愿意自己做事情 2. 尝试自己脱裤子 3. 提高生活自理能力	宝宝自己脱裤子，好像火车出山洞 呜呜呜，呜呜呜，两列火车出山洞
星期二	脱裤子	幼儿自己的裤子	1. 愿意自己做事情 2. 尝试自己脱裤子 3. 提高生活自理能力	宝宝自己脱裤子，好像火车出山洞 呜呜呜，呜呜呜，两列火车出山洞
星期三	脱裤子	幼儿自己的裤子	1. 愿意自己做事情 2. 尝试自己脱裤子 3. 提高生活自理能力	宝宝自己脱裤子，好像火车出山洞 呜呜呜，呜呜呜，两列火车出山洞
星期四	叠裤子	幼儿自己的裤子	1. 愿意自己做事情 2. 尝试自己叠裤子 3. 提高生活自理能力	宝宝自己叠裤子，伸伸腿，弯弯腿，裤子叠好了
星期五	叠裤子	幼儿自己的裤子	1. 愿意自己做事情 2. 尝试自己叠裤子 3. 提高生活自理能力	宝宝自己叠裤子，伸伸腿，弯弯腿，裤子叠好了

宝宝班生活课程
第二周

时间	活动名称	材料投放	活动目标	游戏支持
星期一	脱套衫	幼儿套头衫	1. 愿意自己做事情 2. 尝试自己脱套衫 3. 提高生活自理能力	一手抓住衣服袖,胳膊慢慢往回缩 两条胳膊像火车,呜呜呜钻出洞 双手抓住圆圆领,小小脑袋往回缩 钻出小洞钻大洞,宝宝的衣服脱好了
星期二	脱套衫	幼儿套头衫	1. 愿意自己做事情 2. 尝试自己脱套衫 3. 提高生活自理能力	一手抓住衣服袖,胳膊慢慢往回缩 两条胳膊像火车,呜呜呜钻出洞 双手抓住圆圆领,小小脑袋往回缩 钻出小洞钻大洞,宝宝的衣服脱好了
星期三	脱套衫	幼儿套头衫	1. 愿意自己做事情 2. 尝试自己脱套衫 3. 提高生活自理能力	一手抓住衣服袖,胳膊慢慢往回缩 两条胳膊像火车,呜呜呜钻出洞 双手抓住圆圆领,小小脑袋往回缩 钻出小洞钻大洞,宝宝的衣服脱好了
星期四	叠套衫	幼儿套头衫	1. 愿意自己做事情 2. 尝试自己叠套衫 3. 提高生活自理能力	两个袖子抱一抱 弯弯腰,叠好了
星期五	叠套衫	幼儿套头衫	1. 愿意自己做事情 2. 尝试自己叠套衫 3. 提高生活自理能力	两个袖子抱一抱 弯弯腰,叠好了

宝宝班生活课程
第三周

时间	活动名称	材料投放	活动目标	游戏支持
星期一	穿裤子	幼儿自己的裤子	1.愿意自己做事情 2.掌握穿裤子的方法 3.提高生活自理能力	花花裤子真美丽,前后要分清,好像火车钻山洞呜呜呜,先穿一条腿,呜呜呜,再穿一条腿两列火车出山洞,最后往上拉一拉
星期二	穿裤子	幼儿自己的裤子	1.愿意自己做事情 2.掌握穿裤子的方法 3.提高生活自理能力	花花裤子真美丽,前后要分清,好像火车钻山洞呜呜呜,先穿一条腿,呜呜呜,再穿一条腿两列火车出山洞,最后往上拉一拉
星期三	穿裤子	幼儿自己的裤子	1.愿意自己做事情 2.掌握穿裤子的方法 3.提高生活自理能力	花花裤子真美丽,前后要分清,好像火车钻山洞呜呜呜,先穿一条腿,呜呜呜,再穿一条腿两列火车出山洞,最后往上拉一拉
星期四	叠裤子	幼儿自己的裤子	1.愿意自己做事情 2.掌握叠裤子的方法 3.提高生活自理能力	宝宝自己叠裤子,伸伸腿,弯弯腿,裤子叠好了
星期五	叠裤子	幼儿自己的裤子	1.愿意自己做事情 2.掌握叠裤子的方法 3.提高生活自理能力	宝宝自己叠裤子,伸伸腿,弯弯腿,裤子叠好了

宝宝班生活课程
第四周

时间	活动名称	材料投放	活动目标	游戏支持
星期一	穿套衫	幼儿自己的套衫	1. 愿意自己做事情 2. 掌握自己穿套衫的方法 3. 提高生活自理能力	一件衣服四个洞,宝宝钻进大洞洞 脑袋钻出中洞洞,小手伸出小洞洞
星期二	穿套衫	幼儿自己的套衫	1. 愿意自己做事情 2. 掌握自己穿套衫的方法 3. 提高生活自理能力	一件衣服四个洞,宝宝钻进大洞洞 脑袋钻出中洞洞,小手伸出小洞洞
星期三	穿套衫	幼儿自己的套衫	1. 愿意自己做事情 2. 掌握自己穿套衫的方法 3. 提高生活自理能力	一件衣服四个洞,宝宝钻进大洞洞 脑袋钻出中洞洞,小手伸出小洞洞
星期四	叠套衫	幼儿自己的套衫	1. 愿意自己做事情 2. 掌握自己叠套衫的方法 3. 提高生活自理能力	两个袖子抱一抱 弯弯腰,叠好了
星期五	叠套衫	幼儿自己的套衫	1. 愿意自己做事情 2. 掌握自己叠套衫的方法 3. 提高生活自理能力	两个袖子抱一抱 弯弯腰,叠好了

宝宝班生活课程
第一周

时间	活动名称	材料投放	活动目标	游戏支持
星期一	脱袜子	幼儿自己的袜子	1. 愿意自己做事情 2. 尝试自己脱袜子 3. 提高生活自理能力	缩起小脖子（脱袜筒至脚心） 拉长小鼻子（拉出袜头） 拉直小身子（袜子拉直） 躺在小房顶（放在鞋面）
星期二	脱袜子	幼儿自己的袜子	1. 愿意自己做事情 2. 尝试自己脱袜子 3. 提高生活自理能力	缩起小脖子（脱袜筒至脚心） 拉长小鼻子（拉出袜头） 拉直小身子（袜子拉直） 躺在小房顶（放在鞋面）
星期三	脱袜子	幼儿自己的袜子	1. 愿意自己做事情 2. 尝试自己脱袜子 3. 提高生活自理能力	缩起小脖子（脱袜筒至脚心） 拉长小鼻子（拉出袜头） 拉直小身子（袜子拉直） 躺在小房顶（放在鞋面）
星期四	脱袜子	幼儿自己的袜子	1. 愿意自己做事情 2. 尝试自己脱袜子 3. 提高生活自理能力	缩起小脖子（脱袜筒至脚心） 拉长小鼻子（拉出袜头） 拉直小身子（袜子拉直） 躺在小房顶（放在鞋面）
星期五	脱袜子	幼儿自己的袜子	1. 愿意自己做事情 2. 尝试自己脱袜子 3. 提高生活自理能力	缩起小脖子（脱袜筒至脚心） 拉长小鼻子（拉出袜头） 拉直小身子（袜子拉直） 躺在小房顶（放在鞋面）

宝宝班生活课程
第二周

时间	活动名称	材料投放	活动目标	游戏支持
星期一	穿袜子	幼儿自己的袜子	1. 愿意自己做事情 2. 尝试自己穿袜子 3. 提高生活自理能力	缩起小脖子（拿住袜筒两侧） 钻进小洞洞（穿进袜尖） 拉起长鼻子（拉袜筒） 穿好小袜子
星期二	穿袜子	幼儿自己的袜子	1. 愿意自己做事情 2. 尝试自己穿袜子 3. 提高生活自理能力	缩起小脖子（拿住袜筒两侧） 钻进小洞洞（穿进袜尖） 拉起长鼻子（拉袜筒） 穿好小袜子
星期三	穿袜子	幼儿自己的袜子	1. 愿意自己做事情 2. 尝试自己穿袜子 3. 提高生活自理能力	缩起小脖子（拿住袜筒两侧） 钻进小洞洞（穿进袜尖） 拉起长鼻子（拉袜筒） 穿好小袜子
星期四	穿袜子	幼儿自己的袜子	1. 愿意自己做事情 2. 尝试自己穿袜子 3. 提高生活自理能力	缩起小脖子（拿住袜筒两侧） 钻进小洞洞（穿进袜尖） 拉起长鼻子（拉袜筒） 穿好小袜子
星期五	穿袜子	幼儿自己的袜子	1. 愿意自己做事情 2. 尝试自己穿袜子 3. 提高生活自理能力	缩起小脖子（拿住袜筒两侧） 钻进小洞洞（穿进袜尖） 拉起长鼻子（拉袜筒） 穿好小袜子

宝宝班生活课程
第三周

时间	活动名称	材料投放	活动目标	游戏支持
星期一	穿鞋子	幼儿自己的鞋子	1. 愿意自己做事情 2. 尝试自己穿鞋子 3. 提高生活自理能力	小鞋子，像小船 小脚丫，像船长 穿好鞋子真神气 开着小船到处玩
星期二	穿鞋子	幼儿自己的鞋子	1. 愿意自己做事情 2. 尝试自己穿鞋子 3. 提高生活自理能力	小鞋子，像小船 小脚丫，像船长 穿好鞋子真神气 开着小船到处玩
星期三	穿鞋子	幼儿自己的鞋子	1. 愿意自己做事情 2. 尝试自己穿鞋子 3. 提高生活自理能力	小鞋子，像小船 小脚丫，像船长 穿好鞋子真神气 开着小船到处玩
星期四	穿鞋子	幼儿自己的鞋子	1. 愿意自己做事情 2. 尝试自己穿鞋子 3. 提高生活自理能力	小鞋子，像小船 小脚丫，像船长 穿好鞋子真神气 开着小船到处玩
星期五	穿鞋子	幼儿自己的鞋子	1. 愿意自己做事情 2. 尝试自己穿鞋子 3. 提高生活自理能力	小鞋子，像小船 小脚丫，像船长 穿好鞋子真神气 开着小船到处玩

宝宝班生活课程
第四周

时间	活动名称	材料投放	活动目标	游戏支持
星期一	脱开衫	幼儿自己的开衫	1. 愿意自己做事情 2. 尝试自己脱开衫 3. 提高生活自理能力	拉链扣子解一解 我把小手藏起来 一手拉着袖袖拽 再拽一下脱下来
星期二	脱开衫	幼儿自己的开衫	1. 愿意自己做事情 2. 尝试自己脱开衫 3. 提高生活自理能力	拉链扣子解一解 我把小手藏起来 一手拉着袖袖拽 再拽一下脱下来
星期三	脱开衫	幼儿自己的开衫	1. 愿意自己做事情 2. 尝试自己脱开衫 3. 提高生活自理能力	拉链扣子解一解 我把小手藏起来 一手拉着袖袖拽 再拽一下脱下来
星期四	脱开衫	幼儿自己的开衫	1. 愿意自己做事情 2. 尝试自己脱开衫 3. 提高生活自理能力	拉链扣子解一解 我把小手藏起来 一手拉着袖袖拽 再拽一下脱下来
星期五	脱开衫	幼儿自己的开衫	1. 愿意自己做事情 2. 尝试自己脱开衫 3. 提高生活自理能力	拉链扣子解一解 我把小手藏起来 一手拉着袖袖拽 再拽一下脱下来

宝宝班生活课程
第一周

时间	活动名称	材料投放	活动目标	游戏支持
星期一	穿开衫	幼儿自己的开衫	1. 愿意自己做事情 2. 尝试自己穿开衫 3. 提高生活自理能力	衣服里面朝上放 站在衣领正上方 双手插进袖口里 撑起衣服往后飞
星期二	穿开衫	幼儿自己的开衫	1. 愿意自己做事情 2. 尝试自己穿开衫 3. 提高生活自理能力	衣服里面朝上放 站在衣领正上方 双手插进袖口里 撑起衣服往后飞
星期三	穿开衫	幼儿自己的开衫	1. 愿意自己做事情 2. 尝试自己穿开衫 3. 提高生活自理能力	衣服里面朝上放 站在衣领正上方 双手插进袖口里 撑起衣服往后飞
星期四	穿开衫	幼儿自己的开衫	1. 愿意自己做事情 2. 尝试自己穿开衫 3. 提高生活自理能力	衣服里面朝上放 站在衣领正上方 双手插进袖口里 撑起衣服往后飞
星期五	穿开衫	幼儿自己的开衫	1. 愿意自己做事情 2. 尝试自己穿开衫 3. 提高生活自理能力	衣服里面朝上放 站在衣领正上方 双手插进袖口里 撑起衣服往后飞

宝宝班生活课程
第二周

时间	活动名称	材料投放	活动目标	游戏支持
星期一	叠开衫	幼儿自己的开衫	1. 愿意自己做事情 2. 尝试自己叠开衫 3. 提高生活自理能力	衣服铺铺好 关好左右门 左右抱一抱 弯腰叠叠好
星期二	叠开衫	幼儿自己的开衫	1. 愿意自己做事情 2. 尝试自己叠开衫 3. 提高生活自理能力	衣服铺铺好 关好左右门 左右抱一抱 弯腰叠叠好
星期三	叠开衫	幼儿自己的开衫	1. 愿意自己做事情 2. 尝试自己叠开衫 3. 提高生活自理能力	衣服铺铺好 关好左右门 左右抱一抱 弯腰叠叠好
星期四	叠开衫	幼儿自己的开衫	1. 愿意自己做事情 2. 尝试自己叠开衫 3. 提高生活自理能力	衣服铺铺好 关好左右门 左右抱一抱 弯腰叠叠好
星期五	叠开衫	幼儿自己的开衫	1. 愿意自己做事情 2. 尝试自己叠开衫 3. 提高生活自理能力	衣服铺铺好 关好左右门 左右抱一抱 弯腰叠叠好

宝宝班生活课程
第三周

时间	活动名称	材料投放	活动目标	游戏支持
星期一	穿外衣	幼儿自己的外衣	1. 愿意自己做事情 2. 尝试自己穿外衣 3. 提高生活自理能力	衣服里面朝上放 站在衣领正上方 双手插进袖口里 撑起衣服往后飞
星期二	穿外衣	幼儿自己的外衣	1. 愿意自己做事情 2. 尝试自己穿外衣 3. 提高生活自理能力	衣服里面朝上放 站在衣领正上方 双手插进袖口里 撑起衣服往后飞
星期三	穿外衣	幼儿自己的外衣	1. 愿意自己做事情 2. 尝试自己穿外衣 3. 提高生活自理能力	衣服里面朝上放 站在衣领正上方 双手插进袖口里 撑起衣服往后飞
星期四	穿外衣	幼儿自己的外衣	1. 愿意自己做事情 2. 尝试自己穿外衣 3. 提高生活自理能力	衣服里面朝上放 站在衣领正上方 双手插进袖口里 撑起衣服往后飞
星期五	穿外衣	幼儿自己的外衣	1. 愿意自己做事情 2. 尝试自己穿外衣 3. 提高生活自理能力	衣服里面朝上放 站在衣领正上方 双手插进袖口里 撑起衣服往后飞

宝宝班生活课程
第四周

时间	活动名称	材料投放	活动目标	游戏支持
星期一	叠外衣	幼儿自己的外衣	1. 愿意自己做事情 2. 尝试自己叠外衣 3. 提高生活自理能力	衣服铺铺好 关好左右门 左右抱一抱 弯腰叠叠好
星期二	叠外衣	幼儿自己的外衣	1. 愿意自己做事情 2. 尝试自己叠外衣 3. 提高生活自理能力	衣服铺铺好 关好左右门 左右抱一抱 弯腰叠叠好
星期三	叠外衣	幼儿自己的外衣	1. 愿意自己做事情 2. 尝试自己叠外衣 3. 提高生活自理能力	衣服铺铺好 关好左右门 左右抱一抱 弯腰叠叠好
星期四	叠外衣	幼儿自己的外衣	1. 愿意自己做事情 2. 尝试自己叠外衣 3. 提高生活自理能力	衣服铺铺好 关好左右门 左右抱一抱 弯腰叠叠好
星期五	叠外衣	幼儿自己的外衣	1. 愿意自己做事情 2. 尝试自己叠外衣 3. 提高生活自理能力	衣服铺铺好 关好左右门 左右抱一抱 弯腰叠叠好

宝宝班生活课程
第一周

时间	活动名称	材料投放	活动目标	游戏支持
星期一	拉拉链	幼儿自己的拉链外衣	1. 愿意自己做事情 2. 尝试自己拉拉链 3. 提高生活自理能力	两条小马路，正在闹别扭，你不理我，我不睬你，呜——开来一列小火车，双方握手变朋友
星期二	拉拉链	幼儿自己的拉链外衣	1. 愿意自己做事情 2. 尝试自己拉拉链 3. 提高生活自理能力	两条小马路，正在闹别扭，你不理我，我不睬你，呜——开来一列小火车，双方握手变朋友
星期三	拉拉链	幼儿自己的拉链外衣	1. 愿意自己做事情 2. 尝试自己拉拉链 3. 提高生活自理能力	衣两条小马路，正在闹别扭，你不理我，我不睬你，呜——开来一列小火车，双方握手变朋友
星期四	拉拉链	幼儿自己的拉链外衣	1. 愿意自己做事情 2. 尝试自己拉拉链 3. 提高生活自理能力	两条小马路，正在闹别扭，你不理我，我不睬你，呜——开来一列小火车，双方握手变朋友
星期五	拉拉链	幼儿自己的拉链外衣	1. 愿意自己做事情 2. 尝试自己拉拉链 3. 提高生活自理能力	两条小马路，正在闹别扭，你不理我，我不睬你，呜——开来一列小火车，双方握手变朋友

宝宝班生活课程
第二周

时间	活动名称	材料投放	活动目标	游戏支持
星期一	拉拉链	幼儿自己的拉链外衣	1. 愿意自己做事情 2. 尝试自己拉拉链 3. 提高生活自理能力	两条小马路，正在闹别扭，你不理我，我不睬你，鸣——开来一列小火车，双方握手变朋友
星期二	拉拉链	幼儿自己的拉链外衣	1. 愿意自己做事情 2. 尝试自己拉拉链 3. 提高生活自理能力	两条小马路，正在闹别扭，你不理我，我不睬你，鸣——开来一列小火车，双方握手变朋友
星期三	拉拉链	幼儿自己的拉链外衣	1. 愿意自己做事情 2. 尝试自己拉拉链 3. 提高生活自理能力	两条小马路，正在闹别扭，你不理我，我不睬你，鸣——开来一列小火车，双方握手变朋友
星期四	拉拉链	幼儿自己的拉链外衣	1. 愿意自己做事情 2. 尝试自己拉拉链 3. 提高生活自理能力	两条小马路，正在闹别扭，你不理我，我不睬你，鸣——开来一列小火车，双方握手变朋友
星期五	拉拉链	幼儿自己的拉链外衣	1. 愿意自己做事情 2. 尝试自己拉拉链 3. 提高生活自理能力	两条小马路，正在闹别扭，你不理我，我不睬你，鸣——开来一列小火车，双方握手变朋友

宝宝班生活课程
第三周

时间	活动名称	材料投放	活动目标	游戏支持
星期一	扣扣子	幼儿自己的外衣	1. 愿意自己做事情 2. 尝试自己扣扣子 3. 提高生活自理能力	小扣子，圆溜溜好像眼睛找朋友小洞洞，忙招手欢迎扣子钻洞洞
星期二	扣扣子	幼儿自己的外衣	1. 愿意自己做事情 2. 尝试自己扣扣子 3. 提高生活自理能力	小扣子，圆溜溜好像眼睛找朋友小洞洞，忙招手欢迎扣子钻洞洞
星期三	扣扣子	幼儿自己的外衣	1. 愿意自己做事情 2. 尝试自己扣扣子 3. 提高生活自理能力	小扣子，圆溜溜好像眼睛找朋友小洞洞，忙招手欢迎扣子钻洞洞
星期四	扣扣子	幼儿自己的外衣	1. 愿意自己做事情 2. 尝试自己扣扣子 3. 提高生活自理能力	小扣子，圆溜溜好像眼睛找朋友小洞洞，忙招手欢迎扣子钻洞洞
星期五	扣扣子	幼儿自己的外衣	1. 愿意自己做事情 2. 尝试自己扣扣子 3. 提高生活自理能力	小扣子，圆溜溜好像眼睛找朋友小洞洞，忙招手欢迎扣子钻洞洞

宝宝班生活课程
第四周

时间	活动名称	材料投放	活动目标	游戏支持
星期一	扣扣子	幼儿自己的外衣	1. 愿意自己做事情 2. 尝试自己扣扣子 3. 提高生活自理能力	小扣子，圆溜溜 好像眼睛找朋友 小洞洞，忙招手 欢迎扣子钻洞洞
星期二	扣扣子	幼儿自己的外衣	1. 愿意自己做事情 2. 尝试自己扣扣子 3. 提高生活自理能力	小扣子，圆溜溜 好像眼睛找朋友 小洞洞，忙招手 欢迎扣子钻洞洞
星期三	扣扣子	幼儿自己的外衣	1. 愿意自己做事情 2. 尝试自己扣扣子 3. 提高生活自理能力	小扣子，圆溜溜 好像眼睛找朋友 小洞洞，忙招手 欢迎扣子钻洞洞
星期四	扣扣子	幼儿自己的外衣	1. 愿意自己做事情 2. 尝试自己扣扣子 3. 提高生活自理能力	小扣子，圆溜溜 好像眼睛找朋友 小洞洞，忙招手 欢迎扣子钻洞洞
星期五	扣扣子	幼儿自己的外衣	1. 愿意自己做事情 2. 尝试自己扣扣子 3. 提高生活自理能力	小扣子，圆溜溜 好像眼睛找朋友 小洞洞，忙招手 欢迎扣子钻洞洞

童谣在小班体育游戏中运用的策略研究

东北师范大学附属实验学校

张 啸

《童谣在小班体育游戏中运用的策略研究》结题报告

东北师范大学附属实验学校

张 啸

一、问题提出

（一）国内外研究现状

在全世界各民族文化之中，都有童谣的广泛记载。日本的童谣数量颇大，旋律轻松优美，歌词简短明快，以儿童的内心视点看世界，如《铁臂阿童木》。美国童谣内容丰富，旋律欢快，歌词简短明快，朗朗上口，美国的动画片发展迅速，动画片的儿歌童谣流传久远，耳熟能详，如《猫和老鼠》。中国优秀传统文化博大精深，凝聚着中华民族自强不息的精神追求和历久弥新的精神财富，历史悠久，如《三字经》等。

党的十九大指出："要坚持传统与现代融合，传承与发展并重，孜孜不倦弘扬优秀传统文化。"

中国教育网发表文章《强化中华优秀传统文化教育》：党的十八大以来，以习近平同志为核心的党中央高度重视中华优秀传统文化的历史传承和创新发展，是中华民族的精神追求和最根本。

《幼儿园教育指导纲要（试行）》指出："要充分利用社会资源，引导幼儿实际感受祖国文化的丰富与优秀。"还指出："开展丰富多彩的户外游戏和体育活动，培养幼儿参加体育活动的兴趣和习惯，增强体质，提高对环境的适应能力。"

科学地开展体育游戏，能够有效促进幼儿的生长发育，以及身体健康发展。童谣种类繁多，又富有趣味，形式简单，与体育游戏相融合是幼儿游戏的发展需要。

（二）课题研究依据

幼儿园体育活动是幼儿教育之中重要的组成部分，根据幼儿身心发展的特点，要适当地根据幼儿情况制订体育运动计划，有目的、有计划地发展幼儿肢体协调能力，增强身体的灵活性，提高身体素质，让幼儿养成锻炼身体的习惯，为幼儿终身发展打下坚实的基础，其同时也是幼儿全面发展的基石。《幼儿园工作规程》明确规定了幼儿体育的总目标："以幼儿健康发展为中心，促进幼儿身心和谐发展。幼儿园体能训练要促进幼儿身体的生长发育，发展各种基本动作，培养最基本的身体素质。"所以体育运动对幼儿的终身发展起到了至关重要的作用。

《3—6岁儿童学习与发展指南》指出："要充分认识生活和游戏对幼儿成长的教育价值，把握蕴含其中的教育契机。"《幼儿园教育指导纲要（试行）》指出："游戏是幼儿园基本的活动。"有效提高幼儿传统体育游戏活动是我园健康教育的重要内容之一。

著名儿童教育学家、首都师范大学教授金波说："好的童谣是心灵鸡汤，能滋润心灵，帮助幼儿健康成长，童谣这种文学形式，孩子们易掌握，通过传唱，既可以得到快乐，又可以学到知识，有助于孩子们形成良好的审美能力。有益于人格的塑造、品格的形成，乃至于对促进中华民族语言美感的培养起到潜移默化、无可替代的作用。"

探索童谣与体育游戏之间的内在关联，有助于体育游戏的丰富化、内容的丰富化，更有利于幼儿园实现教育资源的整合，多维度实现教育延展性，既符合幼儿自身发展需要，同时也符合幼儿语言和身体的发展需要。

（三）研究意义及价值

幼儿园体育游戏多以大型玩具替代户外游戏和体育活动，无明确目标，随意性较大，幼儿可以自由活动。小班幼儿体育游戏较受局限，幼儿兴趣不浓，若场地大且空旷的话，教师会由于嗓音过大而声音沙哑。

童谣节奏明快，富有童趣性，能够激发幼儿参加体育游戏活动的积极性，掌握规则与游戏玩法。挖掘民间童谣的文化性与教育性，不仅可以促进民间文化的继承，促进小班幼儿的语言发展，还可以助力小班幼儿体育游戏的有效开展。因而我们把童谣与体育游戏合二为一，进行尝试与研究。

以童谣为载体的体育游戏，促进幼儿身心和谐发展。运用小班童谣体育游戏，增强幼儿的体质，促进幼儿富有个性地发展。根据需要更新幼儿教师对童谣体育游戏的教育教学的观念，积极完善童谣在体育游戏中的运用，建构具有特色的童谣与体育游戏相结合的课程。

通过研究发现：童谣能够发展语言能力，提高幼儿的自控能力，使其摆脱以自我为中心，向合作发展；能够促进幼儿和家长之间的亲子关系，提高幼儿和成人之间的交往能力；能够增强幼儿的民族认同感，传承民族文化；有助于幼儿后继学习和终身发展。

还可以通过创编童谣，了解游戏玩法。有一些游戏，很难找到与之匹配的民间童谣。为了让幼儿适应根据童谣进行游戏的模式，我们也创编了很多比较适合小班幼儿的童谣。这些童谣篇幅短小、朗朗上口，更容易让幼儿理解并掌握。如游戏《小青蛙跳荷叶》是创设小青蛙跳荷叶的情境练习双脚跳，结合童谣"小青蛙，呱呱呱，跳过荷叶捉害虫，呱——"更能增加游戏的趣味性。再如游戏《大熊过山洞》的游戏规则是通过模仿大熊走路练习躲避障碍物，结合童谣"熊宝宝，钻山洞，熊宝宝，绕障碍，熊宝宝，出来了"能够帮助幼儿更容易掌握游戏玩法。

二、概念界定

童谣是为儿童作的短小的诗歌，它强调格律和韵脚，通常情况是以口头形式流传的；是广泛流传的，并传唱于儿童之口，没有乐谱、音节；是和谐简短的歌谣，是民间传统文化的体现，是记载传统文化的方式，是经久流传、朗朗上口、受孩子们喜爱的诗歌。

体育游戏是指在体育运动的基础上，综合儿童的跑、跳、投等各项体育活动的基本运动形式，并根据幼儿需要和年龄特点，有针对性地拟定游戏活动。体育游戏主要由各种基本动作组成，有一定规则和玩法，是一种融合运动、游戏和教育指导的身体练习活动。

三、研究目标及研究内容

（一）研究目标

(1) 有效运用童谣开展体育游戏活动，促进幼儿身心发展。

（2）以童谣为契机提高体育游戏的多样化，拓展活动的有趣性和有效性。

（二）课题研究的内容

（1）童谣在小班体育游戏中的意义研究。

（2）童谣在小班体育游戏中应用的实践研究。

四、研究方法

文献研究法：组织教师在课题研究前做好深入的学习准备，以及搜集、整理文献的工作，并针对文献进行筛选、学习研究，形成科学的理论支撑，了解当下的领域现状。

问卷调查法：通过家长调查问卷，汇总家长信息。（了解家长对体育运动的认识，以及对其重要性的了解；通过问卷了解家长对童谣的了解；得到家长的积极配合与支持，使幼儿通过童谣发展）

教育观察法：在课题研究过程中，教师在活动中有目的、有计划地设计活动方案，形成教育计划，在实施过程中进行观察、反思、提升、总结经验，从而提供有效的指导。

五、研究步骤

本课题研究拟用一年半完成，分四个阶段进行。

（一）第一阶段（准备阶段）

1. 成立课题研究小组

2. 制订切实可行的课题研究实施方案与计划

职责、任务分解落实对工作要求等方面做出详细的安排，时间与人员安排具体落实。

3. 组织课题组成员研究相关教育教学理论

（二）第二阶段（实施阶段）

1. 前期调查问卷，拟定有针对性的具体的研究实施内容与方式

(1) 向家长下发问卷。
(2) 根据问卷调查，撰写调查报告。
(3) 根据调查报告中存在的问题，提出具体的研究实验内容与方式。

2．开展童谣体育游戏教学研究活动，兼顾个案研究

3．对研究成果进行终结性问卷测评，完成第二阶段研究工作总结

（三）第三阶段（成果汇集阶段）

(1) 收集整理各类研究资料。
(2) 认真分析、研讨和总结，初步形成结论。
(3) 写好调查报告。
(4) 撰写结题研究报告与工作报告。

（四）第四阶段（成果鉴定阶段）

(1) 邀请专家进行成果鉴定。
(2) 与他校交流完善研究经验（成果）。

六、研究成果及成效

（一）研究成果

在此期间，教师撰写了《浅谈童谣在小班体育游戏中的运用》《浅谈童谣在小班体育游戏中的意义》等论文并刊登在省市的教育刊物中。

（二）研究成效

在课题研究的阶段，教师钻研理论和论文的撰写，研究教育教学的方式方法，不断调整童谣的教学模式，更新教学思想。让孩子们玩中学，学中玩，通过童谣丰富体育游戏的玩法，鼓励幼儿探索，促进幼儿的生长发育。

教师的钻研能力得到提升，教师在实施课题研究的同时，钻研教育教学，调整体育游戏的实施路径。教师研读书籍、撰写案例、汇总童谣、交流心得、共同商讨反思，在学习研讨中发展，在钻研中收获，逐渐在组内形成一种积极向上的学习氛围。

七、讨论与思考

游戏是幼儿学习的主要途径,而3—4岁的幼儿又是语言发展的关键期,运用童谣来进行体育游戏更容易吸引幼儿,并能让幼儿更快地掌握游戏方法。那么,什么样的童谣适合与体育游戏相结合呢?

在进行体育活动时,围绕活动筛选适宜的童谣,尽量选择有趣、好玩、朗朗上口的童谣。根据一年多来教师们的反复思考,我们注意根据三个维度进行选取。

(一)与生活密切相连

民间童谣内容丰富、形式多样,但小班幼儿生活经验较少,并不是所有的童谣都适合小班幼儿。要选择一些浅显易懂、趣味性浓、又比较贴近幼儿生活的童谣。例如,游戏"平衡木"通过童谣《走平衡木》中的"平衡木,地上立,小朋友们走上去,立刻变成小飞机,夸赞自己有勇气"来帮助幼儿了解走平衡木的方法,并鼓励幼儿勇敢地走上去。既有童趣,又能让儿童产生兴趣。

(二)符合幼儿的年龄特点

小班幼儿的语言表达能力相对比较弱,往往想到什么说什么,缺乏条理性和连贯性,记忆能力和理解能力也比较差,那种篇幅短小、内容浅显、节奏鲜明的童谣,更容易让幼儿掌握。我们根据小班幼儿的年龄特点,选择字数少、节奏感强、富有童趣的童谣来进行体育游戏。如游戏"小白兔拔萝卜"通过童谣《小白兔》中的"小白兔,白又白,两只耳朵竖起来,爱吃萝卜爱吃菜,蹦蹦跳跳真可爱"导入,让幼儿模仿小白兔练习双脚跳,既帮助幼儿了解了游戏方法,又通过情境导入激发了幼儿游戏的兴趣。

(三)选择耳熟能详的童谣

有时候一首童谣并不能马上被幼儿记住并掌握,既要学会童谣,又要进行体育游戏,这对于小班幼儿来说还是有一定的难度的。为了帮助幼儿尽快掌握童谣内容，我们通常会选择一些耳熟能详、大家熟知的童谣来进行游戏。如游戏《小猪滚翻吧》是为了让幼儿掌握前滚翻技能，帮助幼儿前庭的发展。我们还选用了《小老鼠上灯台》这首童谣："小老鼠，上灯台，偷油吃，下不来。喵喵喵，猫来了，叽里咕噜滚下来。"根据童谣内容创设老鼠偷吃油的情境，帮助幼儿掌握前滚翻的技能，让孩子们乐在其中。

浅谈童谣在小班体育游戏中的运用

东北师范大学附属实验学校

张 啸

摘 要：童谣是由人民群众口头创作流传的、形式简单的、由儿童传唱的歌谣，生动形象，简洁明快，可以有效地融入幼儿小班的体育教育中，增加体育游戏的趣味性，集中幼儿注意力，激发幼儿的活动兴趣，有助于幼儿在体育活动中形成正确的动作表象，增加教育效果。本文将从童谣在当前小班体育的运用现状、运用方法、意义等多个方面展开探讨，以期探索以童谣促进小班体育教育的道路。

关键词：童谣；小班幼儿；体育教育

《幼儿园教育指导纲要（试行）》中明确指出幼儿园必须把保护幼儿的生命与促进幼儿的健康工作放在首位。因此幼儿园的体育教育工作的重要性不言而喻。童谣作为一种孩童喜闻乐见的文学形式，短小精练，朗朗上口，趣味性极强，将童谣融入体育教学的游戏中，不仅可以进一步增加体育游戏的趣味性，还能够促使幼儿明晓做人做事的道理，既提升了幼儿的身体素质，又培养了儿童的意志品质。尽管童谣融入体育游戏教学好处多多，但目前而言，童谣在小班体育游戏中的运用却不多。

一、童谣在当前小班体育游戏的运用现状

我国目前对幼儿品德和素质研究的文献虽然很多，但是大多数都集中在幼儿情感教育的理论研究，对幼儿情感教育的手段与途径尤其是幼儿体育活动能力方面的实践研究较少。而国外虽然有不少关于幼儿体育能力培养研究的文献，但主要体现在体育运动项目，以童谣儿歌为形式培养幼儿体育素质的实践研究几乎没有。因此，目前大部分幼儿园小班体育教育依旧是以传统体育教学

为主，虽然技术性较强，却忽略了幼儿身心发展的需求，片面强调身体锻炼，忽视心理教育。目前，丰富多彩的体育游戏活动已经能够吸引幼儿参与体育活动，如果能够将童谣以合适的形式加入，一定会使幼儿的主动性进一步提高。

二、体育游戏中运用童谣的意义

首先，小班幼儿作为刚开始接受系统教育的个体，对系统的教育方式并不熟悉，需要采用幼儿熟悉的方式加以引导、接触，最终达到其接受教育的目的。在小班幼儿进入幼儿园之前，幼儿并没有体育活动、体育游戏的概念，如果贸然对幼儿开展体育游戏的教育，势必会出现幼儿之间配合不当、对游戏不熟悉导致教学中止，甚至造成幼儿受伤等情况。因此，采用幼儿普遍比较熟悉的童谣引导幼儿熟悉体育游戏，掌握游戏方法和规则，能够更快更好地促使小班幼儿接受体育游戏的教育方式，快速进入角色，达到事半功倍的教育效果。

其次，根据"印痕期"理论，越早对幼儿进行人格塑造，日后构建完整三观的可能性越高，而小班幼儿正处于人格塑造教育的黄金阶段。童谣作为代代传唱的文学作品，其本身就蕴含着诸多优良的传统美德，能潜移默化地指导幼儿形成良好的美德思想。有研究证明，体育活动能够促使幼儿的性格趋向于开朗化。童谣+体育游戏的形式无疑能够帮助小班的幼儿良好地塑造完整的人格，养成多种美好的品德与性格。

最后，童谣作为一种儿童传唱的歌谣，对于教师的编排能力具有一定的要求，需要教师摒弃自身的主观性，充分尊重幼儿的身心发展规律，研读教材。这在客观上促进教师不断学习，增长知识，更加深入地了解幼儿内心，提高了执教能力和职业素养，达到了师生共同进步的目的。

三、如何在体育游戏中融入童谣

在对幼儿进行童谣体育游戏教育之前，需要先进行游戏规则的解读，由教师示范，随后再教授童谣，这样便于幼儿加深记忆，更好地理解游戏规则，为游戏的开展奠定良好的基础。在挑选或编排童谣时，要注意童谣与游戏的适配性及童谣的韵律性。例如，湖北宜昌的杨君若老师在进行童谣体育教学时便着重考虑了上述几点。在进行跳远游戏时，杨君若老师将跳远的动作要领编排成了一则童谣。

    立定跳远跳得好，双脚蹬地向前跃。
    收腹提膝很重要，双脚着地轻又巧。

  在童谣与示范的双重教学下，幼儿们普遍快速掌握了跳远游戏的技巧，在进行具体游戏时也增添了许多乐趣。

  在游戏教育开展时，教师除了首要关注幼儿的安全问题之外，还应当明白童谣虽然好处多多，但归根到底是游戏教育的辅助手段，其教育本质依旧应当回归到教育本身，在教育时，不应该过多看重童谣与活动，而应将思路放在培养幼儿的学习兴趣、学习习惯、观察力、想象力、表现力和协调力等能力上。体育游戏是完成童谣与体育素质教育的最有效途径，二者结合势必使教育效果大大提高。

  童谣的主要特点是篇幅小，节奏活泼，语言形象有趣，富有节奏感。教师在具体的游戏活动中要主动引导幼儿"听学做"，带领幼儿领会其意思，锻炼身体。大部分幼儿在听到某种童谣之后都会自觉地跟随吟唱和跟做某种体育活动，这种方式抓住了幼儿们身心发育的特点，使幼儿们可以在玩中学，在学中玩，这种潜移默化的教学方式，是最符合幼儿发展规律的。

  总之，在小班幼儿的体育教学中，运用童谣游戏的方式，可以激发幼儿们的思维，培养幼儿良好的品德与性格，使幼儿养成勇于表达的习惯，更可以活跃气氛，激发幼儿的学习兴趣，提高教育效果。因此，教师们要精妙地在体育游戏中运用童谣，帮助幼儿更快更好地成长。

参考文献：

[1] 中华人民共和国教育部. 幼儿园教育指导纲要（试行）[M]. 南京：江苏教育出版社．1999 (10)．
[2] 李毅. 论幼儿园的儿歌教育 [D]. 长沙：湖南师范大学，2009 (6)．
[3] 龚坚. 体育游戏与健康 [M]. 重庆：西南师范大学出版社，2004．
[4] 茨木惇辅. 学校体育大全 [M]. 乐云，译．杭州：浙江科学技术出版社，2010．

小班童谣体育游戏案例集

【活动名称】

钻城门

【活动目标】

1. 会一个跟着一个钻过"城门"

2. 愿意参与游戏

【活动重点】

幼儿一个跟着一个钻过"城门"

【活动准备】

宽阔的场地(室外)

【活动过程】

1. 热身活动

2. 示范钻"城门"

两位老师面对面举起双手,手心相对搭成"城门",请幼儿一个跟着一个边念儿歌《过城门》边低头钻过城门。(可引导幼儿根据儿歌节奏拍手)

3. 游戏：钻城门

（1）教师提醒幼儿，一个跟着一个过城门时要低头，以免被"城门"碰到。

（2）当幼儿熟悉游戏后，教师可忽高忽低变换手臂的高度，增加游戏乐趣。

附儿歌：

开城门，城门开，城门上锁打不开。
上的什么锁？金钢大铁锁。
大刀砍，也不开；大斧砍，还不开！
好！看我来把城门开。哗！

亲子游戏调查问卷

尊敬的各位家长：

您好！

感谢您在百忙之中抽出时间来回答我们的调查问卷，本次调查问卷旨在了解幼儿体能运动的现状，此问卷的调查结果将是我们今后教学的重要依据。本次调查的数据仅用于数据统计分析，此问卷不记名，请您如实填写。

衷心感谢您的支持与合作！

每个问题之后有若干个选项，请您在赞同的选项前的"□"内打"√"。

一、基本信息

孩子就读的幼儿园：_____

孩子性别： □男 □女

孩子出生日期：　　年　　月　　日

孩子年级：　　□大班　□中班　□小班　□托班

您是孩子的：　　□父亲　□母亲　□其他

孩子的主要看护人是：　□父母　□老人　□保姆　□其他

父亲学历： □初中及以下　□高中或中专　□大专　□本科及以上

母亲学历： □初中及以下　□高中或中专　□大专　□本科及以上

二、请正式回答下面问题

1. 平时孩子的户外运动都由谁来带领

　□父母　　　　□祖父母或外祖父母

　□保姆　　　　□亲戚　　　　□其他

2. 你认为幼儿运动的重要性
  ☐非常重要　　☐重要　　☐无所谓　　☐其他

3. 在家庭中您的孩子每天安排的运动
  ☐有规律安排　　☐随意安排　　☐很少安排

4. 每天的运动总计时间为
  ☐1小时以上　　　　　　☐1小时（包括1小时）
  ☐半小时（包括半小时）　☐几乎没有

5. 日常家长对孩子的运动总结
  ☐基本上做到有互动与指导
  ☐偶尔会有指导
  ☐放羊式任意活动无指导

6. 日常您的孩子对各类运动活动的参与兴趣
  ☐兴趣很高　　☐有兴趣　　☐不感兴趣

7. 您的孩子日常和同伴共同运动
  ☐经常　　☐偶尔　　☐很少

8. 幼儿手膝着地爬
  ☐能听信号迅速向不同方向手膝着地爬
  ☐能自然协调地手膝着地爬
  ☐不能自然协调地手膝着地爬

9. 在低矮的攀登架或梯子上爬上爬下，或从一侧爬至另一侧
  ☐能独立攀爬，动作自然、迅速
  ☐能独立攀爬，但动作缓慢
  ☐需要成人的帮助才能完成

10. 日常上下楼梯
  ☐能独立双脚交替自然走
  ☐独自双脚并步走
  ☐需要成人搀扶帮助

11. 走平衡木（平衡木尺寸：宽20cm，高20cm，长2m）
☐ 能独立双脚交替自然前进走完平衡木
☐ 需要家长扶持完成走平衡木
☐ 不能尝试走平衡木

12. 间歇地行走一段距离
☐ 300 m以上　　　　　　　☐ 100—300 m以上
☐ 50 m以下　　　　　　　☐ 没有长距离行走的经验

13. 快跑一段距离
☐ 50 m以上　　　　　　　☐ 20—30 m
☐ 20 m以下　　　　　　　☐ 快速奔跑有困难

14. 平衡塑胶地上10 m折返跑
☐ 能独立控制身体快速奔跑和停止，完成折返跑
☐ 能独立快速奔跑，但控制身体的能力较弱
☐ 需要家长的帮忙

15. 分散跑时躲避他人的碰撞
☐ 有躲避意识并能灵活躲避
☐ 有躲避意识，但躲避不灵活
☐ 没有躲避的意识

16. 双脚连续向前直线蹦跳过障碍物（高度10cm的泡沫砖或纸盒障碍物4个）
☐ 能双脚连续向前蹦跳过4个以上障碍物
☐ 能双脚同时起跳，间歇停顿式向前蹦跳障碍物
☐ 不能双脚同时起跳

17. 单手将沙包向前投掷（m）
☐ 1 m以下　　　　☐ 1—3 m　　　　☐ 3 m以上

18. 双手向上抛接球
☐ 会自然地双手抛球并能接住成人抛的球
☐ 会抛球，但接球有困难
☐ 不会抛球和接球

19．骑三轮或四轮自行车
☐ 会协调骑车并能自如地控制方向绕障碍
☐ 会协调直线骑车，但控制方向有困难
☐ 不会骑车

20．原地站立用脚踢球
☐ 会协调地摆动脚对准踢球
☐ 有探索兴趣，在成人引导下探索不同玩法

21．日常幼儿对器械材料是否有探索多种玩法的兴趣和行为
☐ 探索兴趣高，能独立探索出多种玩法
☐ 有探索兴趣，在成人引导下探索不同玩法
☐ 没有探索兴趣，以模仿成人为主

22．知道不做危险动作，不到危险的地方玩耍
☐ 不需成人提醒能自己做到
☐ 在成人提醒下能做到
☐ 成人提醒后不能做到

23．你认为运动能带给孩子（多选题）
☐ 增强体质和运动能力　　☐ 培养运动兴趣与习惯
☐ 增进亲情　　　　　　　☐ 培养交往能力

24．您的孩子日常主要运动场所有（多选题）
☐ 小区体育场所　　　　　☐ 学校体育场所
☐ 公园广场　　　　　　　☐ 营业性运动场所
☐ 自家庭院室内

25．您的孩子经常进行的运动有（多选题）
☐ 球类游戏　　　　　　　☐ 快跑类游戏
☐ 滑板或轮滑　　　　　　☐ 骑车
☐ 游泳　　　　　　　　　☐ 跳房子等跳跃类游戏
☐ 其他

26. 您的孩子在幼儿园活动中如果发生小磕小碰，您是怎样想的

　　□理解　　　　　□不理解　　　　　□其他

27. 您的孩子最喜欢的运动是什么？最擅长的运动是什么？

28. 您希望孩子进入幼儿园后每天开展哪些体育活动？

29. 您对幼儿园的运动安全有什么建议？

中班建构区幼儿自主游戏的实践与研究

东北师范大学附属实验学校

白 晶

《中班建构区幼儿自主游戏的实践与研究》结题报告

东北师范大学附属实验学校

白 晶

一、问题提出

（一）国内外研究现状

《3—6岁儿童学习与发展指南》提出：在活动区开展游戏，对于幼儿自主学习具有促进作用，通过构建游戏，可以开发幼儿的思维逻辑能力，训练幼儿的动手操作能力，发展幼儿的艺术性与创造性，幼儿阶段的活动体验，是非常宝贵的。因此，幼儿园需要为建构区游戏提供空间、素材、时间，保障幼儿建构游戏的开展。《3—6岁儿童学习与发展指南》向我们传递了这样的信息：区域活动中，要通过游戏实现学习的过程，发展幼儿的主体性，让幼儿通过应用材料、操作工具、协同伙伴，进行交流合作，实现自主学习，发展幼儿身心、认知与社会性。游戏中，幼儿可以自发学习数学、科学等知识，也可以通过与同伴共同建构发展社会性，通过对不同材料的感知能了解周围的生活。但在幼儿园的教学实践中我们经常会看到，在建构区游戏中制订好详尽的游戏计划，或者把一些拼搭的图示贴在墙上，幼儿根据教师操作要求进行模仿建构，这一过程中，幼儿只是被动游戏，缺乏主动性，束缚了幼儿的创造性。简单的模仿和拼搭，更减少了游戏给幼儿带来的快乐。游戏的内涵之一就是幼儿自发地参与活动，缺乏游戏自主性的建构游戏，也失去了它独特的教育价值。

幼儿建构区游戏，不仅包含游戏本身对幼儿的发展促进作用，也包含自主的游戏形式对幼儿发展产生的促进作用，这些作用体现在幼儿的身心发展、认知发展、思维能力、创造能力、艺术思维与想象力等方面。对于幼儿的协同能力及社会交际能力也有一定的促进价值。同时，自主游戏也丰富了幼儿的内心，使得幼儿的情感得到满足，幼儿也能通过这些锻炼发展自学能力、探究能力，养成自学习惯、探究习惯。虽然其意义众多，但是，目前的研究仍停留在幼儿游戏本身的价值取向上，并未将问题研究聚焦在幼儿自主游戏的核心价值上。

（二）课题研究依据

通过查阅文献，我们找到了关于幼儿建构区游戏材料投放、环境创设等方面的研究，其中涉及了建构区游戏材料投放对幼儿自主游戏行为的影响，建构区的游戏活动指导方法策略及与同伴互动、协作，与教师互动、沟通对游戏的影响，还包括了对幼儿能力培养方面的研究。通过对这些内容进行梳理，了解到关于建构区的研究重点集中于材料投放、活动策略、师生互动、能力培养几个方面，这些内容，对于指导幼儿教师进行环境创设、促进幼儿实现能力培养等具有重要借鉴意义。关于幼儿自主性的研究不多，并且研究不全面，缺乏有效的数据支撑，本研究作为对中班建构区幼儿自主游戏的探索，将为如何在建构游戏中发展支持幼儿自主游戏及教师如何支持幼儿自主游戏等奠定基础。

1. 关于建构区游戏材料投放策略的研究

赵秀英在研究中表示，幼儿游戏中材料的投放，要保障其有效性。日常收集的游戏材料，大多是废旧的生活用品或包装材料，以及天然的素材，如树叶、树枝等，这些材料，品类多样，来源广，成本低，数量大，低结构化，具有多功能、多层次特点，能够让幼儿在使用过程中获得对材料的感知，掌握不同材料的材质、结构、颜色、气味、质量等，了解不同材料的不同特性与结构，并利用这些特性与结构特点，融合想象力和创造力，进行构建、设计、制作，展示出不同的形态、花样，形成创意的作品，实现材料投放的有效性，发挥游戏中材料驱动下的教育意义。此外，也要注意材料投放的长效性，收集使用时，根据材料的应用情景、应用频率，分成短期材料、长期材料，例如，纸质的包装类材料，由于应用损耗较大，只能作为短期游戏材料使用，幼儿在运用中，可以通过包装盒子的形状发挥想象力，制造形态各异的纸质作品，但是，这些纸质作品并不适宜长久存放与反复使用。有些材料，如易拉罐、玻璃瓶等，可以反复使用，长期保存，因此是长期游戏材料。这类材料幼儿能够反复使用，并且不容易损坏，能够满足非常多的游戏需要，存放方便，不怕腐蚀，可供本届幼儿使用，也可为下届幼儿重复利用，发挥游戏资源的长效性作用。

张学英在研究中表示，建构区的创设要参考幼儿的喜好，要能够满足幼儿的兴趣需求。兴趣是最好的老师，任何的教学设计都应该从学习者的兴趣出发，幼儿教师只有掌握了幼儿的年龄与兴趣特点，才能把握幼儿需要，使游戏材料投放更有针对性。

吴晓青在研究中表示，建构区材料的投放要内容丰富，物品具备一定层次，并且材料要具备可塑性，能够让幼儿进行再设计、再利用。

王谨巧在《辅助材料的投放方式对幼儿积木游戏行为的影响》中表示，材料投放要讲究方式性，方式引导着幼儿游戏的社会性行为、认知行为、争执行为、情感体验等，对于幼儿思维的发展、想象力的发挥产生积极作用，能够影响幼儿的作品数量、作品质量、作品主题。例如，在积木游戏中进行辅助材料投放，会增加旁观行为；单一的投放会引发自主游戏行为。

吴文霞在研究中表示，建构区环境要有适应性，要能够变通。教师要根据幼儿的情况，进行适时的调整，有效的、渗透性的指导与启发，合理地提供其他辅助材料，并进行任务的设计，让幼儿有紧迫感，提高游戏互动，增强评价实效。

师远贤在研究中表示，投放游戏材料需要从幼儿的年龄特点出发，并且要明确教学任务，清楚材料对于教学任务的促进作用，熟悉材料的功能，明确作品数量，把控游戏时间，让幼儿在游戏材料操作中获得运动和认知等多方面的发展。

葛春晖在研究中表示，幼儿区域活动材料的投放，要从材料的安全性、操作性、利用效率、趣味性、暗示性、差异化、探究性等方面去考虑，不同游戏材料特点对应幼儿不同能力的开发，材料设计应具备针对性。

2. 关于建构区活动指导策略的研究

(1) 教师对幼儿游戏介入时机的有关研究。陈琦在研究中表示，幼儿自主游戏虽然体现幼儿的自主性，但是也需要教师在适当的时机介入，以实现幼儿游戏的高效性与教育意义。教师需要通过观察及时捕捉幼儿动态，渗透教育契机，引导幼儿自主发现问题，自主自由选择解决方向，感受游戏中解决问题的快乐，帮助幼儿解决幼儿无法自主解决的问题，处理幼儿游戏中的人际矛盾，解决孩子的困难与磕绊，辅助他们继续在游戏中前行。通过对已有文献进行分析可看出，教师要实现幼儿游戏介入时机的恰到好处，不产生其他不好影响，不影响其他自主性的发生，就需用耐心的观察作为基础，通过对幼儿的行为、想法、表现等进行深入分析，把握幼儿的想法，找到介入的最佳时机，开展有效的指导。

(2) 教师对幼儿游戏指导方式的有关研究。丁海东在研究中表示，避免教师对幼儿游戏自主性的过度指导干扰，需要构建幼儿自主游戏的全面意识。本着寓教于乐、寓教于玩的原则，通过游戏让幼儿获得体验，避免因为教师的指导对幼儿的自主行为产生干扰，要尽量保护幼儿游戏的自由氛围，最大化地实现幼儿游戏的自主过程。无为而无不为，沉默在自主性实现过程中，就是最好的教。

刘焱在研究中表示，教师对幼儿游戏的干预方法主要以自身、材料、幼儿伙伴三种途径开展。以幼儿教师自身为媒介，需要应用非语言、语言的形式进行干预，非语言类的形式可以是眼神指示、动作示范、辅助性帮助等，语言的形式就是针对过程性问题进行指导。

邱学青在研究中表示，教师要通过讨论的建构指导幼儿的经验整理、提升、分享，整理经验的有效性，提升经验的指导性，分享经验的参考性。教师介入游戏，可以通过平行式、交叉式和垂直式三种方法。

综上所述，幼儿教师对幼儿自主游戏的介入并非完全无章法地介入，必须具备一定的理论支撑，有出发点地进行介入。教师介入的基础就是对幼儿自主游戏的过程进行细致、耐心的观察，了解幼儿的行为动态与思想初衷，给予科学的指导与支持。教师在给予支持时，可以用游戏者的身份或者指导者的身份进入，根据幼儿的情况，及时调整教师角色，实现对幼儿自主游戏的促进。目前，对于教师应提供的详细的支持实践内容鲜有研究，只着眼于幼儿游戏大背景，并没有进行细分角度的研究，也没有针对不同的游戏情境提供游戏支持。

3. 关于建构区游戏研究中存在的不足

张志玲在研究中表示，幼儿建构活动的具体实施过程还存在很多不足，需要被发现与完善，例如，活动区环境创设不能符合幼儿喜好，环境布局不够科学，成人化，无法适应幼儿年龄特点，活动时间安排不足，幼儿活动不完整；建构区材料供应不适合，不能适应幼儿的思维发展特点与手工特点，不能及时更新、更换材料；教师介入方式方法不当，对幼儿自主性容易产生影响，反而强化了幼儿对教师的依赖性，不利于幼儿自主能力的发挥，教师对主题、材料的设置限制了幼儿的发散性思维；教师评价单一，缺乏针对性。张志玲认为，创设环境应充分考虑幼儿特点，让活动主题参与进来，给予丰富的材料、充足的时间；材料投放要有目的，品类要丰富，要能够进行塑造，要有层次感，要能促进幼儿与游戏材料互动；教师要引导幼儿与其他幼儿进行合作、分享、交流；并且，要应用多元化的评价方式。

（三）研究意义及价值

1. 研究意义

（1）建构区游戏对幼儿学习发展具有重要价值。构建区游戏强调幼儿与周围游戏环境、游戏工具、游戏同伴的互动关系与互动作用，是人际交往、协同合作的构建过程。幼儿是构建区游戏的主体，其他环境、工具是辅助，教师在其中只发挥着在游戏关键环节、关键问题上的引导作用。建构主义理论，对在幼儿园区角游戏中培养幼儿自主性尤为重要。

在建构区游戏中，幼儿通过自主动手游戏，能够自主地完成对数学、科学等知识的学习，也可通过与同伴共同建构发展社会性，通过对不同材料的感知了解周围的生活。这一系列过程，满足了幼儿的需求、心理、情感诉求，发挥了幼儿的想象力、创造力、动手能力、审美能力，帮助幼儿感受不同材料的特点、性质，理解空间结构；增强特性认知，促进幼儿知觉、触觉、思维、逻辑、审美等能力的发展。建构区游戏还有助于幼儿与同伴之间的协作、互助、情感、交流，形成耐心、合作、坚持的良好品质，促进幼儿的身心、认知、社会性发展，帮助幼儿构建情商、智商。

（2）自主游戏是建构区活动的主要形式。自主游戏就是通过完全自我主导的方式来实现游戏的过程。自主性就是不依赖他人的想法、操作、思维、能力，完全依靠自身来进行。自主活动发生在一定的条件之下，具备完全支配权、控制权、决定权、参与权，并有能力实现活动的自主过程。怀特将自主性分成三个阶段：第一阶段，通过概念建立自我认知；第二阶段，通过感知建立自我意识，形成情感认同；第三阶段，通过行动形成满足感、胜利感。自主游戏能够促进儿童的认知、情感、行为等方面的自主性。游戏是幼儿学习的主要形式，建构游戏支持幼儿的自主性，使其成为活动主体，参与者可以自主选择游戏的内容、形式。建构区游戏发展幼儿的自主性，能最大限度地让幼儿通过积极与材料互动、亲自操作来进行感知和发现、探索和创造，对幼儿的身体机能发展、社会性发展、审美发展都有重要的价值。建构区幼儿的自主游戏能促进幼儿的全面发展，是实现建构区域活动价值的最大意义。而教师只需要为区域活动准备素材、设备，通过活动讲解激发幼儿的兴趣与探究欲，引导幼儿发现问题、解决问题，让幼儿在游戏中学会自主创意、自由选择、主动参与、自主管理、自发学习，让幼儿的自主性在建构区游戏中真正生发出来。

（3）教师的有效支持与引导是促进幼儿从建构区自主游戏中受益的关键。在进入建构区后，幼儿能够自觉地开展活动，利用事前准备的材料与作品及构建区环境产生互动。但是，幼儿思维发展尚不成熟，在自主游戏过程中很容易因遇到问题而紧张，甚至产生急躁心理，对游戏产生厌烦情绪。为了帮助幼儿顺利地实现自主游戏的过程，教师需要提供支持与帮助，引导幼儿解决问题，进入下一个游戏阶段。在建构区游戏时，教师应该通过细心观察了解幼儿的行动特点、思维特点，掌握幼儿的自主想法，以便在必要的时候能够为幼儿提供有指导意义的帮助。只有充分了解幼儿各种行为发生的原因、性质等，教师才能真正地了解在建构区游戏中如何介入、是否介入、介入的时机等，才能真正做到有效指导，这是教师因材施教的基础，对促进幼儿自主性游戏的发展有重要价值。

2．研究价值

（1）对于幼儿园教师群体专业发展的价值。本园教师群体在研究过程中，教育观念发生转变，能从幼儿的视角去关注，并用科学的框架去架构幼儿的游戏，能正确看待幼儿的自主学习构建过程。此外，游戏是幼儿园的重要活动，通过游戏，能够让幼儿发展能力，掌握经验，获得成长，研究幼儿建构区自主游戏的实践过程，对于教师进一步认知幼儿的世界、了解幼儿的心理有促进作用。通过游戏，可以细致地观察幼儿的思维过程，找到促进幼儿发展的突破口，给予科学的指导，从而发展幼儿认知。

（2）推广应用价值。自主游戏是通过与游戏环境的互动实现幼儿自主学习的过程表现。目前，大家对幼儿自主游戏存在误区。第一个误区：自主游戏要全面提高"自主"性，不应该有任何干预，如果教师介入，自主游戏就失去了自主实现的意义；第二个误区：过分依赖自己的教育教学经验，毫不科学地对幼儿自主游戏过程进行干扰，让原本具备自主性意义的幼儿游戏失去了自主的活力与意义。其实，幼儿自主游戏最深远的意义并非游戏本身，也并非自主的形式本身，而在于其给予幼儿深远的影响与隐含的巨大意义与价值。因此，本研究将为教师在自主游戏中更好地与幼儿互动提供启发。

二、概念界定

本课题的关键词语是"建构区"和"自主游戏"。

建构区：构建，原是建筑学用语，强调在建造技术中应用材料、设计结构，进行建筑形式的表现。从它的相似概念来理解，幼儿园根据区域的使用途径，以及在幼儿园区域中开展的教学活动种类，可以分为建构区、阅读区、美工区等，幼儿在区域中得到关键经验的发展。幼儿建构区主要是通过御用元件教学工具，创造性地搭建结构造型，组成游戏的区域。因此，"建构区"在幼儿自主游戏中，是以"创造"与"搭建"的游戏方式来激发幼儿的建构性思维与创造性逻辑。

自主游戏：自主游戏是根据幼儿的自主想法开展的游戏活动。自主游戏中体现着幼儿的思维、兴趣，能够实现思维创造，兴趣满足，使得幼儿在游戏中获得快乐的体验，并且收获自主思维能力的发展。在自主游戏中，幼儿与其他同伴协作，共同完成游戏任务，在实现任务的过程中产生的交流与协同配合，能够有效地锻炼幼儿的沟通能力与协调能力。因此，自主游戏是幼儿教学中常应用的游戏形式，对于幼儿思维与能力的发展都有促进作用，并能促进幼儿人格的建构。

三、研究目标及研究内容

（一）研究目标

本研究在中班游戏当前发展的水平上，开发多样性的投放材料和主题情境融入建构游戏的相关内容，探索教师在区域游戏中的有效指导，尝试建构幼儿在建构区自主游戏的有效策略和教育方案，推动幼儿在建构区游戏中的自主性发展，开发幼儿多元智能，促进幼儿个体最大化发展。

(1) 探索建构区材料投放的有效策略，丰富建构区游戏内容。

(2) 探索将"主题情境"融入建构游戏的方法和策略，发展幼儿多元智能。

(3) 引导教师支持幼儿自主性建构的方法和策略，促进幼儿在自主建构中个性化成长。

（二）研究内容

（1）中班建构区游戏材料多样性投放，丰富游戏区活动内容的实践研究。

（2）"主题情境"融入建构游戏的方法和策略研究。

（3）幼儿自主建构游戏中教师指导策略的研究。

本文主要探索中班幼儿建构区自主游戏的有效方法和策略，立足探索中班建构区游戏材料多样性投放、"主题情境"融入建构游戏的方法和策略，探索教师指导幼儿自主性建构的有效路径，开发幼儿的多元智能，促进幼儿在自主建构中个性化成长。其中，"主题情境"融入建构游戏是本次研究的创新点，在幼儿建构过程中，作为促进他们建构水平发展的支架。在自然状态下，主题活动会自然衍生出不同的小主题，这些主题更有情境性，能更好地激活幼儿的建构经验，引发建构兴趣，还能引发他们持续建构的兴趣，让其在建构游戏中反复搭建，乐此不疲，迁移经验，自主建构。

四、研究方法

鉴于建构区游戏活动对幼儿成长和的发展的重要性，从建构区游戏的基本理论分析入手，探索中班幼儿建构区自主游戏的有效方法和策略。主要研究方法是观察法、访谈法、行动研究法、文献法。

观察法：笔者对幼儿园中班的56位幼儿每日在建构区游戏进行追踪观察，采用非参与性的观察方法，主要观察区域活动的环境创设、材料投放、教师指导及幼儿自由操作的活动情况，边观察边记录。为了保证记录的数据性与参考性，我们在不对幼儿形成干扰的基础下，进行了拍照和录影，以完善活动资料的搜集过程，之后，对这些内容进行了分析与解读。

访谈法：在课题研究中，笔者通过对教师进行访谈，收集关于建构区材料投放、教师支持幼儿自主游戏等方面的资料和素材，将访谈结果整理成文案，并进行整理和分析。

行动研究法：在建构区游戏材料丰富的内容、"主题情境"的融入和教师的支持策略的研究中，笔者运用了行动研究法，结合具体的研究，边实践、边反思，调整研究思路，以更好地解决问题。

文献法：笔者通过查阅国内权威教育网站、相关著作和期刊搜集关于幼儿园建构区域活动开展的相关文献，并对其文献进行整理和分析，为本研究提供重要的理论支撑，为本课题的研究和论文的撰写奠定基础。

五、研究步骤

第一阶段：完成了课题相关资料查询和文献查找工作，在全园进行开题报告。

第二阶段：研究阶段，完成了以下几项工作。

（一）投放多样性游戏材料，丰富建构游戏区活动内容

1. 根据中班幼儿年龄特点，投放符合其年龄特点的材料

活动区是从幼儿的特点出发，依照幼儿发展目标设计的。在设计之前，教师对本班幼儿特点进行深入了解，根据幼儿特点投放适合的材料，使得游戏材料投放更有针对性。为了保障材料的应用，还进行了材料的数量、搭配的种类、材料的质地等多方面的考虑，以保障建构材料的合理使用。

2. 利用多元的游戏材料，丰富建构区游戏内容

幼儿园定制的建构材料以积木、积塑玩具为主。但每一种积木、积塑都有其技能及形状上的约束。因此，需要具有可塑性的材料来弥补材料的单一性，所以我们扩展材料资源，日常生活中的瓶盖、牛奶罐、纸盒、纸杯、冰棒棍、线、瓶……在生活中安全、健康、卫生、无害的废旧物品，都可以纳入收集范畴。例如，我们在组织中班活动"车子叭叭叭"中，就尝试采用一次性纸杯、鞋盒等来制作停车场、加油站等场所。通过收集、改制、丰富游戏素材来挖掘材料的使用价值，使建构游戏更具独特性与创造性。

3. 多种游戏材料组合，满足多种建构思维

打破传统单一的建构材料的拼搭模式思维，把各类材料、各种组合纳入建构游戏。通过提供多品类、多组合的游戏材料，引导幼儿根据活动的主体发挥想象力，自主选取、使用、改造不同的材料，实现建构的过程。此外，还要打破传统界限，让活动区域之间互通，让幼儿对以前应用的材料，或是分类存放的各区域中的材料，加以利用。例如，表演区的道具、美工区的橡皮泥、剪刀、彩纸等工

具……让幼儿在自由的环境中塑造想象力，获得成功感和愉悦的体验。

4. 适宜的辅助材料，让建构游戏更加有趣

在多元材料的基础上，我们还引导家长参与进来，帮助我们收集一些可以应用在幼儿自主建构游戏中的旧材料，可以是生活用品，也可以是辅助材料，通过这些材料的应用，满足幼儿的不同想法与不同建构需求，有效激发幼儿想象力，发展其创造力，实现其建构水平的提高。在建构游戏中，不同的构建主题需要的材料也不相同。如"交通工具总动员"的主题活动需要构建马路、路灯、汽车、卡车、自行车、摩托车等，要用到各种工具来完成场景的构建，通过构建，强化幼儿对交通及交通工具的了解。

（二）将"主题情境"融入建构游戏区

1. 关注幼儿建构发展需要，帮助幼儿获得有益的经验与发展

（1）环境的创设与空间的拓展。环境对幼儿的影响作用很大，有效创设环境、应用环境，对幼儿的发展有强大的促进意义。在建构区域中我们可以张贴很多标志性内容，例如建筑物、设计图、空间图等，随着幼儿构建能力的发展，也进行张贴内容的更新，使得内容能够贴近幼儿的发展。或者可以根据活动的主题进行内容的调整与更换。除此之外，也可以调整游戏人数，更改空间，或者尝试到户外，或者给幼儿多样化的材料，使得幼儿的创造力、想象力得到发展，幼儿的作品更具美观性。

（2）适宜的提示和支持，丰富主题情境化进程。在构建中，要给予幼儿一定的支持，或者及时的提示，营造安全的活动氛围，让幼儿敢于创作，乐于表现。在幼儿自主建构时，教师要尊重幼儿的自主性，不把自己的意愿强加给幼儿，只在幼儿遇到困难、需要帮助时给予提示与支持。一个大主题往往会延伸出许多小主题，例如，在"我住的地方"主题活动中，结合幼儿的认知特点，通过图片，给予幼儿适宜的表象提示，让幼儿了解每个生活区域的必备配套设施，然后与幼儿讨论、完善、设计、绘制设计规划图，给幼儿提供构建的材料，如草垫、牛奶盒、小汽车等。

2. 创设"情境化"的主题——引发建构兴趣

激活经验，引发兴趣。教师利用图片、实物模型等物品，创设了"情境化"

主题，不仅激活了幼儿的已有经验，而且还引发他们持续建构的兴趣，在建构游戏中反复搭建，乐此不疲，从而迁移经验，自主建构。中班幼儿的视野不断拓展，他们不仅具备直接的生活经验，还能从图片、模型、书本等物品中获得更多的间接经验。教师可运用语言为建构游戏创设情境，助推幼儿迁移经验，使他们的想象力、创造力、主动性得到提升。

3. 开展"情境化"的过程——提升建构技能

中班幼儿随着认知经验的增强，开始与同伴合作建构作品，这可在搭建的过程中提升建构技能。而"情境模式"则为幼儿建构作品提供了无条件支持，促进幼儿自我探索，自我发现，在堆、搭、拼、叠的过程中，帮助幼儿习得初步的建构技能，体验亲密无间的情境化合作。在一定的情境下搭建作品，可使幼儿在获得建构技能（围合、垒高、架空）的同时发展社会性、目标意识、合作意识、沟通能力等。

4. 进行"情境化"评价——发展多元智能

在富有情境的建构游戏中评价幼儿的作品是提升建构技能的重要途径和手段。幼儿由于年龄限制，其表达、思维、赏析、认知等能力发展不完善，所以，要尽量情境化，即进行"情境化"的评价，鼓励幼儿大胆地描述自己的建构作品，同伴之间互相评价作品，让每位幼儿感受到建构游戏的乐趣。在评价的过程中可促进幼儿多元智能的发展。介绍作品情境，自我评价，可提高幼儿的自信心和表达能力等。

（三）教师指导幼儿自主建构游戏

1. 在进行建构游戏之前做好引导工作

建构游戏开始之前，教师做好引导工作，适当地激发幼儿的兴趣，使其对建构游戏充满兴趣和想象，以便下一步工作的开展。

（1）通过生动形象的故事或者诗歌来引导主题。教师在日常教学过程中，在讲完故事，唱完诗歌、儿歌之后，对故事、诗歌内容进行进一步展开，通过故事和诗歌对某个事物的描写来激发幼儿对事物的想象，从而合理地切入主题。

（2）通过多媒体途径对幼儿进行影视图片展示。教师利用多媒体设备向幼儿展示多种图片和视频时，着重展示相关建筑图片和影像，通过最直观的方式扩展幼儿的眼界，激发他们的想象力，让他们直观地对建筑的形象和风格进行了解，帮助幼儿初步理解建筑的比例和风格，为建构游戏的思考和操作打下基础。

2. 选择符合建构主题的材料

在进行建构游戏之前，教师和幼儿沟通交流，引发幼儿兴趣的同时确定建构活动的主题，让孩子们迎合主题进行适当的发挥。因此要尽量选择迎合建构主体的材料。例如，在建构沙漠主题建筑时，教师可以适当选择更多的土黄色材料。

3. 在建构游戏过程中给予正确的引导

游戏之前进行讨论和分工。在确立了主题之后，教师组织幼儿进行探讨和分工，使幼儿对游戏产生浓厚的兴趣，并通过多种方式对孩子们进行分组和分工，根据确立的主题开展游戏。这样也可以间接地培养孩子们的集体意识和合作意识。

4. 在游戏过程中充分发挥幼儿的个人能力

在建构游戏过程中，让孩子们成为游戏中的主角，尽情地发挥创造力和想象力，完成该游戏的设计初衷。在游戏过程中，孩子们通过自己对主题的想象和理解，自行选择材料并进行设计和搭建。教师应当在这个过程中鼓励并帮助孩子解决一些问题，并加以指导，但不要将自己的想法灌输给孩子，要让孩子自由地发挥创造力和想象力，这样可以更好地培养幼儿的积极性和创造性。

5. 选择正确的介入时机和方式

教师介入游戏时，要选择正确的方式和时机，要以参与者、观察者的身份环绕在孩子周围，而不是指导者。教师在游戏中为孩子们提供辅助和引导，积极地了解孩子们对主题的构思和想象，并对孩子们的建构方法进行询问，加以辅助和指导，及时解决孩子们在使用材料中的问题，提供解决方案和其他材料，从而最大化培养孩子的积极性和创造性。因此，教师选择合理的介入点和介入方式尤为重要。

6. 注重游戏后的交流和评价过程

在建构游戏结束时，可以组织孩子们分组对自己完成的作品进行互评和交流，参观别组的作品，分享游戏过程中的乐趣，并各自讲述一下自己作品的设计和形象解释。在此过程中，教师应当对其进行正面的评价和表扬，让孩子体会到成功的满足感，并加深对建构游戏的兴趣。在条件允许的情况下，教师可以将孩子们的作品——拍照储存，保护孩子们的积极性。教师帮助幼儿记录游戏行为，游戏结束后师幼一起回看。依据幼儿的游戏行为，引导他们互相评价，在评价中凸显核心经验，让幼儿有技可学，解读建构作品。教师评价是提升幼儿建构技能的重要过程。教师多维度对作品展开评价，主要围绕作品的主题、色彩、材料、技能等方面来关注和解读幼儿的建构作品。在进行评价时，教师要不断鼓励幼儿进行思考：你觉得他的建构作品哪里好？他是怎么搭的？用了哪些搭建的方法？怎么搭建会使现在的作品更好？问答式的评价模式可让幼儿在一问一答中提升建构技能，构建新经验，从而促进建构游戏的发展，提升幼儿建构能力，发展其多元智能。

六、研究成果及成效

（一）课题研究成果

经过一年的研究与探索，参与课题的几名老师对中班建构区如何支持幼儿自主游戏都有了自己的研究与发现，老师们整理了相关的论文和观察记录并形成文章，陆续刊登在附中的《学报》《知行》《地平线》上，课题组整理了关于区域建构游戏活动的一些珍贵的影像资料。我们将继续研究与实践，促进幼儿建构能力的发展，让幼儿终身受益，让教育真正地落地生根。

（二）课题研究成效

经过一年的调研、探索、实践、总结，课题组提出幼儿园建构区自主游戏对幼儿的身心发展、学习指导与能力培养具有长远的意义。首先，教师应该对建构区幼儿的行为进行深入细致的观察，记录幼儿各个角度、阶段、情况下的具体行为过程，掌握幼儿的思维、行为发展特点。研究结果表明，中班建构区建构活动的实现，首先要明确搭建主题。其次，教师要对幼儿进行观察，了解幼儿特点，根据幼儿需求及行为特点进行教育指导。最后，在观察建构区幼儿的行为时，要从多角度出发，兼顾多种行为；还要制订游戏规则，减少不良行为；并适当延长活动时间；把控好介入的契机。

七、讨论与思考

（一）教师应关注建构区中的非搭建行为

在建构区，幼儿的行为不仅表现在搭建上，还表现在其他方面。教师应该多角度地考虑、观察幼儿的行为。不能只是关注幼儿是如何实现从低水平到高水平的自主搭建的，还应该关注幼儿在搭建过程中的交流、配合等其他非搭建行为。在本研究中我们发现，非搭建行为的过程要远远长于搭建行为，这说明非搭建行为中包含幼儿的整个思考协调过程，更应该得到教师的关注。

（二）教师应关注建构区中缄默、交往言语行为

源于幼儿的个性化，在活动中，有的幼儿表现出交际性，有的幼儿却不爱言语，教师应该多关注那些缄默、交往言语行为。当幼儿出现不相关的言语时应及时引导，围绕活动目标重新回归搭建；对于不爱言语的幼儿，应关注其行为，了解行为背后的真正意义，在不打扰幼儿自主性的前提下，帮助幼儿进行交流。

（三）教师应多维度关注及判断幼儿行为

在活动中，幼儿的行为是多维度的，教师要兼顾表现、言语、行为、交往等实际状况，综合判断幼儿状态，减少无关行为，提高解决问题的实效性，丰富活动的过程，提高幼儿的交际性，实现活动核心价值，促进幼儿全面发展。

（四）教师要把控好介入的时机

通过观察，教师应对幼儿的能力水平、行为水平进行判断，根据整体情况，进行有效的干预。若幼儿建构技能弱，应强化提示，用图示或小组合作的方式进行干预；若幼儿建构技能提高，应适当调整难度，增强构建要求，培养合作意识，通过合作小组作品展示来提高幼儿的建构兴趣。

参考文献：

[1] 李季湄，冯晓霞．《3—6岁儿童学习与发展指南》解读[M]．北京：人民教育出版社，2013．
[2] 梁庆丽．建构主义理论视野下的幼儿园智力游戏开展的现状及对策研究[D]．长春：东北师范大学，2013．
[3] 王爱芳．浅谈幼儿园建构游戏的指导策略[J]．科技信息，2013，06：369．
[4] 全海英．体育活动发展3—6岁幼儿亲社会行为的理论与实践研究[D]．大连：辽宁师范大学，2012．
[5] 罗叶琦．示范性幼儿园游戏活动质量的评价研究[D]．长沙：湖南师范大学，2014．
[6] 邱学青．学前儿童游戏[M]．南京：江苏教育出版社，2005．
[7] 邓双．示范性幼儿园区域活动材料投放与教师指导的有效性研究[D]．长沙：湖南师范大学，2012．
[8] 朱若华．幼儿园活动区材料投放方式与儿童行为的研究[D]．上海：华东师范大学，2005．
[9] 章进．学习的回归——建构主义视域下的幼儿园活动区环境创设研究[D]．重庆：西南大学，2012．
[10] 安·S．爱泼斯坦．高宽课程的理论与实践．学前教育中的主动学习精要：认识高宽课程模式[M]．霍力岩，译．北京：教育科学出版社，2012．

建构区幼儿自主游戏的实施策略

东北师范大学附属实验学校

赵 明 白 晶

摘 要：建构区幼儿自主游戏以儿童为学习主体，以游戏为主要学习活动，幼儿通过与材料的互动操作和与同伴之间的交流合作来实现自主学习，对幼儿的身体发展、认知发展、社会性及情感发展都起到良好作用。本研究以幼儿当前发展水平为基础，增加材料投放的多样性，将主题情境融入建构游戏，探索教师在区域游戏中的有效指导，开发幼儿在建构区自主游戏的有效策略和教育方案，推动幼儿在建构区游戏的自主性发展，开发幼儿多元智能，促进幼儿个体最大化发展。

关键词：建构区；幼儿；自主游戏；教师指导

一、建构区幼儿自主游戏的研究背景与意义

《3—6岁儿童学习与发展指南》提出："幼儿的学习是以直接经验为基础，在游戏和日常生活中进行的。"《3—6岁儿童学习与发展指南》向我们传递了这样的信息：区域活动中，游戏是主要学习活动，儿童是学习主体，区域游戏中幼儿通过与材料的互动操作和与同伴之间的交流合作来实现自主学习。积木搭建是建构区游戏的主要活动形式之一，它极大地促进了幼儿的身体发展、认知发展、社会性发展及情感发展。黄人颂认为："幼儿的感知运动能力，智力和知识的发展都能够通过积木游戏得以实现，同时，在搭建过程中，既能培养幼儿的艺术兴趣，又能提升审美能力，幼儿的想象力、主动性和创造性在这一过程中得到了发展，与此同时，幼儿的同伴交往能力与情感交流能力也随之得到发展。"游戏中，幼儿可以自主学习到数学、科学等知识，也可以通过与同伴共同建构发展社会性，通过对不同材料的感知了解周围的生活。

建构游戏是幼儿园的三大创造性游戏之一，深受幼儿喜爱。建构游戏是以

幼儿"构建"和"拼搭"为活动方式的游戏，是幼儿操作各种建构区材料进行造型的游戏，对幼儿的发展具有独特的教育价值。但在幼儿园的教学实践中我们经常会看到，建构区游戏，在材料的投放上做得还不够充分，存在结构比较单一、随意性大等问题，科学性、适宜性和层次性较弱；教师虽然有以儿童为本的意识，但在实践过程中还有较强的主观性和目的性，具体表现为教师制订详尽的游戏计划，或者把一些拼搭的图示贴在墙上，让幼儿根据操作要求进行模仿建构。在这一过程中，幼儿只是被动游戏，缺乏主动性，束缚了幼儿的创造性，幼儿只是进行简单的模仿和拼搭，减少了游戏带来的快乐。游戏的定义之一就是幼儿自发的，而这种缺乏游戏自主性的建构游戏，失去了它独特的教育价值。

皮亚杰强调儿童在游戏中应该是自由自在的，教师的主要任务是给儿童提供相应的游戏材料和设备，激发儿童的兴趣，使儿童在游戏中自由地探索事物，发现问题。为使幼儿的自主性游戏真正在建构区呈现出来，我们要在建构游戏中提升对中班幼儿自主性游戏的关注度，并真正使幼儿在游戏中学会自主创意、自由选择、主动参与、自主管理、自发学习。由于幼儿是通过积极与材料互动、亲自操作来进行感知和发现、探索和创造的，因此，建构游戏最好是在教师的积极鼓励下由幼儿主动发起，给幼儿留有足够的选择空间，让建构游戏变得自由自在，让幼儿感觉他们是游戏的主人，并且游戏是在轻松、自由的环境下自主自愿进行的。这种更具自主性的游戏会给幼儿带来更大的满足感和愉悦感，对幼儿的身体机能发展、社会学习发展、审美发展等具有促进作用，对充分发挥建构区域游戏的价值有重大意义。

本研究在中班幼儿建构区游戏当前的发展水平上，开发建构区材料的投放策略和主题情境融入建构游戏的相关内容，探索教师在区域游戏中的有效指导，尝试建构幼儿在建构区自主游戏的有效策略和教育方案，推动幼儿在建构区游戏的自主性发展，开发幼儿多元智能，从而促进幼儿的学习与发展。主要围绕以下三个内容进行实践探索与研究。

（1）探索中班建构区游戏材料多样性投放的策略，丰富建构游戏的内容。

（2）探索将"主题情境"融入建构游戏的方法和策略，在建构游戏中发展幼儿的多元智能。

（3）探索教师指导幼儿自主性建构的方法和策略，让幼儿在自主建构中个性化成长。

在历时近一年的探索实践过程中，我们欣喜地发现，对幼儿行为的研究是教师在建构区游戏中观察与指导的核心内容，从不同角度对幼儿的具体行为进行记录，对于幼儿的学习和发展具有重要的意义。研究结果表明，中班建构区建构活动要明确搭建主题；教师的教育行为，要符合幼儿游戏中的语言表达；教师在记录建构区的行为时，要秉承尊重幼儿主题行为的原则；为了避免消极行为的发生，有必要制订一些规则；适当延长建构区活动时间；把控好介入的时间；等等。

二、建构区幼儿自主游戏的实施策略

（一）游戏材料的投放

1. 投放符合年龄特点的材料

建构区是根据幼儿的发展目标设置的，适宜的材料投放能够激发幼儿兴趣，促进幼儿的学习与发展。儿童的自主操作、自由交往、自在想象必须建立在科学、合理、丰富的材料基础之上。因此，教师只有深入了解幼儿的年龄特点，从幼儿的兴趣和实际需要出发，才能使材料投放更具科学性、适宜性、层次性和有效性。本研究结合中班幼儿的年龄特点，积极探讨基于儿童视角的材料投放策略，在外部特征上选择颜色亮丽、形状各异且美观的材料，在功能用途上尽量选择一物多玩且方便好用的。因此，教师应提供数量充足、搭配合理、结构丰富的建构材料供幼儿游戏使用。

2. 利用游戏材料的多元性

幼儿园定制的建构材料以积木、积塑玩具为主。由于这些积木、积塑玩具在其功能和形状上有一定的局限性，因此需要用具有可塑性的材料来弥补游戏的单一性，所以我们把材料资源进行扩展，例如我们生活中常见的铁罐、瓶盖、纸盒、纸杯、冰棒棍、树枝、木屑等，只要是生活中安全、无毒、无害的废旧物品我们都收集利用。例如，在大班主题活动"车子叭叭叭"中，我们尝试用纸杯、纸箱、纸鞋盒等材料来建构停车场、加油站等一个个鲜活又生动的场景。游戏材料的价值取向需要在材料丰富的前提下进行深度挖掘，才能使得孩子们的建构游戏异彩纷呈。

3. 提倡对游戏材料进行组合

打破传统单一建构材料拼搭的模式思维，把各种材料组合融入建构游戏。我们提供多种游戏材料，根据主题引导幼儿自主取用不同的材料进行建构，游戏材料组合后，更能体现幼儿要表达的多彩生活与世界。班级的区域材料最好让幼儿根据需要自主进行混搭，材料的摆放尽量不固定位置，便于幼儿交替使用。如表演区的服装道具、美工区的彩泥、操作区的移动展台及班级的地毯……让幼儿利用材料的组合进行自主建构游戏，搭建的作品体现丰富性和创造性，同时在构建的过程中，使幼儿充分体验成功感与愉悦感。

4. 增加适宜的辅助材料

在多元材料的基础上，教师还发动家长收集一些废旧材料、生活用品，和幼儿一起制作一些常用的辅助材料，如各种各样的小人偶，自制漂亮的小汽车，可移动的小木屋，马路上的交通标志、树丛……把这些非主题的辅助材料提供给幼儿，让他们自主设计并投放在建构区，满足了幼儿不同的建构需要，同时既有效地促进了幼儿建构水平的提升，又极大地激发了幼儿的想象力和创造力。在中班主题"各种各样的交通工具"建构活动中，孩子们首先决定建构一个马路的场景，他们有的从家里带来了各种各样的小汽车，有的设计制作了马路上的红绿灯，有的用彩泥捏制了警察和行人的玩偶，等等，这些不仅提高了幼儿对主题内容的认知，同时促进了幼儿的社会性发展。

（二）"主题情境化"的融入

1. 关注幼儿建构发展需要，支持幼儿经验获得

（1）环境的创设与空间的拓展。环境是教育资源中最重要的载体，为促进幼儿的发展，环境的创设与利用势必要异曲同工。例如，在建构区域中，根据幼儿年龄及认知特点为幼儿提供一些常见的建筑材料及建筑物照片。当孩子们的搭建水平有了一定程度的提升之后，教师要根据主题内容及时更新材料，帮助幼儿对建筑图纸进行设计与改造，随着游戏内容的丰富和游戏人数的不断递增，尝试拓展建构游戏的空间，尤其在材料上更要体现多元性、多维性、多样性，进而激发幼儿在建构游戏中的创造力和想象力。

(2) 教师的提示和支持。营造积极的、安全的、温馨的心理环境，是激发幼儿大胆创作和乐于表现的前提条件。在幼儿建构的过程中，教师要时刻注意自己的教育行为，尤其是在幼儿寻求帮助的时候，要尽量尊重幼儿的选择，不要主导幼儿的思维，而是在适宜的时候给予幼儿提示和支持，真正成为他们建构水平发展的援助者，让幼儿在应然状态下自由地呈现出建构游戏应有的教育价值。主题活动常常会衍生出丰富的生成课程，在"我家的小区"这一主题活动中，我们依据孩子们的心理和生理发展特点，设计了家园协作课程，由家长带领自己的孩子参观所居住的小区，并对小区的配套设施进行讲解，然后与孩子们进行互动交流，在图片的隐性提示下，陪孩子共同完成小区规划图的绘制。在此过程中，为了激发孩子们的探索欲望和丰富的想象力，要不断对材料进行更新和填充，如小区绿化需要的草垫、搭建需要的各类积木和积塑、各种小汽车及人偶等。因为丰富的游戏材料有助于激发孩子参与的积极性，这些无疑为"主题情境"的融入提供了有力的保障。

2. "主题情境"的融入，引发幼儿建构兴趣

"主题情境"的融入能激活幼儿建构经验，引发幼儿建构兴趣。教师利用图片、实物模型等物品，创设了"情境化"主题，不仅激活了幼儿的已有经验，而且还引发了他们持续建构的兴趣，在建构游戏中反复搭建，乐此不疲，迁移经验，自主建构。中班幼儿随着年龄的增长，视野在不断拓展，不仅具备了更多的直接生活经验，而且还能从图片、模型、书本等物品中获得更多的间接经验。教师要善于运用生动有趣的语言为建构游戏创设"情境化"的物质环境，让兴趣成为幼儿经验迁移的助推器，在此过程中不断提升他们的想象力、创造力，充分体现幼儿在建构游戏中的主观能动性。

3. 开展"主题情境"的过程，提升幼儿建构技能

中班幼儿随着认知经验的增强，开始追求与同伴合作建构作品，在搭建的过程中，幼儿通过操作不仅提升了建构技能（围合、垒高、架空），同时发展了合作意识、沟通能力。而"情境模式"则为幼儿建构作品提供了无条件支持，促进幼儿自我探索、自我发现，在堆、搭、拼、叠的过程中，帮助幼儿习得初步的建构技能和亲密无间的情境化合作能力。

4. 进行"主题情境"评价，发展幼儿多元智能

在富有情境的建构游戏中，评价幼儿的作品是提升建构技能的重要途径和手段。由于幼儿的鉴赏能力和表达方式受其知识结构和年龄特征的限制，因此教师要运用情境化的语言进行"情境化"的评价，鼓励幼儿大胆地描述自己的建构作品，同伴之间互相评价作品，让每位幼儿感受到建构游戏的乐趣。同时，在评价的过程中促进幼儿多元智能的发展，提高幼儿的自信心和表达能力等。

（三）教师的有效支持

1. 建构游戏之前做好引导工作

建构游戏开始之前，教师做好引导工作，适当地激发幼儿的兴趣，使其对建构游戏充满兴趣和想象，以便下一步工作的开展。首先，通过生动形象的故事或者诗歌来引导主题。教师在日常教学过程中，在讲完故事、唱完诗歌、儿歌之后会对故事、诗歌内容进行拓展，通过故事和诗歌对某个事物的描写来激发幼儿对事物的想象，鼓励幼儿合理地切入主题。其次，通过多媒体途径对幼儿进行影视图片展示。教师利用多媒体设备向幼儿展示多种图片和视频，着重展示相关建筑的图片和影像，通过最直观的方式扩展幼儿的眼界，激发他们的想象力，让其对建筑的形象和风格进行直观的了解，帮助幼儿初步理解建筑的比例和风格，为在建构游戏中的思考和操作打下基础。

2. 选择适合建构主题的材料进行投放

在进行建构游戏之前，教师和幼儿之间的沟通交流是非常必要的，它不仅能激发幼儿的搭建兴趣，还能在尊重幼儿权利、体现游戏自主性的同时，使教师与幼儿共同确定建构活动的主题内容。在主题环境的创设和材料的投放上，引导幼儿充分挖掘材料功能，感知材料的多种玩法。教师要为幼儿提供数量充足、结构丰富的材料，材料一定要体现它与主题的相关性，引发幼儿操作材料的兴趣，更好地迎合主题，能进行适当的发挥和创造。例如，在"开心游乐场"主题活动中，幼儿自主协商后，决定在建构区搭建摩天轮。幼儿运用拼搭积木很快就搭建出了摩天轮的雏形，但很快幼儿发现，搭建的摩天轮外观是方形的，并且不能转动。他们立即向教师求助，教师发现区域中投放的已有材料不能围合成圆形，于是将一套万能工匠的拼搭材料投放到区域，请幼儿进行

新的尝试。由于万能工匠有一种拼搭材料，能够围合成圆形，几名幼儿反复尝试、不断探索后，将拼搭成功的小圆形不断扩展，终于拼搭成功，实现了大摩天轮圆形的轮廓。孩子们搭建成功后非常开心，他们又发现大摩天轮虽然具备圆形的轮廓，但仍然不能转动，此时幼儿不但没有失望，反而兴趣高涨，他们主动拆掉已经拼搭好的摩天轮，再一次反复拆装、不断尝试，终于，摩天轮转动起来。他们还根据游乐场的图片搭建了旋转木马、海盗船等游戏设施，为游乐场搭建了休息室、冷饮亭等服务设施。"游乐场"在他们的一次次建构游戏中日趋形象，更加鲜活，极大地激发了他们的建构兴趣，使他们在游戏中越发自主。可见，选择适合建构主题的多种材料投放，为幼儿搭建一个自主游戏的平台，可使幼儿在建构游戏中的主动性显著提高，他们能够根据主题需要，有效地运用材料进行游戏，在材料运用上更加成熟，形成主动探索材料的意识。建构游戏更加丰富有趣，幼儿游戏水平显著提高。

3. 提升对建构区中非搭建行为的关注

幼儿在建构区的行为不仅仅是搭建，这是由中班幼儿社会性发展的特点决定的，主要体现在行为的多维性和不确定性。首先，对于幼儿的外在行为表现及外显的语言表象，教师要格外关注并及时给予专业指导；其次，还要关注幼儿的消极交往行为及行为所造成的后果，只有对幼儿在建构区中的活动状态进行客观合理的研判，才能有效促进和提升幼儿的搭建技能、沟通能力和问题解决能力。在搭建活动中，教师往往会关注孩子是怎样围绕主题进行的搭建，如何由低水平的搭建向高水平的搭建发展，缺乏对于建构区幼儿的非搭建行为的关注。因此，教师应当对建构区的非搭建行为给予应有的关注，以提升建构区幼儿的自主游戏水平，努力实现建构区活动的核心价值，让幼儿真正在自主游戏中得到发展。

4. 充分发挥幼儿在游戏中的自主性

在建构游戏过程中，幼儿是游戏活动的主人，要充分地把活动权利交给幼儿，让幼儿与周围环境建立积极的信任与联系，并对游戏产生浓厚的兴趣，让他们在尽情地发挥创造力和想象力的前提下真正实现自主游戏的价值。游戏之前，教师积极帮助幼儿明确建构主题，以参与者的身份跟幼儿共同展开讨论并进行合理分工。在游戏过程中，教师应该允许幼儿通过自己对主题的想象和理解，自由选择材料并进行设计和搭建，积极鼓励并帮助幼儿，解决其在游戏过程中遇到的困难并加以引导，切记不要将主观的想法强行灌输给幼儿，因为教师的单项输出，有可能会造成幼儿在建构活动中的消极互动，要给予幼儿宽松的物质环境与心理环境，使其真正成为游戏的主体，始终保有对游戏的热度，全身心地投入游戏活动，从而更好地培养幼儿的自主性、积极性和创造性。幼儿对建构活动的完成不是一蹴而就的，我们要在尊重幼儿主体思维的基础上，为幼儿创造充分的条件，从幼儿的兴趣和需要出发，将现实生活与虚拟游戏结合，发展幼儿的空间思维能力，巧妙地与教师的语言指导相结合，为幼儿的后续发展搭建"可持续"的成长之路。

5. 选择恰当的介入时机和方式

教师的有效支持和引导并不是把幼儿置于理想的"真空"中，也并不意味着教师要处于"无为"的状态。教师应通过观察对幼儿的能力水平、行为水平做出准确的判断，依据整体情况选择恰当的介入时机和方式进行有效的干预。在建构活动中，由于幼儿言语行为水平发展存在差异，有的幼儿善于表达，有的不善言谈。幼儿在搭建过程中的交往言语未必都与搭建游戏密切相关，当出现这种情况时，教师应及时进行言语行为支持，在尊重幼儿的前提下，尽可能帮助幼儿围绕着建构活动的目标继续进行游戏。而对于那些不善言谈的幼儿，教师应给予更多的关注，把更多的精力投入进行有效支持和引导。尤其是建构区中缄默、交往言语行为出现后，教师应及时发现其行为的真正意义，在保证不打扰幼儿自主学习的前提下，支持和帮助幼儿进入高水平的自主游戏。教师介入游戏时，应选择正确的方式和时机，以参与者、观察者的身份围绕在孩子周围，而不是指导者。教师要在游戏中为孩子们提供辅助和引导，积极地了解孩子们对主题的构思和想象，并对幼儿的建构方法进行询问，加以辅助和引导。因此，为促进幼儿最大化地发挥主观能动性，形成可持续发展的高阶思维能力，教师应及时为幼儿提供解决问题的方案，选择合理的介入点和介入方式。

6. 注重游戏后的交流与评价过程

在建构游戏结束后，可以组织孩子们分组对他们完成的作品进行互评和交流，参观别组的作品，分享游戏过程中的乐趣，并各自讲述一下自己的作品设计和形象解释。在此过程中，教师应当对其进行正面的评价和表扬，让孩子体会到成功的满足感，并加深对建构游戏的兴趣。在条件允许的情况下，教师可以将孩子们的作品一一拍照储存，保护孩子们的积极性，教师帮助幼儿记录游戏行为，游戏结束后师幼共同回看。依据幼儿的游戏行为，引导他们互相评价，在评价中凸显核心经验，让幼儿有技可学，解读建构作品。教师评价是提升幼儿建构技能的重要过程。教师要多维度对作品展开评价，主要围绕作品的主题、色彩、材料、技能等方面关注和解读幼儿的建构作品，在进行评价时，教师要不断鼓励幼儿进行思考：你觉得他的建构作品哪里好？他是怎样搭建的？用了哪些搭建的方法？怎样搭建会使现在的作品更好？这种问答式的评价模式，实现了幼儿的自主评价、自主学习与自主反思，使幼儿在一问一答中不断提升建构技能，积累构建经验，助推幼儿建构区自主游戏水平的发展。

参考文献：

[1] 李季湄，冯晓霞．《3—6岁儿童学习与发展指南》解读[M]．北京：人民教育出版社，2013．
[2] 梁庆丽．建构主义理论视野下的幼儿园智力游戏开展的现状及对策研究[D]．长春：东北师范大学，2013．
[3] 王爱芳．浅谈幼儿园建构游戏的指导策略[J]．科技信息，2013，06：369．
[4] 全海英．体育活动发展3—6岁幼儿亲社会行为的理论与实践研究[D]．大连：辽宁师范大学，2012．
[5] 罗叶琦．示范性幼儿园游戏活动质量的评价研究[D]．长沙：湖南师范大学，2014．
[6] 李季湄，冯晓霞．《3—6岁儿童学习与发展指南》解读[M]．北京：人民教育出版社，2013．
[7] 邱学青．学前儿童游戏[M]．南京：江苏教育出版社，2005．
[8] 邓双．示范性幼儿园区域活动材料投放与教师指导的有效性研究[D]．长沙：湖南师范大学，2012．
[9] 朱若华．幼儿园活动区材料投放方式与儿童行为的研究[D]．上海：华东师范大学，2005．
[10] 章进．学习的回归——建构主义视域下的幼儿园活动区环境创设研究[D]．重庆：西南大学，2012．
[11] 安·S．爱泼斯坦．高宽课程的理论与实践·学前教育中的主动学习精要：认识高宽课程模式[M]．霍力岩，译．北京：教育科学出版社，2012．

提升大班幼儿自我控制能力的行动研究

东北师范大学附属实验学校

颜 喆

《提升大班幼儿自我控制能力的行动研究》结题报告

东北师范大学附属实验学校

颜 喆

一、问题提出

目前，在国外，除特殊儿童，对其他正常儿童的自我控制能力缺乏问题并没有充分研究和相应的干预方案。而在国内，虽然诸多学者已经对幼儿自我控制能力展开了研究，但尚未形成权威的定论。

而幼儿正处于发展的关键阶段，随着幼儿年龄的增长和所接受教育的提高，其自我控制能力的重要性日益突出，提升幼儿的自我控制能力已迫在眉睫。在此前提下，我园教师根据本园幼儿的具体情况开展了提升大班幼儿自我控制能力的行动研究，全方位、多角度地认真探索了提升大班幼儿自我控制能力的方法和途径。

（一）国内外研究背景及现状

自我控制是可以通过训练得到提高的（RoyF. Baumeister，2007）。

国外主要是针对一些自控能力缺乏的特殊儿童进行干预研究，提供自我控制能力训练的方案。如多纳德·H.梅琴鲍姆（Donald Herbert Meichenbaum）设计了三个阶段的自我控制的训练方案：第一阶段，主要由成人言语控制儿童的行为；第二阶段，主要以儿童自己的外部言语进行行为控制；第三阶段，由儿童自己的内部言语对行为进行控制。Meichenbaum的训练包括了一系列从简单的感觉运动到复杂的问题解决等任务，对多动和冲动儿童的训练产生一定效果。Camp（1977，1980）针对攻击性儿童，将自我言语指导技术和人际技巧方案运用（Spivack，Shure，1974）相结合，设计了发声思维方案，通过成人言语指导和提供问题解决榜样来抑制幼儿的攻击性行为。Ronnen（1997）等人针对不同类型的儿童建构了五个阶段的自我控制干预理论模式：矫正不当观念；认识问题发生的过程；增强对内部刺激的认知；发展自我控制；问题解决。Binder（2000）等人采用延迟满足训练法对特殊儿童进行自控训练，采用在训练时结合逐渐延迟与言语干预（分心策略）的方法对多动症儿童进行干预，并取得了良好效果。

王玉华（2005）在《论幼儿的自我控制及其培养》中主要从三方面阐述了如何建立幼儿的自我控制能力：一是根据幼儿自我控制发展的特点培养，如培养幼儿良好的行为习惯、促进幼儿自我意识的发展等；二是根据幼儿自我控制发展的影响因素进行培养，如指导幼儿形成有效维持注意的认知策略、指导幼儿学会使用"自我言语"、指导教师和父母使用言语指导、指导幼儿形成积极的情感体验和情绪调节技能、指导父母建立有效的抚养方式等；三是根据幼儿道德发展的特点进行培养，这主要分析幼儿道德发展的特点，以及对教育的启示。

张丹华（1989）认为善于运用诱因可以促进幼儿的自我控制。

但菲等（2008）也提出，教师保持积极的态度、运用多次言语指导可以促进幼儿自我控制能力的发展。

许卓娅（2005）认为，在集体教学情境中，教师应不断调节教学组织行为，提供幼儿追求秩序本性的教育生态环境，使幼儿能够在集体中体验秩序。

郑元三（2006）认为，规则的意义不同会使儿童规则教育的原则和方法产生差异，教师在进行规则教育的时候要分析儿童已有的规则意义，采用相应的教育原则和方法提升儿童的规则意识。

莫秀峰（2006）论述了幼儿教师在进行规则教育时需要注意的规则类型，遵循不同规则类型的原则开展教育活动。利用游戏的方式可使孩子有机会体验刺激性、抑制性、振奋性等不同的感受，释放紧张和压力，如球类运动、绘画、沙盘等（包华，2011）。

但菲、杨丽珠、冯璐（2005）的《在游戏中培养幼儿自我控制能力的实验研究》，根据幼儿自我控制的机构及幼儿的年龄特点，设计了适合不同年龄幼儿的游戏活动，通过实验证明游戏活动能够促进幼儿的自我控制能力的发展。

可见，幼儿自我控制能力的培养是目前幼儿园教育关注的重要内容。国外只有对于特殊儿童自控能力的训练，缺少对正常儿童自我控制方面的关注。在我国，幼儿园主要以集体活动的经验分享、常规活动中渗透生成教育作为自控培养方式，零碎且不系统，较难推广。

（二）课题研究依据

1. 理论依据

大量研究表明幼儿期是个体自我控制发展的关键期，而自我控制是个体自身不断个性化和社会化的基础，是个体从幼稚走向成熟的标志。幼儿未来的学业、事业发展、人际交往乃至健康问题等都与幼儿期自我控制水平的高低有着密切的联系。目前，有的幼儿依然存在任性、退缩、攻击行为、依赖性强等问题，由此可见幼儿自我控制水平的发展现状不容乐观。

2. 现实依据

在幼儿园里也经常会看到有些孩子在集体教学活动中坐不住、注意力不集中、倾听能力不好、随意离开座位、区角游戏不能和小朋友友好相处、做事虎头蛇尾、无法控制自己的情绪、任性、自私、脾气暴躁、玩具扔满地、动辄大哭大闹、经常出现攻击性行为等。这些孩子管理起来非常困难，迁就或训斥只能暂时抑制孩子的行为，不能从根本上解决孩子行为不受约束、自控能力差的问题。基于以上思考，如何抓住一日活动各个环节的教育契机、利用简单的模拟情景测验游戏了解幼儿自控意识的现状，如何使幼儿形成自我约束的行为习惯，如何利用模拟情景测验提高幼儿自控能力，是本课题确立的初衷。

3. 政策依据

党的十九大强调优先发展教育，实现"幼有所育"，使学前教育备受关注。随着我国学前教育的不断深化改革，幼儿的社会性民展受到了越来越多的关注，其中幼儿自控能力的培养是幼儿社会化发展的一项重要内容。

（三）研究意义及价值

随着我国经济的迅速发展，人们的生活水平得到了极大提高，与生活水平同步提高的还有人们对于子女教育的需求与盼望。但社会工作的竞争压力也在相当程度上使父母忽视了对子女的教育，这便导致幼儿在个体发展方面出现诸多缺陷，其中自制能力的缺乏是最为严重的问题。在进入大班之后，幼儿自我意识开始萌发，天性得以发展，精力格外充沛，自我控制能力降至低谷，因此他律性便显得更加重要。自制、坚持、自觉和延迟满足的幼儿在培养个人良好习惯、形成正确三观等方面，往往能够优先于其他幼儿。因此，培养大班幼儿的自我控制能力是十分重要的。

儿童的自控能力有助于培养儿童的自我意识,帮助他们成长。而游戏是幼儿教育中最常用也是最有效的方法,利用控制游戏策略培养大班幼儿良好的自我控制能力是最为有效的举措。如果儿童具备比较强的自控能力,那么当他们在游戏中受到挫折时,就可以瞬时调控好自己的行为和情绪,从而继续完成游戏。有不少儿童刚刚有自我控制的意识,但并不强烈,以至于他们的情绪和行为有时会阴晴不定,让人难以捉摸。小孩子大都喜欢玩游戏,适度的游戏可以帮助儿童培养良好的学习习惯和合作配合的意识。所以,从小培养他们的自控意识是非常重要的。

二、概念界定

(一) 自我控制的概念

对于自我控制,至今还没有一个明确的定义。国外用得比较多的是"self-control""ego-control",国内主要用"自我控制""自我监控"等表述。可见自我控制的定义颇复杂,大多数研究者都是从行为是否合乎社会准则的角度来定义自我控制。其共同之处:自控能力体现了个体对行为、条件和结果之间关系的预测和评价,因此自控的前提是对规则的理解、接受和内化;自控需要个体根据规则和要求来调节行为,因此执行规则的能力是自控的必要条件;自控是个体自主性的体现,表现出个体对自身行为的主动掌控,区别于他控,强调"无人监督"。

鉴于此,本研究将自我控制定义为:其是自我意识的主要组成部分,是幼儿对自身心理与行为的主动掌控和调节,在没有外界监督的情况下,自觉遵守规则,适当地控制、调节自己的行为,并借助一定的技能策略抑制冲动,抵制诱惑,延迟满足,忍受挫折,坚持不懈地保证目标实现的一种综合能力,表现在认知、情感、行为等方面。

幼儿的自我控制能力可以分解为对自身行为的控制、对思想的控制和对情绪的控制。对自身行为的控制表现在可以完成特定动作,比如能够保持长时间的规定坐姿、能够控制自己不出现不必要的小动作等,这是生理性的控制,与幼儿身体的发育与意志力有关;对思想的控制则主要是指幼儿能够控制自己的注意力,能够把有限的注意力集中到有价值的事物上，如上课不走神、能够专注认真地与他人交流等。对情绪的控制则是指幼儿能够合理地控制自己的情绪，使自己的情绪保持在较为积极且相对稳定的状态，如不随意发怒、不随意大吼大叫等。培养幼儿的自我控制能力的本质是促进幼儿的自我发展。所以本次课题实验的研究假设为：通过多种方式方法明确目前我园大班幼儿的自我控制能力的现状，并根据数据的反馈有针对性地培养幼儿的自我控制能力，从而促进幼儿的发展。

（二）模拟情景的概念

模拟情景测试是指设置一定的模拟情况，要求被测试者进入情景中处理各种事务及各种问题和矛盾。

本研究正是采用游戏的形式请幼儿进行身体活动及控制行为，伴随着积极的情绪体验对幼儿的自我控制能力进行了解、分析，并通过对测试的梳理和完善，提升大班幼儿的自我控制能力。

三、研究目标及研究内容

（一）研究目标

（1）利用模拟情景测试游戏了解和分析大班幼儿自我控制能力的现状。

（2）探索利用模拟情景测试游戏提升大班幼儿自我控制能力的方法和策略。

（二）研究内容

（1）大班幼儿自我控制能力现状的实验研究。

（2）利用模拟情景测试游戏提升幼儿自控能力的策略研究。

四、研究方法

本课题主要采用行动研究法、文献调查法、观察法进行研究。

行动研究法：制订可行性研究方案，通过实践情况对之前搜集到的数据进行整理分析，得出综合结论。在条件允许的情况下与家长进行沟通，进一步佐证结论，从而更加明确地得到班级幼儿自我控制能力的总体情况。再研究调整，重新进行实践，并总结、记录经验，形成有价值的文字。

文献调查法：本研究采用文献调查法，在中国知网（CNKI）使用"幼儿自我控制""模拟情景测试游戏"进行文献检索。根据检索到的相关文献进行阅读梳理，选取切实可用的资料完成研究，并以此为理论基础，提供科学的设计方案。

观察法：在干预过程中，采用观察并记录的方式获取有关信息，以辅助研究者观察幼儿在游戏干预过程中的自控表现。在实验班中进行细致的观察，并对幼儿的行为进行记录，在达到一定的数据量之后对实验班的老师进行访谈，对实验班的幼儿们形成初步的印象，以此作为对分析讨论研究结果阶段的幼儿在测试游戏实施干预中的自控表现情况进行汇报的事实依据。

五、研究步骤

（一）第一阶段：启动阶段（2019年3月 — 2019年4月）

制订课题研究计划，完成课题方案的论证，对有关"大班幼儿自控能力"所涉及内容进行系统分析。组建课题研究小组、制订课题实施方案、合理进行小组工作分工、准备研究所需的问卷等必要物品。采用文献法、观察法、调查法对当前的大班幼儿控制能力提升策略进行研究，掌握理论依据，获得实践数据，为接下来的研究提供理论指导。

（二）第二阶段：实施阶段（2019年5月 — 2019年12月）

制订实施阶段的研究方案，展开调查分析，以问卷调查、座谈、访谈等方式，深入探究幼儿教育过程中提升"幼儿自控能力"策略实施现状及问题。组织教师进行专项培训，逐步建立提高幼儿教师队伍教学能力的培训、管理体系，搞好个案研究，探索实验规律，全面提高教师队伍开展"幼儿自控能力"教育的水平。在课题开展过程中，注重结合实际，灵活采用相关的研究方法，以期实现课题探究效果的最大化。具体实施的细化步骤如下。

1. 建立模拟情景测试游戏方案

在方案实施过程中，首先应当借助文献的查阅来初步设定模拟情境的测试游戏方案，并且根据幼儿的兴趣点来调整游戏开展形式，使幼儿能够在多元化游戏情境下积极开展活动，有效提升其自控能力。

2. 选取游戏干预对象进行现状观察与记录

对于测试游戏干预和现场观察，本园选取两个大班，一个为控制组，一个为实验组。在实验正式开展过程中，对实验组进行模拟游戏干预，控制组进行正常幼儿园活动，及时记录两个组的相关数据及幼儿自控能力的表现。采用"木头人"游戏测试法，研究幼儿的行为控制能力。在"木头人"游戏中，我们要求幼儿在计时结束的一瞬间保持现有姿势并维持不动，维持的时间越长，则说明幼儿对自身行为的控制能力越强，反之则越弱。在实验班30位幼儿中，行为控制能力极强的有5位（坚持30秒以上），较强的有12位（坚持15秒以上），一般的有10位（坚持10秒以上），较弱的有3位（不足10秒）。

3. 对模拟情境测试游戏进行后测

在本课题开展后，为进一步验证游戏对幼儿自我控制能力的助推作用，还可进一步借助娱乐型、运动型、角色扮演型等多种游戏进行后测，并对数据进行整理分析，检测干预游戏实施的有效性，为本课题开展深度研究提供有效依据。调查的结果显示，超过一半的大班幼儿都具有较为良好的自我控制能力，只要加以适当引导，这部分幼儿就能够形成良好的自制力；接近三分之二的幼儿对于思想的控制力较弱，需要有意地加强训练才能够促使幼儿合理地控制自己的思想，克服懒惰等不良习惯；不到三分之一的幼儿情绪控制能力较差，需要从家庭、教师、幼儿园三个方面寻找原因，并有针对性地实施策略才能改善这一现状。

（三）第三阶段：总结验证阶段（2020年1月 — 2020年3月）

以经验总结法，不断完善和提高课堂观察实践的有益经验，积极进行推广。同时，完善教学案例和本课题研究报告，收集整理本课题相关原始材料，整理前两个阶段的研究资料并进行综合分析，进一步强化模拟情景对于幼儿自我控制能力提升的重要作用。如何知晓幼儿对于自身思想的控制呢？教研组教师在经过紧张的讨论之后认为，课堂上的反映是最能够体现幼儿对于自身思想的控制的。于是，我们适当地加大了实验班幼儿课程的难度，并要求幼儿独立完成作业，同时改进了教师的教育方法。一周后，我们发现思想控制能力极强的幼儿（能够专注课堂内容、克服懒惰情绪）仅有2位，较强的（上课偶尔走神，能够完成作业）有8位，能力一般的（上课经常走神，勉强完成作业）有15位，能力较差的（上课难以集中注意力，作业难以独自完成）有5位。课下是锻炼学生自我控制能力的好时机，在课余时间，没有教师与课堂秩序的压制，幼儿的主体性增强，可以更好地对幼儿自我情绪的管理进行观察。下课后，我们在幼儿游戏区投放了较多游戏材料，如积木、小篮球等，利用这些材料进行的游戏都要求幼儿要有一定的协作能力，且需要耐心。我们积极地引导着幼儿进行相关游戏，并在游戏中记录下幼儿情绪的波动变化。在为期一周的记录中我们发现实验班幼儿的情绪总体趋向稳定，在游戏中能够耐心地等待队友或者帮助队友的幼儿有21位，这21位幼儿对情绪的自我管理较为良好，能够与周围的人保持沟通并扮演好自身的角色；有两名幼儿对情绪的自我管理非常好，能够在游戏中担任领导者的角色，遇到挑战能够较为冷静地处理，也能够不断地鼓励、帮助队友，自身情绪也几乎没有出现过波动，即使是游戏失败，也能够较快地振作；剩下7名幼儿的情绪波动较大，常因游戏失败、不慎跌倒、发生争执而大声哭喊或出现攻击性行为，说明这7名幼儿对自身的情绪管理较差，需要有针对性地加强训练。

课题组成员介绍实践经验并展示课题研究成果，在其他班级推广课题研究成果。最后，对整个课题研究过程进行综合、归纳、概括、总结，撰写本课题结题报告，并对研究成果进行包装、整理，完成成果申报。

六、研究成效及成果

（一）研究成效

本课题在研究过程中根据幼儿自我控制发展的特点、自我控制相关的理论及实践研究结果，以及现阶段幼儿身心发展情况来制订模拟情境测试的游戏方案，对幼儿采取了游戏干预及时刻记录的方式。本课题在研究过程中取得以下成效，能够为后续其他教育人员开展类似研究提供有益参考价值。

1. 通过模拟情景测试游戏能够有效提升大班幼儿自控水平

在模拟情景测试游戏开展过程中，借助多元化的游戏模式分析实验组大班幼儿自控能力的提升情况，通过游戏的开展来分析幼儿的自觉性、坚持性、自制力和自我延迟满足呈现的水平等，测量幼儿的自我控制时间，并且进一步发现，在特定游戏的开展过程中，实验组幼儿的自我控制能力有大幅提升，控制组幼儿的自控水平基本与测试前持平。可见，本研究所设计的模拟情景测试游戏方案确实能够提升幼儿的自我控制水平。

2. 应设计更具趣味性的模拟情景测试游戏，提升其可行性

通过本课题实践项目的开展，可以发现模拟情景测试游戏对幼儿提升自我控制水平及能力有很大的帮助。因此，教师应该探寻如何借助不同类型的情景测试游戏来进一步最大化提升幼儿自觉性、耐性、自制力等品质，并设计更具趣味性的模拟情景测试游戏，以此来提升游戏教学效果。在保证趣味性的同时，也应当结合幼儿的实际水平因材施教，并且根据幼儿自身实际自控水平来开展相应的游戏，让幼儿能够在遵守规则的同时控制自身的不合理行为，进一步提升其自控能力。

3. 幼儿自控能力的提升与技能策略的使用有关

本课题的开展同样验证了幼儿自控能力的提升，除了与模拟测试游戏的设计有关，还与教师的实施策略及所采取的实际开展方式有关。比如，教师的榜样示范、言语指导及奖励等都对幼儿自控力的提升有一定的帮助，同时，教师自身的言语指导更能影响幼儿的自控力。所以，为进一步提升大班幼儿的自我控制能力，作为课题开展者的教师应当在生活及学习过程之中严格把控自己的言行，为幼儿做良好的示范，切实保障本课题研究的顺利开展。

（二）研究成果

(1) 研究报告《提升大班幼儿自我控制能力的行动研究》。
(2) 分析报告《大班幼儿自我控制能力的现状分析研究报告》。
(3) 论文《如何在游戏中培养儿童的自控能力》。
(4) 论文《利用控制游戏提升大班幼儿自我控制能力的有效策略》。
(5) 个案记录《模拟测试记录表》。

七、讨论与思考

此段时间课题组的相互研讨及实践，虽然对这个课题做了一些扎实、有效的工作，也取得了一些成绩，但是，本课题组成员也清楚地认识到在"提升大班幼儿自我控制能力的行动研究"课题实施过程中同样存在相关问题，值得课题组成员进一步反思。

（一）基于"提升大班幼儿自我控制能力的行动研究"课题的反思

1. 模拟情景测试游戏干预方案实施的策略

本课题在实践开展过程中，多是借助游戏干预的方式进行探究。同时，通过设置实验组和控制组的方式来进行游戏干预，通过具体的结果来分析"模拟情景"对大班幼儿自控水平和能力的影响，但是具体策略的有效性还有待优化与丰富。因此，在实施游戏干预基础上，还应当选取更加合适的方式与幼儿互动，以得到更具参考价值的实验数据。

2. 模拟情景测试游戏干预方案实施的深度

模拟情景测试游戏干预方案实施的最大效果便是提升幼儿的自控能力，但是在实验开展过程中，多是借助单一、模式化游戏开展研究，不利于幼儿其他能力的同步提升，缺乏一定的实验开展深度。

（二）基于"提升大班幼儿自我控制能力的行动研究"课题的再思考及展望

基于本课题研究现状，为有效提升大班幼儿自我控制能力，在本课题反思过程中，课题组进一步提出未来可行性的开展策略，以期能够在幼儿教师实践活动开展过程中提升幼儿的自控能力。

1. 借助建构性游戏，历练幼儿自控能力

通过本课题的反思与总结可以发现，想要锻炼幼儿的自控能力，教师在开展模拟测试游戏过程中，可以积极借助幼儿所喜爱的建构性游戏来使其充分参与活动，从而潜移默化地使幼儿提升自我控制能力。一系列建构性游戏可以让幼儿在操作与摆弄陌生材料的过程中培养自控能力。同时，幼儿在开展建构性游戏过程中会出现烦躁情绪，一般体现在拆卸组装时间较长时，这是因为幼儿耐性不足而发生的心态上的变化。针对这种情况，教师应当予以陪伴并且用恰当的话语进行引导与鼓励，及时调整幼儿的心态。这样，幼儿在教师的陪伴之下能重新静下心来参与建构性游戏。幼儿在组装相关玩具时也会遇到相应的困难，出现烦躁的情绪，这不利于自我控制能力的提升。针对此情况，教师同样可以引导幼儿积极反思，从不同的角度解决问题，让幼儿不再惧怕困难，提升自我控制能力。

2. 依托角色扮演游戏，提升幼儿自控能力

在本课题开展过程中，课题组成员通过相互沟通与反思发现，借助角色扮演游戏能够有效提升幼儿的自控能力。这也提示更多一线幼儿教育者应当利用好角色扮演游戏并且优化游戏流程，进一步在互动性游戏中提升幼儿的自控能力。幼儿教师可以通过具有娱乐性的游戏为幼儿营造更加真实的游戏情境，并让幼儿扮演相应的角色。在扮演过程中，部分幼儿因不能够遵守游戏规则而出现相应的情绪失控问题。这时，教师就应当抓住机会开展幼儿自控能力教育，使幼儿意识到规则的重要性，让幼儿意识到不同的角色所具备的不同情感体验，进一步提升幼儿的理解能力，培养幼儿换位思考的能力，丰富幼儿的情感体验，有效提升幼儿的自我控制能力。

3. 巧用运动性游戏，锻炼幼儿自控能力

在幼儿教育过程中，教师还应当借助一些运动性的游戏，在锻炼幼儿体质的同时锻炼他们的自控能力。具体而言，教师可以通过小组竞赛和合作的方式，进一步强化幼儿的集体荣誉感，让幼儿在一定的氛围之下培养不轻言放弃的品质，从而达到提升其自我控制能力的目的。比如，教师可以在后期通过开展类似拔河的比赛来充分激发幼儿的参与积极性，让每一位幼儿都能够为自己所在的集体努力。在集体氛围的感召之下，每一个幼儿都积极参与其中，想要为自己所在的团队争光，这在一定程度上也培养了幼儿不放弃的精神，增强了幼儿自我控制能力。

总而言之，幼儿的自我控制能力对其后续完整人格及多方面能力的提升有至关重要的作用。而本课题正是基于这一背景，进一步探寻了大班幼儿自我控制能力提升的相关对策，并且着重分析了模拟游戏测试情景的方式对幼儿自我控制能力提升的影响，与此同时，我们也逐步发现游戏化的方式对幼儿自控能力的重要作用。所以，在后续幼儿教育教学过程中，教育者应当积极把握游戏的本质和精髓，探寻游戏与自控能力有机结合的优化途径，进一步为幼儿自控能力的发展服务。

如何在游戏中培养儿童的自控能力

东北师范大学附属实验学校

颜 喆

前 言：培养儿童的自控能力，可以使他们养成爱学习的习惯和有韧性的性格。据有关材料表明，一些儿童并不能够很好地控制自己的情绪和行为，比较冲动，自控能力很弱。儿童多半都对游戏比较感兴趣，其自控能力可在游戏中得到加强与改善。所以如何培养儿童在游戏中的自控能力，培养他们的责任意识和规则意识，培养他们的协作能力将是我们主要探讨的问题。

现在的社会，有许多小孩子都是独生子女。独生子女在家中比较受宠爱，家长们也不愿要求他们，因此这些孩子的自我控制能力相对比较弱。

一、培养儿童自控意识的重要性

儿童的自控能力有助于培养儿童的自我意识，帮助他们成长。如果儿童具备比较强的自控能力，那么当他们在游戏中受到挫折时，就可以瞬时调控好自己的行为和情绪，从而继续完成游戏。现在我们经常会强调自律对生活的重要性，从小培养儿童的自控能力有利于他们养成自律的生活习惯，进而拥有更加美好的生活。

有不少儿童刚刚有了自我控制的意识，不过还并不强烈，以至于他们的情绪和行为有时就会让人难以捉摸。小孩子大都喜欢玩游戏，适度的游戏可以帮助儿童培养良好的学习习惯和合作配合的意识。所以，从小培养他们的自控意识是非常重要的。

二、在游戏中培养儿童自控能力的手段和方法

（一）培养儿童的责任心

责任心对人与人之间的沟通和交流，对一个人在社会中的幸福生活都是有着举足轻重的作用的，因此从小就培养儿童的责任心是非常有远见的。责任意味着担当，是一个人成长必须要具备的品质。培养儿童的责任心有利于使他们提高自己的自控能力，而游戏刚好能满足这个需求。

在开始玩游戏之前，先告诉儿童游戏的规则，遵守和不遵守的后果。比如，小孩子们喜欢玩的一项游戏——过家家。在玩过家家之前就告诉他们，选好角色就不能再改变了，改变了就是破坏游戏规则。过家家游戏可以培养儿童的责任心，孩子们在扮演爸爸、妈妈、哥哥、姐姐等角色时，会不自觉地模仿该角色的说话方式和神态动作，这个时候就要告诉他们这些角色的职责，借此促发他们的担当感与责任心。

有些学校会举办很多活动来丰富儿童的课余生活。在活动结束以后，可适当地让他们进行后续整理，如打扫房间、倒垃圾、把工具放到柜子里等。这些行为可以让儿童初步地认识到责任，并对秩序和规范有一个大致的了解。通过培养儿童的责任心，让他们学习规矩，进而提升自控能力。

（二）使儿童具有遵守规则的意识

现在社会，很多家庭都是独生子女家庭，这样的家庭容易养出太过自我、只站在自己的角度看待问题的孩子，他们不能理解别人的感受，比较看重自己的心情，自然自控能力也不会高到哪里去。但是在游戏中，这种特点是绝对要规避掉的。游戏规则的制定是站在所有游戏成员的角度的，不容许个人在游戏里面"作威作福"。所以遵守游戏规则在一定程度上可以使儿童站在全体成员的角度上考虑问题，用规则来要求自己，进而控制自己的情绪和行为，提升自控能力。

老师在孩子们玩游戏的过程中扮演着重要的指导角色：一者，他们组织孩子们玩的游戏是具有一定教育意义的，游戏可使孩子们集中注意力，拥有更广泛的兴趣，丰富他们的娱乐活动；二者，老师指导孩子游戏，可以提高游戏的质量和游戏的水准，照顾到每个孩子的情绪，指导他们的行为，使他们全体的

自控能力得到提升。老师还可以对孩子在游戏中的表现进行适度的评价，以提高孩子的积极性和自信心，从而使他们能够以饱满的状态继续在游戏中提升自控能力。

（三）发挥模范的带头作用

老师作为一个指导性的角色，一举一动都对儿童有着重要的影响。老师在要求儿童遵守规则的同时，自己更要发挥带头作用。老师以言传身教之姿教导孩子们，孩子们在不知不觉间受到影响。

老师对儿童的示范性指导是很重要的，因此老师一定要时刻注意自己的一举一动，一言一行，要做一个好的模范，发挥带头作用。不仅老师可以发挥模范的作用，儿童间也可以选出一个模范发挥带头作用。同伴的带头作用适用于各个年龄阶层，儿童也不例外。儿童在不知道如何玩游戏的时候，会不断观察自己的同伴，同伴怎么做自己就怎么做。所以发挥儿童间的模范作用，对整个儿童群体来讲都有着非凡的意义。在游戏中玩得好的可以带着玩得差的一块玩，学习中、生活中玩得好的一样可以带着玩得差的，这种互帮互助的关系会使得群体的自控能力得到提升。

自控能力并非与生俱来的，它是孩子在后天的环境中，随着认知的发展和教育的影响而不断形成和发展起来的。让儿童在游戏中提升自己的自我控制能力，对他们未来的学习和生活都是有利无害的。

利用控制游戏提升大班幼儿自我控制能力的有效策略

东北师范大学附属实验学校

韩 露

摘 要：幼儿的自我控制能力是幼儿自我意识的重要组成部分，也是幼儿社会性发展的重要体现。伴随着幼儿的不断成长，社会对于幼儿的自我控制能力的要求会逐步提高，其中以大班幼儿面临的要求最甚，大班幼儿需要通过完善自我自制力、坚持力、自觉性和延迟满足机制来构建自我控制能力体系，从而自觉抑制外界诱惑，遵守行为准则，使自身行为能够符合社会化预期。而游戏作为幼儿教育中最常用也是最有效的方法之一，是培养大班幼儿良好的自我控制能力最为有效的举措。本文将通过分析自我控制能力的重要性、大班幼儿发展阶段的特殊性和相关策略等来探讨利用控制游戏提升大班幼儿自我控制能力的有效策略。

关键词：大班幼儿；自我控制能力；控制游戏

随着我国经济的迅速发展，人们的生活水平得到了极大提高，与生活水平同步提高的还有人们对于子女教育的需求与企盼。但社会工作竞争的压力也在相当程度上使父母忽视了对于子女的教育，这便导致了幼儿在个体发展方面出现了一定缺陷，其中自制能力的缺乏是最为严重的问题。此外，在目前现有的幼儿教育体系中，幼儿园普遍以兴趣引导为主，注重幼儿的个体差异性，对于幼儿的自我控制能力的培养零碎且不系统。并且随着幼儿的发育，在进入大班之后，幼儿的自我意识开始萌发，天性得以发展，此时大班幼儿的精力格外充沛，自我控制能力降至低谷，他律性便显得更加重要。

在幼儿的发展阶段，尤其是大班幼儿的发展过程中，大班幼儿的自我意识萌发，对世界开始产生探索心理，这也是决定其日后成长路线的关键时刻，因此自我控制的能力便显得十分重要，能够自制、坚持、自觉和延迟满足的幼儿在培养个人良好习惯、形成正确三观等方面，往往优于其他幼儿。因此，培养大班幼儿的自我控制能力是十分重要的。

一、自我控制能力的重要性

自我控制能力指的是个体能够对自我行为进行有效控制，表现在既能够激励自我完成正确的事情，还能够抑制自我进行不正确的事情，包括消极情绪的过度产生、带有不良动机的行为等。自我控制能力共分为自制力、坚持力、自觉性和延迟满足机制。

（一）自制力的重要性

自制力是自我控制能力最直观的体现，表现为能够合理克制内心不正确的需求和压制不正确的行为。以大班幼儿为参考样本则主要是大班幼儿能够遵守课堂纪律、与教师积极互动、完成课后任务，克服懒惰、贪玩等。自制力培养的重要性体现在这些方面。自制力能够充分地帮助大班幼儿改掉不良习惯，逐渐形成良好的生活、学习习惯。在进入小学阶段之后，良好的习惯能够帮助孩子快速适应小学生活并受益终生。

（二）坚持力的重要性

坚持力表现在个体在遇到困难挫折时，为了克服困难所表现出来的一种坚持不懈、永不放弃的意志与行为，是最为人们所称赞的品德之一。大班幼儿坚持力的培养不仅有利于塑造其坚韧的性格，还能够在相当程度上帮助幼儿快速接受知识、习得生活技能、开发智力。

（三）自觉性的重要性

自觉性是指个体能够服从规定的既定目标并严格遵守的意志品德，是自我控制能力的重要体现之一，能够对个体行为起到监督、调节的作用。在竞争日益激烈的现代社会中，高度的自觉性能够帮助个体在学习、工作等方面快速入门、上手并精通，因此大班幼儿自觉性的培养是自我控制能力培养的重中之重。

（四）延迟满足的重要性

延迟满足能力是一种心理成熟的表现，指的是一种为了追求更有价值的长远结果而主动放弃现下即时满足的抉择趋向，是一种体现在等待过程中的自我控制能力。幼儿阶段特殊的即时满足需求其实并不利于幼儿良好性格的培养，长久的即时满足教育会促使幼儿逐渐变得急功近利、目光短浅，甚至心胸狭隘，一旦即时需求得不到即时满足，便会产生怨恨、愤怒等负面情绪，对于幼儿的心理健康发展极其不利。因此延迟满足的培养除了能够培养幼儿的自我控制能力之外，对于幼儿的心理健康的发展也极为有效。

二、控制游戏是提升大班幼儿自我控制能力的有效策略

游戏是幼儿教育体系中极为重要也最为常见的一环，选择恰当的游戏方式，能够有的放矢地对大班幼儿的自我控制能力进行培养和提升。

（一）操作控制性游戏

操作控制性游戏主要培养幼儿的自制力与坚持力，常表现为自制拼图、拆卸旧物件和植物观察日记等。在此类游戏中，对游戏材料的操作和控制是游戏的重要组成部分，也是幼儿乐趣反馈的主题，专注于实操和材料可使幼儿能够对外界的干扰和诱惑形成一定的抵抗能力，并且此类游戏往往耗时较长，因此能够达到自制力和坚持力的双重培养。

（二）情绪控制性游戏

情绪控制性游戏往往体现为情景创设类游戏，例如，"老鹰抓小鸡"便是典型的情绪控制性游戏。此类游戏娱乐性较强，对于大班幼儿的情绪调动非常有效，因此在此类游戏中穿插对大班幼儿的情绪控制力的培养，能够使得幼儿获得对于情绪的自制力，逐渐获得自觉性的培养。

（三）运动性控制游戏

运动性控制游戏以大肌肉活动为主，多以跑、跳、走等运动方式为主，此类游戏针对的是自我控制能力的全面培养。例如，在最为常见的运动性控制游戏"操场走白线"中，白线规则能够促使大班幼儿压制乱跑乱跳的天性，获得自制力的培养，对规则的遵守会促使幼儿获得自觉性的提升，而走完操场上所有白线的规则则可以提升大班幼儿的坚持力。

（四）智力性控制游戏

智力性控制游戏是典型的培养幼儿延迟满足能力的游戏。在智力竞赛形式的游戏中，依次地回答与对抗，会使得大班幼儿忍耐立刻公布答案或者立刻获取答案的需求，而在答案公布的时刻，延迟满足的乐趣才会反馈。

总之，大班幼儿自控能力的提高不是一朝一夕的，它应该渗透在幼儿教育的方方面面，除了在游戏教育方面，在日常的行为准则和家庭教育中也应该得到应有的重视并采取相对应的培养方法，从而促使大班的幼儿们能够在多方合作培养下获得足够的自控能力并因此受益终身。

参考文献：

[1] 叶小红. 幼儿自控能力发展与培养研究 [D]. 华东师范大学, 2007 (10).
[2] 杜凌云, 陈婧. 浅谈幼儿自我控制能力的培养 [J]. 科教文汇, 2011 (36).
[3] 但菲, 杨丽珠, 冯璐. 在游戏中培养幼儿自我控制能力的实验研究 [J]. 学前教育研究, 2015 (11).

基于幼小衔接有效过渡中大班幼儿活动研究

长春市实验幼儿园

左 林

《基于幼小衔接有效过渡中大班幼儿活动研究》结题报告

长春市实验幼儿园

左 林

一、问题提出

（一）国内外研究背景及现状

不论是"幼小衔接"还是"小幼衔接"，其对于儿童发展的重大影响已经得到全世界研究者的关注。相对于国外研究者对最大利益相关者——儿童的情感态度与认知期望的深入具体的研究，国内研究者也从最初的关注家长、教师对幼小衔接的不正确认识逐渐过渡到对托幼机构与小学之间的一致性与连续性的全方位的调查研究。

（二）课题研究依据

1. 理论依据

布鲁芬·布伦纳（Vrie Bronfen brenner）指出："当个体在生态环境中的位置改变时，他会经历生态学上的过渡。"该理论认为幼小过渡过程中所有相关的人都为幼小衔接带来互相交叠的经验，各环境间是相互作用的。儿童、家庭、同伴、社区之间形成了一个动态关系网，各利益相关者的建构和改善可以让儿童在一个具有积极和支持作用的氛围中顺利完成幼小衔接。

2. 现实依据

每一年升入小学的儿童总会出现作息时间、注意力、自理能力、生活习惯的不适应，出现不爱学习、不会学习、被动学习等情况。如何让幼儿在幼小阶段平稳过渡成为我们目前急需解决的问题，而大班幼儿作为衔接过渡中的关键阶段将成为课题组研究的重要对象。

3. 政策依据

《幼儿园教育指导纲要（试行）》中明确指出，幼儿园与家庭、社区密切合作，与小学相互衔接，综合利用各种教育资源，共同为幼儿的发展创造良好的条件；《3—6岁儿童学习与发展指南》强调，积极探索幼儿园和小学的双向衔接，幼儿园要科学、合理地帮助幼儿做好入学准备；教育部印发了《关于开展幼儿园"小学化"专项治理工作的通知》，开展幼儿园"小学化"专项治理，对于提前教授汉语拼音、识字、计算、英语等小学课程内容的行为坚决予以禁止。

（三）研究意义及价值

尊重幼儿的年龄特点、成长规律、心理需求和发展需求是课题组研究的前提。为使幼儿园与小学有效衔接，课题组在监护人的教育观念和态度、教师的教育方法和班级的环创方面进行有针对性的实践和研究，尤其是幼小衔接的活动策划和组织实施，着重避免向小学单方面靠拢、过于关注知识提前储备的错误倾向。

在幼儿园开展"幼小衔接"的课题研究是确保在终身教育的大背景下，将幼小衔接定义为多场所、多主体相互作用、共同完成任务的生态现象，针对大班幼儿开展多层面的实践和研究，为幼儿的幼升小营造平稳过渡的氛围和条件，体现衔接过渡的有效性，实现幼儿的可持续发展。

二、概念界定

关于幼小衔接概念的界定，学者们有不同的解读。学前心理学专家陈帼眉认为，幼儿园和小学两个教育阶段之间有一个过渡段，两个阶段的教育特点同时存在、相互交错，随着幼儿园阶段特征的逐渐弱化，小学阶段的特征逐步发展；著名教育学家朱晓蔓认为，幼小衔接主要包括幼儿园的入学准备和小学的新生过渡两个方面，衔接工作具有"双向性"；华东师范大学阎水金教授认为，狭义的幼小衔接指幼儿园与小学两个教育阶段之间的纵向衔接，而广义上的幼小衔接既包括纵向衔接，又包括横向的幼儿园、小学、家庭、社区之间的衔接。

三、研究目标及研究内容

（一）研究目标

（1）通过多种途径的学习和交流，让家长和幼儿明确幼小衔接教育的主要内容和具体做法。

（2）关注家园合作。通过课题开展使家庭教育成为幼儿园良好的助力，从而使幼儿的良好行为习惯和学习能力不断提升。

（3）与小学校园积极互动，让幼儿对小学生的学习生活有初步的感知，帮助幼儿自我调节，为入学做好准备。

（二）研究内容

（1）课题组成员根据大班幼儿特点组织开展亲子阅读、毕业生座谈和小学生互赠书画作品等活动，并引导家长支持、配合、积极参与，初步明晰小学的生活制度、学习方式、规则要求等。

（2）课题组通过开展家庭问卷调查、家长课堂、家访、家长会等研究活动，指导幼儿家长端正教育观念，从榜样示范、晓之以理、锻炼实践三个方面对幼儿进行入学前的生活能力提升和学习习惯养成。

（3）课题组与幼儿园的周边小学进行牵手互动，组织大班幼儿参与学校升旗、大课间、主题班会，与小学生同上一节课，同做广播体操、眼保健操等，开展"我长大了"系列研究活动，帮助幼儿逐渐适应学校生活。

四、研究方法

文献法：通过《幼教博览》《学前教育研究》《幼儿教育》和相关文献对国内外的相关理论研究进行整理和分析，明确研究方向和范围。

行动研究：通过各项活动实践践行幼小衔接研究中的观察发现法和反思法，从而为理论提炼提供依据。

观察分析法：潜心观察，记录幼儿园教育和小学教育在教育性质、教学方法、生活制度方面的不同，做具体详尽的了解。

将长春市实验幼儿园和长春市第一实验小学作为课题研究的参照对象，分析目前幼小衔接的现状，总结研究幼小衔接有效过渡的可行性。

五、研究步骤

课题组将研究确定为三个阶段，各阶段层层递进。

（一）第一阶段：确定课题、展开探索阶段（2017年5月—2018年7月）

（1）组织课题组成员学习幼小衔接方面的教育科研理论，为课题开展做好思想上、心理上和知识上的全方位准备。

（2）通过收集资料、阅读反思、话题讨论等形式，使课题实验班教师对幼小衔接有进一步的认识，分析并确定幼小衔接的内容，讨论其可行性。

（3）召开新学期大班幼儿家长会，对家长及幼儿情况进行初步的摸底调查，有针对性地给出专业信息，帮助家长了解成功的幼小衔接能消除幼儿入学后种种不适应情况。

（二）第二阶段：调整与实施的提升阶段（2018年7月—2019年5月）

（1）课题组成员对幼小衔接课题做进一步调查，通过集体讨论对幼小衔接课题研究工作计划进行补充和修订。

（2）各实验班教师根据课题组工作计划制订各班研究活动的实施方案，课题组集体讨论后针对各方案进行分析，提出建议和意见，督导实验教师进行修改，并着手准备幼小衔接的硬件环境与活动材料。

（3）根据研究计划开展幼小衔接系列活动，分阶段跟进研讨，并及时进行阶段性的总结，以确定下一阶段的研究内容并筹划组织开展相关的课题研究活动。

（4）观摩与研讨。课题组对实验班教师进行课例观摩，通过集体评课、集中讨论给出相应建议，帮助实验班教师在教学策略上拓宽思路，有所收益。

（5）课题组通过与周边小学沟通，在大班下学期的一日生活中采取多种靠近小学作息、生活习惯、学习习惯的方式方法组织落实园内的各项活动。

（6）分享交流，课题组组织小组成员进行阶段性的教学故事分享，请各位成员交流自己在课题研究活动开展过程中积累的反思、心得、活动指导策略等。

（三）第三阶段：反思与总结阶段（2019年6月—2019年7月）

（1）课题组对毕业幼儿进行跟踪调查，从幼儿园、教师、学校、家长及幼儿五个方面多维度了解幼儿升入小学后的表现。

（2）课题组从理论与实践两个层面入手，通过前期阶段大量深入的研究，以各项幼小衔接活动实践为基础，对收集到的相关信息、数据、资料等进行整理汇总，撰写课题研究报告，并对课题研究中的过程性材料和成果进行编辑装订，集结成册。

六、研究成果及成效

自2017年5月开题论证至2019年7月结题，全体课题组成员本着科学务实的态度，积极展开幼小衔接课题研究，历经2年2个月的努力，顺利完成课题研究目标。

实验班教师组织班级幼儿开展的"幸福味道——亲子烘焙""书香润泽童心——亲子阅读""'粽'情端午——亲子手工""欢乐童年，精彩无限——小手牵大手亲子运动会"等亲子活动被课题组成员制作成24个美篇收录在《幼儿亲子活动集锦》中。

课题组通过长春市教育局关工委邀请教育部首批国培专家陈晓东教授为大班幼儿家长进行《家长心理成长是孩子健康成长的希望》心理讲座；邀请全国师德先进个人、全国优秀教师、吉林省特级教师、吉林省"五一劳动奖章"获得者、长春市实验幼儿园园长曲静为大班幼儿家长做《幼小衔接、有效过渡》的专家讲座；课题组成员作为学年组长和班主任也分别为家长做了《走近幼儿，解读童心》《大班幼儿行为分析与教育策略》《把握家长需求，避免小学化倾向》《和孩子一起成长，让幼小衔接更加有效》的讲座。6场讲座被课题组成员精心编辑、制作成册，收录在《家长学校讲座图集》中。

实验班教师还整理了实验过程中涉及语言、科学、艺术、健康、社会五大领域的14个幼小衔接优秀课例，如"大熊的拥抱节""种子的秘密""和朋友去旅行""向0敬个礼""奇妙的声音""畅游颜色王国"等；课题组成员共撰写了15篇学习故事，如《勇敢的安妮》《说谎的诺诺》《变小的药片》《搭高楼》

《好玩的太阳伞》《种山竹》《为什么总是记不住》等；撰写了9篇论文，如《提高儿童与小学衔接有效性的策略》《在幼儿与家长两个层面完成幼小衔接的思考》《如何引领幼儿顺利进行幼小衔接》《幼儿体育与幼儿数学相互渗透的研究》《情感教育在幼儿德育教育中的实施研究》《教育中的兴趣：真实兴趣与虚假兴趣》等，其中已经发表和获奖的论文有3篇，均收录在《优秀案例、教育故事、论文合集》中。

在课题组开展研究的过程中，实验班教师组织幼儿园毕业生回园进行"我骄傲我是小学生"的经验分享活动；组织幼儿走出幼儿园进行"清凉一夏，相约海洋世界""走进田园，金秋采摘""探索宇宙的奥秘——走进科技馆""九九重阳，尊老敬老——慰问敬老院"等社会实践活动；组织幼儿走进小学校园，观看升旗仪式，和小学生哥哥姐姐们一起坐在教室里聆听小学的语文课、数学课、音乐课，参观微机室、小礼堂、图书馆、大操场，和小学生一起做课间操等系列主题活动"走进小学——我长大了"。这些均以活动实录的形式图文并茂地呈现在《班级特色活动文集》中。

七、讨论和思考

两年多的课题研究，使课题组成员深刻地认识到在幼儿园大班阶段有针对性地开展多种教育教学亲子活动、社会实践活动及与小学的双向互动活动对培养幼儿良好行为习惯的重要意义，而良好行为习惯是提升幼儿学习品质的重要保障。通过对2017、2018、2019三届毕业生进入小学的情况进行抽样跟踪回访，已验证课题组的研究初步取得成效。

幼小衔接课题的研究，让实验班教师意识到幼小衔接的有效过渡是一个永恒的课题，需要持之以恒地探索和钻研。在此过程中，课题组成员观察到，有个别幼儿因发展不平衡导致语言表达、身体协调和记忆力等出现了问题，对幼小衔接的顺利过渡造成阻碍；还有如何让幼儿保持已经形成的良好习惯，采取哪些措施才能保证研究活动中幼儿的表现被完整真实地记录……这些都将延伸成为下一个课题的研究目标。

幼小衔接课题的研究让课题组成员充分领悟到只有精准有效地组织、实施幼小衔接教育教学活动，才能在教育方式方法上有所突破和创新，永远将幼儿的终身学习和发展放在第一位，才能不断地补齐自身短板，依靠科学教育观、团队力量，立足本职，着眼长春幼教新视野，在课题研究领域砥砺前行。

在幼儿与家长两个层面完成幼小衔接的思考

长春市实验幼儿园

左 林

人的教育是一个连续的社会化过程，良好的教育应当保证在各个阶段都能平稳地过渡，实现受教育者自身的健康发展与人格塑造，从而实现个体的社会化。《幼儿园教育指导纲要（试行）》中明确指出"幼儿园应与家庭、社区密切合作，与小学相互衔接，综合利用各种教育资源，共同为幼儿的发展创造良好的条件。"《国家中长期教育改革和发展规划纲要（2010—2020）》及《国务院关于当前发展学前教育的若干意见》中也提出了深入学习科学发展观的要求，我国教育部和联合国儿童基金会历时5年合作进行了"幼小衔接研究"，通过儿童入学前半年和入学后半年的连续实验跟踪发现，学前儿童做好入学前准备，有助于其实现由学前向小学的过渡，能帮助其顺利地进入小学开始学习生活。

许多孩子从幼儿园走进小学校园之后，总会有一段时间用来克服生活自理、人际交往等方面的困难。生活方面的突然变化，学习科目的骤然增加，让许多孩子在进入小学后呈现身体疲倦、情绪焦虑，甚至用各种借口逃避上学等现象。在学校的不适表现更是林林总总：有的孩子胆怯，上课时宁愿尿裤子也不举手请假；有的孩子课上随意走动、随意说话；有的孩子总是把学习用品落在家里；有的孩子不敢主动交朋友……有太多发生在孩子身上的真实案例，除却特殊的个体情况，不成功的"幼小衔接"是造成此类现象最主要的原因。那么，如何实现相对成功的"幼小衔接"呢？结合现有学前教育的学习研究和以往的工作经验，我们可以把工作对象划分为幼儿与家长两个层面，从而分层面地发现问题与分析解决问题。

一、根据幼儿的身心成长特点选择合适的教育策略

在过往的教育经验中,一些老师和家长会有这样一个误区:重知识准备,轻能力培养。在这样的误区中,"幼小衔接"很容易就变成了只懂"授人以鱼"、不懂"授人以渔"的低效率教育。因此,教育者要懂得"幼小衔接"的关键不是单纯的知识的衔接,而是一种能力的衔接,必须考虑儿童的身体发展特征,从培养孩子的学习能力和良好习惯入手。

幼儿教育与小学教育在教育目标、任务、内容、形式和方法等方面,都存在着明显差异。大量实例说明,缺乏平稳过渡能力的幼儿进入小学会立即感受到来自各方面的巨大压力,身心都没有足够的应对能力,处处"碰壁",认知兴趣迅速下降,自尊心、自信心不断减弱。即便拥有一定的知识储备,但学习能力不足仍然让他们无法靠"吃老本"这种方式实现学习角色的转变。

现代儿童教育心理学的研究表明,儿童能力的发展普遍存在关键期,一旦过了这样的关键期,儿童能力的培养就变成了一件尤为困难的事。因此,了解儿童各个方面的身心成长特点,选择合适的教育策略,是做好"幼小衔接"的重要方向,而在大班阶段为幼儿和家长组织和开展有目的、有计划的多种形式的活动,既能充分发掘儿童兴趣,也是发展儿童能力、养成良好习惯的有效手段。

(一)学习兴趣、习惯和能力

应当注意的是,让孩子提早接受具体的课本知识并不是有效的教学策略,因为内容过多的信息和过于抽象的知识体系会给孩子带来焦虑和厌学情绪。值得提倡的方法是帮助孩子进行认、读、算背后的智能发展,比如进行"前后左右"的空间关系理解、观察生活中的具体物品并比较、初步尝试操作抽象符号等。

幼儿园教学是具有直观性、趣味性和多样性的兴趣教育,孩子基本是在玩中学,学中玩,但是小学教育属于义务教育,这也就意味着小学教育必然是需要学生勤奋刻苦才能完成学习任务的。因此在学习活动中进行"幼小衔接"时,应当把这两种教育的差异性考虑在内,在兴趣教育中适当增加学习专注性和持久性的培养。

（二）生活习惯

首先，当孩子离开幼儿园准备进入小学，这意味着孩子即将面对的是更为错综复杂的社会大环境，安全问题是老师和家长必须重点考虑的。因此，在幼儿园活动中，老师应当把增强安全意识、提高自我保护能力的培养内容纳入活动目的设置中，教会孩子怎样避免危险和遇到危险情况时怎样合理应对。

其次，幼儿期是培养生活自理能力形成的关键期，在"幼小衔接"的过程中，如果能帮助幼儿形成良好的生活自理能力和学习自理能力，那么在幼儿进入小学后，其生活、学习都拥有了较好的基础，能让孩子从幼儿园时依赖老师指导的生活模式成功过渡到独立自主主动寻求帮助的生活模式。

最后，老师可以帮助幼儿掌握执行规则的能力，鼓励幼儿在活动中发现规则，让其知道破坏规则需要承担的后果，了解、学习并掌握如何完成一项他人交付的任务的能力，不断提升孩子的责任感。

（三）社交能力

社会交往能力表现在孩子的身上，就是如何有效地与家长、老师、同伴沟通，理解他人的基本诉求，表达自己的个人需求。分析以往幼儿入学后出现的问题，可以发现培养幼儿的交往能力也是做好幼小衔接工作的重要组成部分。

在大班的活动中培养孩子的社交能力有这样几条途径：构建良好的教育环境，通过环境的潜移默化增强幼儿人际交往能力；开展各项有人际交往属性的主题活动，在活动中建议幼儿自带玩具、图书等，鼓励他们与同伴交往、分享；通过增加集体活动为孩子制造交往机会。

二、在与家长沟通的过程中实现合作，共同助力儿童完成"幼小衔接"

在讨论如何做好"幼小衔接"工作时，永远都逃不开一个关键词，那就是"家庭"。家长是一个非常重要的角色，无论是幼儿生活中的行为习惯、自理能力，还是学习态度和身体素质，都离不开家长行为的影响。幼小衔接并不只是幼儿园和小学的事情，家庭和社会因素都至关重要，家长的作用尤其不能被忽视。因此，在幼小衔接工作中我们要非常重视并做好家长工作。

教师应指导家长如何细致观察幼儿情绪上的变化，一些孩子可能会出现刚上学没几天就开始耍脾气、到了学校还在哭闹的现象，而学校的老师不会像幼儿园老师那样抱过来哄一哄。这时作为家长千万不能高声斥责甚至打骂，这些行为不但无法消解孩子的消极情绪，而且会适得其反。家长要主动与学校老师沟通，及时地与老师交流孩子情况，做到家园连动，双向互动，家长和老师态度一致，动之以情、心平气和地给孩子讲道理，帮助其调整心态，树立信心和勇气。

在大班活动中，不能忽视培养幼儿的时间观念和劳动观念，要让幼儿做力所能及的家务劳动，如扫地、擦桌、摘菜等。因此教师与家长之间的有效沟通，是培养儿童形成良好生活自理能力的关键。教师可以搭建平台，如组织大班幼儿开展帮厨、烹饪比赛、今天我来做家长、值日能手等活动，给家长创造亲子育儿的机会。一次次家园合作不仅锻炼和提升了幼儿的能力，还让教师可以从观察者的角度对亲子关系提出建议，从而让合作更加有效。

不得不承认，现在的"幼小衔接"仍存在着问题，其中，许多私立幼儿园"小学化"现象严重、家长的盲目观念和"幼小衔接"的单向性是最为主要的三个问题。面对传统教育观念与现代教育观念的碰撞，面对追逐利益与教育本质育人概念的冲突，新时代的学前教育工作者必须要在工作中学会学习经验、总结经验、分享经验，和孩子一起在过渡中促发展、在发展中求适应，永远不忘教育初心，牢记育人使命。

提高儿童幼小衔接有效性的对策

长春市实验幼儿园

左 林

幼儿园与小学的衔接问题一直是教育领域的热门话题。从科学教育发展的角度来看，我国幼儿园与小学教育的衔接还存在着各种各样的问题，这需要相关部门和教育工作者深入实践、认真论证、积极探索，以不断提高幼儿园与小学衔接的对策和措施的有效性。

一、幼儿园与小学衔接的基本要点

（一）幼儿园与小学衔接的含义

幼儿园与小学衔接是指从幼儿园到小学的过渡阶段。幼儿园与小学的衔接不仅涉及知识体系的衔接，还有外部教育环境、内部思想教育的联系。对于学前教育，幼儿园、小学、社会、家庭都非常重视，因为这个教育阶段不仅影响着孩子在幼儿园中的成长和学习状态，还影响着儿童进入小学后的学习进度和社会交往能力。

（二）注重幼儿园与小学的衔接

幼小衔接是幼儿园与小学衔接的一项重要教育工作，平稳的幼小衔接可以促进儿童的全面发展，提高儿童的综合素养，帮助他们尽快适应小学的学习环境和节奏。幼儿园与小学衔接工作是一项重要的系统性工作，不是专家开几次研讨会、教师简单进行几次指导就可以解决的。幼儿园与小学的衔接工作，从教育教学发展规律来看，涉及面广、人员结构复杂、工作任务重、社会影响大。幼儿园与小学的衔接涉及幼儿园与小学的双向互动，要充分考量教师的教学理念和思路，探究学生的生理、心理、认知和思维。

二、幼儿园与小学衔接的现实困境

（一）幼儿园与小学教育衔接观念滞后

全面发展的理念认为，儿童的发展不仅是知识的丰富，更是思想的提高，包括思维能力的提高，知识应用能力的加强，独立生活能力和社会交往能力的增强。教育需要从各个角度引导学生参与多样化的学习活动，培养其各方面的素养，并促进其身心各方面的健康发展。然而，在现阶段，还有一些幼儿园比较注重知识体系的衔接，给大班幼儿教授汉语拼音、英语、数学……也有一些一线幼儿园管理者和教育者的观念仍然停留在传统的教育阶段，没有跟上时代潮流，认为把小学低年级的一些知识点灌输给幼儿就是帮助儿童提前适应小学，就完成幼小衔接了。这些只注重知识的强化，忽视了心理认同、学习习惯凝聚、生活习惯培养的教育误区对幼小衔接的有效性形成巨大阻碍。

（二）缺乏一支专门负责幼小衔接的教师队伍

近年来，不少专业团队开始深入教学一线，关注孩子的学习和成长，并从实践探索的角度分析幼儿园与小学衔接中的实际困难。其中，幼儿园与小学之间缺乏一支专业的教师队伍是阻碍幼小衔接发展的主要因素，弱化了幼小衔接的科学性。其实，很多时候，幼儿园和小学缺乏沟通和交流，极大地影响了幼儿园与小学衔接的有效性。许多幼儿教师对幼儿教育有比较全面的了解，也掌握了丰富的教育方法和模式，但在教育实践中，对小学教育的特点比较陌生，不熟悉小学教育体系和教学目标。因此，在指导幼小衔接时难以施行有针对性的教育教学指导。正因为缺乏专门负责幼小衔接的教师队伍，幼儿园在实施这一阶段的教育时，只能根据现有条件制订教学计划和措施。有的幼儿园收费高，教学进度快，家长和孩子接受不了；还有的幼儿园在识字、拼读、书写、计算方面使用了不科学的方法教授了一些"小学化"的教学内容，让幼儿园教育和小学教育不能有机结合，存在着很大的裂缝，使儿童难以适应未来的教育新形式。这些都是现阶段幼小衔接中存在的实际问题。

三、提高幼儿园与小学衔接有效性的策略

（一）建立幼儿园与小学的长效合作机制

幼儿园与小学的衔接是学前教育阶段最重要的内容。幼儿园要从实际出发，采取相关措施。我们在思考如何提高幼儿园和小学衔接有效性的时候，要关注幼儿园和小学这两个重要的教育单位。因此，在探讨幼儿园与小学衔接的策略时，我们要把动作落到实处。比如，组织幼儿定期走进周边小学体验并参与小学活动。幼儿园管理者要将定期组织教师走进小学进行座谈交流纳入教师培训计划中，通过学习交流引导教师形成终身学习、终身发展的教育理念，促进教师转变教学观念。

（二）搭建幼儿园教师与小学教师的对话平台

幼儿园与小学的衔接是一项复杂而系统的工作。在优化幼小衔接方式时，要认真分析工作中存在的问题，挖掘这些问题的根源，科学制订符合教育规律的有效策略。幼儿教师是幼儿园与小学衔接的具体实施者，所以要加强对幼儿教师的培训，提高幼儿教师的业务能力，并引导教师了解小学教育的实际情况。幼儿园要搭建一个对话平台，既方便幼儿教师了解小学教育环境和教学内容，也方便幼儿园老师可以向小学老师寻求教育经验和指导。在对话过程中，幼儿教师和小学教师分别展示自己的教学方法和经验，相互提出意见和建议。

综上所述，幼儿园与小学的衔接不能只靠单方面的努力，需要全方位、多层次、多领域、大规模的系统探索。在此过程中，要针对师资力量薄弱、教育教学观念落后、教育设施环境复杂等问题对症下药，根据儿童的学习规律和发展需要，立足现实、放眼未来，在工作实践中，做好幼儿园与小学衔接的具体工作，加强幼儿园与小学的双向互动，交流合作。同时，也要致力于进行根本性的改革和创新，逐渐建立、完善幼小衔接体系，构建幼小衔接长效机制，为儿童健康成长创造良好环境，为其长远发展打下坚实的基础。